Comentarios sobre

Cómo comprender y sanar el abuso

Este es un análisis bíblico y minucioso del abuso y cómo vencerlo. Cada pastor y consejero cristiano debería tener un ejemplar de *Cómo comprender y sanar el abuso*.

> Doctor Neil T. Anderson, fundador y presidente emérito
> del Ministerio Libertad en Cristo

De manera integral, el libro *Cómo comprender y sanar el abuso* combina muy bien el entendimiento bíblico teológico y el psicológico sobre el abuso. Es una evaluación pragmática, intuitiva y franca del problema. Además, contiene recomendaciones específicas para sanar de forma psicológica, emocional y espiritual.

> Ralph Earle, Ph.D., terapeuta familiar y psicólogo,
> autor de *Lonely All the Time*

Steve Tracy ha brindado una enorme contribución para que entendamos las dimensiones sociales, psicológicas y bíblicas del abuso y su impacto en nuestra sociedad e iglesia. Como pastor que a menudo tiene que lidiar con las consecuencias del abuso, estoy en gran deuda con el autor por brindarme este instrumento útil para sanar y reconstruir las almas.

> Wayne R. Lehsten, pastor de los ministerios
> de consejería y matrimonio, Scottsdale Bible Church,
> Scottsdale, Arizona

Como doctora, me he dedicado a la familia durante treinta años. A medida que leía las páginas del libro del doctor Tracy, pude ver los rostros de muchos de mis pacientes, quienes presentaban cuadros difíciles de síntomas enigmáticos, y me di cuenta del verdadero diagnóstico. Tendré a la mano muchos ejemplares de este libro para ayudar a los pacientes que sufren estos problemas. Lo recomendaré a todos mis colegas, incluso a los residentes y estudiantes de medicina, para quienes debería ser obligatorio leerlo a fin de tener conciencia de este problema devastador.

Jacqueline A. Chadwick, MD., vicedecana de
Asuntos Académicos, Facultad de Medicina
de la Universidad de Arizona, en Phoenix

Cómo comprender y sanar el abuso es, sin duda, el mejor libro que he visto. Combina los fundamentos bíblicos y la investigación científica a medida que describe el abuso y sus efectos. Alcanza la cima en un modelo completo para sanar el abuso emocional, relacional y espiritual. Los pastores, consejeros y maestros por igual disfrutarán este excelente recurso.

Gerry Breshears, Ph.D., profesor de Teología,
Seminario Western, Portland, Oregon

En su trabajo, que era muy necesario, Steven Tracy maneja con franqueza y profundidad el problemático y por mucho tiempo ignorado asunto del abuso. Demuestra fidelidad bíblica y preocupación pastoral, al mismo tiempo que incrementa nuestra conciencia sobre este problema, en especial en la iglesia, y muestra el camino a la sanidad.

Doctor Kenneth Magnuson, profesor asociado
de Ética Cristiana, Seminario Teológico
Bautista The Southern, Louisville, Kentucky

Con la sabiduría bíblica de un teólogo y la perspicaz consejería de un terapeuta, Steve Tracy ha elaborado un recurso invaluable para quienes están interesados en el abuso y todas sus formas. Tracy brinda un modelo de recuperación del abuso fundamentado en las Escrituras, el cual incluye sugerencias prácticas y muchos ejemplos de la vida real. El capítulo nueve en sí mismo (La reconstrucción de la intimidad con Dios) vale el precio del libro. Amerita que cada pastor, consejero y colaboradores serios lean y vuelvan a leer este libro.

Sandra D. Wilson, Ph.D., profesora de seminario,
directora espiritual y autora
de *Released from Shame* e *Into Abba's Arms*

De manera habilidosa en su libro sobre el abuso, Steven Tracy entrelaza teología sólida, exégesis bíblica intuitiva y los mejores descubrimientos en psicología sobre el camino a la recuperación y el horror del abuso. Por medio de diversos ejemplos de casos extraídos del extenso trabajo del autor con los sobrevivientes, el libro presenta un desafío importante para la iglesia: Detener la revictimización de los sobrevivientes y comenzar a facilitar su sanidad.

James R. Beck, Ph.D., profesor de Consejería,

Seminario de Denver

CÓMO COMPRENDER
Y SANAR
EL ABUSO

Vida®

**Y MALTRATO EN TU VIDA
Y EN LA DE LOS DEMÁS**

STEVEN R. TRACY

La misión de Editorial Vida es ser la compañía líder en comunicación cristiana que satisfaga las necesidades de las personas, con recursos cuyo contenido glorifique al Señor Jesucristo y promueva principios bíblicos.

CÓMO COMPRENDER Y SANAR EL ABUSO
Edición en español publicada por
Editorial Vida – 2011
Miami, Florida

© 2011 por Steven R. Tracy

Originally published in the USA under the title:
    Mending the Soul
    Copyright © 2005 by Steven R. Tracy
Published by permission of Zondervan, Grand Rapids, Michigan 49530

Traducción: *Giovanni Durán*
Edición: *Ixchel Pérez Santamaría*
Diseño interior: *Santiago Arnulfo Pérez*

ISBN: 978-0-8297-5802-3

CATEGORÍA: Ministerio cristiano / Consejería y recuperación

IMPRESO EN ESTADOS UNIDOS DE AMÉRICA
PRINTED IN THE UNITED STATES OF AMERICA

11 12 13 14 ❖ 6 5 4 3 2 1

Contenido

✳

Usted puede tener acceso a los apéndices de este libro y a las notas en inglés en: http://bit.ly/SanarAbuso

Reconocimientos

✳

De manera gentil, muchas personas han posibilitado este libro, incluso aquellos que muchos años atrás ayudaron a que mi investigación doctoral en Inglaterra fuera una realidad. Cuando yo era miembro del equipo pastoral de la Primera Iglesia Bautista en Tempe, Arizona, el doctor Roger Ball y otros líderes de nuestra iglesia creyeron en mí y amablemente me permitieron aplicar muchos de los principios y políticas de este libro en mi ministerio pastoral de su iglesia. Estoy muy agradecido con el equipo de líderes de los ministerios *Mending the Soul* y con el Seminario Phoenix, por su ánimo y entusiasmo en relación a este proyecto. Estoy muy agradecido con todos aquellos que me confiaron sus propias historias de abuso y sanidad. Tengo innumerables razones para estar agradecido con mi propia familia, que fue un apoyo increíble y una fuente de paciencia mientras me encontraba elaborando este proyecto. En particular, estoy muy agradecido con Celestia, mi compañera de vida y alma gemela, quien ha transformado tanto a mi persona como a este libro por medio de su amor y experiencia dada por Dios para sanar almas heridas. Por último, estoy infinitamente agradecido con Mary. Su valor para enfrentar el dolor y la verdad de su abuso así como su lucha con Dios hasta experimentar su toque divino, me ha inspirado más de lo que ella alguna vez pueda saber. Por la gracia de Dios, su historia inspirará a muchísimas personas. Le dedico a ella este libro. ¡Solo a Dios sea la gloria!

PRIMERA PARTE
LA NATURALEZA
DEL ABUSO

Capítulo 1

✳

Una llamada de atención al poder
y alcance del abuso

Mary sollozaba de forma incontrolable en el piso del baño. Su madre le acariciaba el cabello y la apoyaba; hasta que por fin pudo hablar. El primer día en la escuela secundaria resultó la peor pesadilla para un padre. Mary se peleó con una compañera, amenazó al director y estuvo a punto de ser expulsada. Sus padres, misioneros de una organización cristiana en el centro de San Francisco, estaban muy molestos. Desde que entró a la adolescencia, Mary se volvió cada vez más rebelde y retraída. La pequeña niña precoz, que utilizaba vestidos de ensueño y dibujaba títeres, ahora vestía de negro y dibujaba cadáveres. Mary intentó suicidarse dos veces en noveno grado. Tuvo arranques de ira y maldijo a sus padres por no abortarla. Ellos buscaron el apoyo de consejeros, de su pastor de jóvenes y hasta del doctor de la familia, pero nada parecía ayudar. Era como si tuvieran la batalla perdida contra un demonio invisible que consumía el alma misma de su hija.

Al final, Mary comenzó a hablarle a su madre en susurros apenas audibles. Le contó sobre un chico que amenazó a una amiga en la escuela. A medida que su madre indagó sobre la profundidad de su enojo en contra del muchacho, el enorme dragón invisible comenzó a tomar forma. Su cruel compañero de clase activó memorias oscuras, de las cuales Mary había tratado de escapar durante años. Finalmente, no pudo contener más las imágenes terribles. Avergonzada, ella narró cómo su primo la había abusado sexualmente, cinco años atrás; esto había sucedido durante dos años, mientras él la cuidaba. El abuso se detuvo cuando su familia se mudó a San Francisco; pero siempre que ella llegaba de visita, su primo persistía en hacerle comentarios sexualmente sugestivos. Los padres de Mary se contactaron de inmediato con las autoridades y con el resto de la familia. Las autoridades decidieron no iniciar el procedimiento judicial, ya que no había evidencia física. Los otros miembros de la familia atacaron a Mary y a sus padres en un acto de venganza. Acusaron a Mary de intentar destruir a la familia con mentiras, acusaron a sus padres de utilizar al primo como chivo expiatorio para ocultar su incapacidad de criar a su hija y los amenazaron con pasar un reporte a la junta directiva de la organización cristiana, para que los quitara de su ministerio. A pesar de que otros tres niños aparecieron y reportaron que el primo los había acariciado, el resto de la familia se rehusó a creer en Mary y a apoyarla. Ellos argumentaron que si el primo le hubiera hecho algo inapropiado a Mary, eso ya sería parte del pasado, y ella estaba en la obligación de perdonar y olvidar. Para agregar una bofetada a este insulto, reprendieron a Mary por su enojo hacia su primo y dijeron que esto mostraba lo pecadora y poco cristiana que era en realidad. Dos años después de revelar el abuso, Mary todavía no estaba segura de poder creer en Dios, quien vio a su primo abusarla pero no hizo nada para detenerlo.

Desearía que la historia de Mary fuera meramente un ejemplo hipotético. No lo es. Mi ministerio con Mary y su familia ha transformado de forma permanente mi entendimiento sobre el abuso. El caso también pone de manifiesto preguntas preocupantes para todos los cristianos.

- ¿Qué tan generalizado está el abuso?
- ¿Por qué el abuso que ocurrió años atrás aún tiene impacto?
- ¿De qué manera los padres, ministros juveniles y adultos solteros, en busca de pareja para toda su vida, pueden identificar a los agresores en potencia?
- ¿Cómo pueden sanar las víctimas de abuso?
- ¿Cómo se identifica la sanidad genuina?
- ¿Dónde encaja el perdón?

Estas son algunas de las preguntas que este libro busca responder. Durante mucho tiempo, la iglesia ha ignorado y aun ha encubierto el abuso. Con la gracia de Dios, esto tiene que cambiar.

Cómo comprender y sanar el abuso está dividido en tres partes. La primera parte se concentra en la naturaleza del abuso. En ella buscaré dar una explicación bíblica de este, definir con exactitud en qué consiste y echar un vistazo a las características de los agresores y de las familias que sufren abuso. También, examinaré las cinco clases de abuso, las cuales son muy dañinas porque distorsionan la imagen de Dios.

La segunda parte explica los efectos del abuso. Las víctimas, así como las personas que buscan ministrarlas, deben entender la forma en que el abuso impacta el alma, antes de formular un plan para sanar. A menudo, cristianos bien intencionados lanzamos versículos bíblicos para curar problemas muy complejos como el abuso. Las Escrituras nos presentan un camino para sanar, pero no podemos utilizarlas de forma apropiada hasta que tengamos una comprensión aguda del abuso y del daño que se necesita sanar[1]. De manera específica, echaré un vistazo a la vergüenza, la falta de vida, la impotencia y el aislamiento; cuatro de los efectos más persistentes y destructivos del abuso. Asimismo, estableceré la relación entre las consecuencias del abuso y nuestro ser, el cual está hecho a la imagen de Dios; pues solo cuando vemos el abuso con la perspectiva ventajosa de que somos creación única y portadores de la imagen de Dios, podemos entender el daño que este causa en el alma.

La tercera parte nos dará un camino a la sanidad. Específicamente, discutiré cómo enfrentar el daño que el abuso causa, cómo revivir de un estado moribundo y de la indiferencia emocional, cómo aprender a amar y confiar en Dios, así como el rol y la práctica del perdón. Esta sección concluye con un epílogo escrito por una sobreviviente del abuso sexual, quien expone cómo Dios la ayudó a sanar; también manifiesta sus pensamientos sobre cómo las iglesias y los líderes cristianos pueden ministrar a los que son abusados.

Adicionalmente, he incluido cinco apéndices que desarrollé en mi ministerio pastoral: un formato para la política de protección infantil, un formulario escrito para trabajar con menores, un formulario de verificación oral, un resumen de las señales de alerta para identificar agresores potenciales y una lista de los pasajes de la Biblia que tratan sobre el abuso. He escrito este libro de manera que sea un manual accesible para las personas heridas y para los pastores (tanto laicos como profesionales) que buscan ayudarles. Por lo tanto, he tratado de mantener la discusión técnica al mínimo. Para aquellos que desean una discusión con más matices, así como la documentación de las fuentes, pueden tener acceso a los apéndices de este libro y a las notas en inglés en: http://bit.ly/SanarAbuso

Antes de dar una mirada a la naturaleza del abuso, me gustaría que estuvieras consciente de tres de las premisas que forman mi esquema de abuso y sanidad.

EL ABUSO CORRE GALOPANTE

Yo, como muchos otros que han tenido la bendición de crecer en un hogar amoroso, he tenido dificultad para aceptar la realidad del abuso, en particular, en los hogares cristianos. Años atrás, cuando era un joven pastor en una iglesia activa, me sentí profundamente ofendido porque el ministerio de mujeres invitó a un conferencista especial para hablar de violencia intrafamiliar. No me daba cuenta (ni ninguna otra persona) de que uno de nuestros ancianos había golpeado a su esposa durante años, que la había enviado al hospital muchas veces y que, en ese tiempo, uno de nuestros ministros estaba a punto de ser arrestado por el delito de abuso infantil. Me he percatado de que el abuso no es una excepción extraña, sino que corre galopante en la iglesia, así como en la sociedad secular. La evidencia de esta aseveración trágica es abrumadora.

La violencia intrafamiliar contra una mujer adulta es una de las formas de abuso que más proliferan en la mayoría de culturas alrededor del mundo. La Organización Mundial de la Salud (OMS) declara que en cada país donde se han llevado a cabo estudios confiables y a gran escala, la investigación ha revelado que del dieciséis al cincuenta y dos por ciento de las mujeres ha sido agredida por un compañero íntimo. Y la violencia, que a menudo sucede en el hogar, es causa significativa de muerte e incapacidad entre las mujeres en edad reproductiva, en comparación con el cáncer[2]. La violencia intrafamiliar es también un enorme problema en Estados Unidos. En 1992, la Comisión de Justicia del Senado preparó un reporte en el cual citaba a dos directores generales de salud pública y declaraba que la violencia intrafamiliar era el riesgo sanitario número uno para las mujeres adultas en Estados Unidos[3]. Además, se ha declarado a la violencia doméstica como la causa principal de lesiones en las mujeres entre las edades de quince y cuarenta y cuatro años; esto es más común que los accidentes de tránsito, los atracos y las muertes por cáncer, combinados[4].

El Departamento de Justicia de Estados Unidos reporta que aproximadamente un tercio de las mujeres asesinadas ha fallecido a manos de un compañero íntimo (un esposo, un ex esposo o un novio), y que la mayoría de las víctimas de estos homicidas íntimos fue asesinada por sus esposos[5]. En 1998, las mujeres experimentaron alrededor de novecientas mil ofensas violentas a manos de sus compañeros íntimos; un dato cinco veces más alto que la violencia que los hombres sufrieron por parte de las mujeres[6]. Se estima que en Estados Unidos, una de cada tres mujeres adultas experimentará maltrato físico por parte de un compañero íntimo a lo largo de su vida intrafamiliar[7].

Trágicamente, la violencia doméstica en los hogares cristianos parece ser un espejo de las altas estadísticas de la sociedad en general. Por ejemplo, un estudio de Lee Bowker, realizado entre mil mujeres maltratadas provenientes de todos los sectores sociales de Estados Unidos, reveló que la mayoría de las agredidas y sus esposos «eran parte de los principales grupos religiosos estadounidenses» y que la preferencia por una denominación no difería, de forma significativa, entre las familias violentas y las que no lo eran[8].

Las violaciones sexuales, en particular la violación por parte de un acompañante en una cita, también son horriblemente comunes, tanto en adolescentes como en mujeres adultas[9]. En 1987, Mary Koss llevó a cabo una de las más extensas (más de 6,000 estudiantes) y más ampliamente citadas encuestas sobre la violación sexual entre las estudiantes universitarias[10]. Ella y sus compañeros investigadores encontraron que más de un cuarto de las mujeres había experimentado una violación o un intento de violación desde la edad de catorce años; y otro catorce por ciento de las mujeres había experimentado algún contacto sexual indeseado. Otro investigador colocó esta tasa de violación sexual en perspectiva: «(Estos hallazgos) hacen que las violaciones cometidas por extraños y por acompañantes en citas sean más comunes que escribir con la mano izquierda, los infartos y el alcoholismo. Estas violaciones no son una moda reciente en las universidades o una fantasía de mujeres frustradas. Son reales. Todo sucede alrededor de nosotros»[11].

Una investigación a gran escala sobre al maltrato infantil revela que el abuso sexual y físico de menores también ha proliferado. Es imposible saber a ciencia cierta con qué frecuencia sucede el abuso infantil, pues la vasta mayoría de los casos no se reporta a las autoridades. Los métodos de sondeo más confiables (estudios retrospectivos en la población adulta, sin historial clínico) muestran que en Norteamérica al menos del veinte al veinticinco por ciento de las chicas y del cinco al quince por ciento de los chicos experimenta contacto sexual abusivo[12]. Cada año, en los cincuenta estados, el Departamento de Salud y Servicios Sociales recopila información proveniente del Servicio de Protección Infantil. Su más reciente estudio publicado indica que los reportes de presunto abuso sexual llegaron a más de 2.8 millones en 1998. Uno de los estudios más detallados y respetados con relación al maltrato infantil, el cual fue preparado para el Congreso, es *National Incidence Study of Child Abuse and Neglect* [El estudio nacional de incidencia en el maltrato y negligencia hacia los niños]. Su más reciente reporte, realizado con criterio estricto, reveló que en 1993 más de 1.5 millones de niños fueron abusados o sufrieron negligencia en Estados Unidos[13]. Lo más alarmante es que en los siete años transcurridos entre el segundo y el tercer estudio hubo significativos incrementos en todas las categorías de abuso y negligencia, con excepción de la negligencia en la educación. En total, el número estimado de niños seriamente abusados y heridos se cuadruplicó entre 1986 y 1993[14].

Para colocar estas estadísticas en perspectiva, Charles Whitfield, doctor y experto en el tema del abuso, destaca que hay un aproximado de cincuenta mil nombres en el monumento memorial de la guerra de Vietnam en Washington, D.C. Si levantáramos un memorial a los niños que han sido sexualmente abusados en nuestra sociedad, se necesitaría tener un espacio con más de mil trescientas veces el tamaño del memorial de Vietnam. Si lo extendiéramos, para incluir otras formas de maltrato infantil (maltrato físico y negligencia), el monumento necesitaría tener más de siete mil veces el tamaño del memorial de la guerra de Vietnam[15].

En gran medida, para nosotros es difícil aceptar el hecho de que el abuso se ha proliferado[16]. Tengo memorias vívidas de un pastor que se ofendió mucho cuando le di un libro cristiano sobre el abuso sexual. Él afirmó, de manera dogmática, que el autor del libro (una renombrada autoridad en el tema del abuso) no sabía de lo que estaba hablando, cuando escribió que el abuso era algo común en la iglesia. Su razonamiento era que él había sido pastor de una iglesia grande durante muchos años y de miles de personas en su congregación, y que él solo sabía de un par de individuos que habían sido abusados. Además, sostenía que la discusión sobre el abuso sexual, que se daba en el libro, ponía pensamientos impuros en la mente de las personas. Al parecer, no se le ocurría que, debido a su manera de pensar, era improbable que alguien le revelara algún problema con el abuso sexual. Era irónico, pero mi esposa y yo sabíamos de varias docenas de personas que pertenecían a la iglesia de este hombre y *habían* sufrido abuso.

EL ABUSO ES PREVISIBLE

Aunque el predominio del abuso nos impacta, no debería sorprendernos. El cristianismo ortodoxo siempre ha declarado que vivimos en un mundo caído. Los humanos no nacen moralmente neutros, sino en pecado y depravados. Mientras los teólogos evangélicos debaten los efectos de la depravación humana (en especial la naturaleza del libre albedrío), nadie pone en duda su presencia universal. El registro bíblico hace una acusación, la cual es difícil de eludir: Tan pronto como Adán y Eva comieron del fruto prohibido, un invasor destructivo entró y los comportamientos de abuso le siguieron. Tras los talones del primer pecado humano (Génesis 3:1-6) entraron el esconderse de Dios (Génesis 3:8-10), el culpar a los demás (Génesis 3:12-13), el asesinato (Génesis 4:8) y la maldad universal; de tal manera que Dios casi destruye a la totalidad de la raza humana (Génesis 6:5-8).

La Biblia es muy clara al decir que todos los humanos están corrompidos por el pecado desde el momento de la concepción (Salmos 51:5) y, por ende, tienen el potencial para la cruel maldad. En repetidas ocasiones, la Biblia nos advierte de personas malvadas cuyo gran deleite es violar, agobiar al débil y vulnerable, derramar su sangre y consumirlo (Salmos 17:8-12; Proverbios 1:1-16; Miqueas 2:1-2; 3:1-3). Aun cuando no asesinamos con nuestras manos, todos somos muy capaces de asesinar y agredir con nuestra lengua (Proverbios 18:21; Santiago 3:2-12). En la abrumadora exposición que el apóstol Pablo hace sobre la depravación humana universal y la culpa resultante, escribe que todos los humanos, en su condición natural, son depravados y tienen la tendencia de abusar de otros (Romanos 3:9-18). Él cita varios pasajes del Antiguo Testamento que demuestran que toda la raza humana y cada aspecto del ser humano está depravado, es agresor y destructivo a menudo. En específico, los humanos poseen gargantas semejantes a tumbas abiertas (quieren consumir con destrucción); tienen el veneno de áspides bajo sus labios, maldicen con sus bocas, tienen sus pies prontos a derramar sangre y no dejan más que miseria y destrucción a su paso (Romanos 3:13-16). Este lenguaje gráfico (extraído de Salmos 5:9; 10:7; 140:3 e Isaías 59:7-8) describe la manera en que la depravación universal se revela a través del comportamiento abusivo que prolifera.

Las aseveraciones de Pablo, sobre cómo la depravación da como resultado la proliferación del abuso, se validan desde Génesis hasta Apocalipsis y, también, con los cientos de relatos de abuso sexual, físico y verbal. Leemos que el comportamiento de abuso penetra en todos los estratos sociales y demográficos de la sociedad bíblica. Los judíos, así como los gentiles, cometían varias formas de abuso; tanto los adoradores de Yahweh, como los de baal; los reyes, así como los campesinos; los hombres, así como las mujeres[17]. Los hermanos de José, en comportamiento de abuso, buscaron cómo matarlo, pero después lo vendieron como esclavo a Egipto (Génesis 37:20-28). Sin embargo, José también experimentó abuso por parte de los egipcios (Génesis 39:11-20). El príncipe pagano Siquén violó a Dina (Génesis 34:1-2); el príncipe judío Amnón violó a su propia hermana, Tamar (2 Samuel 13:1-19). Faraón, rey de Egipto, ordenó el asesinato de los bebés judíos (Éxodo 1:15-22); así hizo también Herodes, rey de Judea (Mateo 2:16-18). El rey Acab, adorador de ídolos, utilizó su poder para asesinar al inocente (1 Reyes 21); también David, el escritor de muchos salmos (2 Samuel 11:6-27).

Los habitantes paganos de Sodoma quisieron violar a los dos hombres que visitaban su pueblo (Génesis 19:1-6); pero, en similares circunstancias, los hombres israelitas abusaron de la concubina del levita viajero (Jueces 19:16-28). Los israelitas maltrataron físicamente a sus profetas (Jeremías 20:1-2). Los agentes del anticristo decapitarán a los santos por negarse a adorar a la bestia (Apocalipsis 20:4). Herodías hizo que decapitaran a Juan el Bautista por rehusarse a ignorar sus adulterios (Mateo 14:1-12). Los brutales romanos torturaron y ejecutaron a Jesús, pero los sofisticados líderes religiosos judíos ya habían intentado apedrearlo hasta la muerte (Juan 8:59) y los habitantes de Nazaret trataron de hacerle caer de un precipicio (Lucas 4:29). Los arameos abrieron los vientres de las mujeres encinta y mataron a sus hijos que no habían nacido (2 Reyes 8:12), pero los padres israelitas quemaron a sus propios hijos vivos como un acto de adoración (2 Reyes 17:17; Jeremías 32.35).

Para que no intentemos limitar el abuso a niveles de degenerados, malvados e hipócritas religiosos, debemos escudriñar la información bíblica un poco más. En el registro bíblico, en repetidas ocasiones a los líderes religiosos ortodoxos y aun a los creyentes maduros, se les acusa de abusar y colaborar con el abuso:

- Abraham, el gran patriarca judío y héroe de la fe (Génesis 22; Hebreos 11:8-9, 17-19), engañó dos veces con el fin de protegerse y expuso a su esposa a la explotación de un monarca extranjero (Génesis 12:10-15; 20:2, 11).

- Sara, la heroína de la fe, casi mata a su propia sierva y al hijo de esta (Hebreos 11:11; Génesis 21:9-21).

- David, el más grande monarca judío en la historia y cuyo corazón estaba dedicado a Dios por completo (1 Reyes 11:4, 36-38), fue culpable de asesinato y adulterio (2 Samuel 11). Además no protegió a su propia hija de una violación incestuosa y «fue culpable» por sostener una conspiración de silencio, junto con su agresor (2 Samuel 13:7, 20-39).

- Lot, quien en muchos sentidos era «justo» (2 Pedro 2:7-8), ofreció a sus propias hijas para que las abusaran un grupo de hombres de Sodoma (Génesis 19:8).

- Judá, el padre de una de las tribus más grandes de Israel, trató de quemar a su propia nuera hasta la muerte, después de embarazarla (Génesis 38).

- Los sacerdotes israelitas monoteístas usaron el poder de su religión para explotar sexualmente a las mujeres que servían en el tabernáculo (1 Samuel 2:22).

- Los sacerdotes y otros líderes espirituales usaron su poder para aprovecharse físicamente de los vulnerables, en especial de las viudas y los huérfanos (Miqueas 2:8-9; Malaquías 3:5).

- Los cristianos en la iglesia de Corinto practicaron una forma de incesto, la cual era más perversa que aquella que sus vecinos paganos practicaban (1 Corintios 5:1).

No debemos limpiar el registro bíblico con el fin de evitar las implicaciones para nuestras propias familias, iglesias y comunidades. En la actualidad, las personas no están menos corrompidas por el pecado de lo que estaban en el pasado. El abuso ha proliferado hoy, como lo ha hecho a través de toda la historia humana; al punto que debemos enfatizarlo, pues aún hay muy pocos cristianos y líderes que en verdad creen que se ha extendido en todos los segmentos de la sociedad y que hasta líderes cristianos lo comenten. Una y otra vez, los padres, las congregaciones y los líderes religiosos niegan los reportes de abuso, sin tomar en cuenta el peso de la evidencia. *Nunca* debemos suponer que el niño que reporta que el tío Bob ha estado tocando sus partes íntimas está mintiendo. Un daño indescriptible puede ocurrir cuando negamos la posibilidad de que el pastor que el domingo comunica la Palabra de Dios con poder, puede golpear a su esposa y acosar sexualmente a su hija el lunes.

Hace unos años, le pedí a un equipo de profesionales en maltrato infantil que diera unas conferencias en mi clase de seminario. Entre ellos, estaba una jueza que había trabajado como fiscal y tenía muchos años de experiencia en los tribunales del sistema judicial, en particular, en casos en los que abusaban de niños. Con seriedad, nos advirtió que veinte años en los juzgados le habían enseñado que los cristianos eran extremadamente ingenuos cuando se trataba de los agresores de niños y que, con persistencia, rechazaban la posibilidad de que en sus comunidades religiosas se cometiera abuso. La jueza dijo que se estremecía cuando los miembros de la iglesia testificaban en su tribunal, como «testigos de carácter» para aquellos acusados de abuso infantil. Una vez tras otra, ella escuchaba cómo los cristianos defendían la integridad moral de los individuos que terminaban siendo acusados de abuso infantil. Simplemente, estos cristianos no podían creer que alguien a quien consideraban una «buena persona» pudiera hacer algo así.

Después de la conferencia, uno de mis estudiantes, John, se me acercó con una mirada de vergüenza. Dijo que conocía a la jueza y que, en realidad, él era culpable de haber hecho exactamente lo que ella había advertido: servir como testigo de carácter para un líder juvenil de su iglesia local, que fue acusado de acosar sexualmente a una niña de noveno grado, miembro del grupo de jóvenes. John me relató sobre su testimonio elocuente acerca de lo maravilloso que este hombre era como persona y que no había manera de que él pudiera abusar de una niña. Sencillamente, no era capaz de esa clase de comportamiento. Después de su brillante testimonio, el fiscal tomó la palabra y le preguntó si sabía que ese «hombre maravilloso» con anterioridad había sido encontrado culpable por violar a una adolescente a punta de cuchillo, en otro estado. John quedó atónito. No conocía este historial criminal, pero aun así no podía creer que un líder de su iglesia pudiera acosar a una adolescente. El jurado ignoró la opinión ingenua de John y el líder juvenil fue declarado culpable por acoso infantil y fue sentenciado a muchos años en prisión. John lamentó profundamente su idea destructiva de que un líder cristiano no puede cometer abuso infantil. Los cristianos deben tomar con seriedad las implicaciones de la depravación universal y aceptar el hecho de que todos los humanos son capaces de cometer abuso.

Además de la corrupción universal, hay otro factor en la historia humana que hace que el abuso sea previsible: en concreto, el rol de Satanás y sus legiones demoniacas[18]. Con frecuencia, la cultura contemporánea muestra a Satanás como objeto de burla. Como evidencia, tenemos la manera en que Adam Sandler interpreta a Satanás en la película *El pequeño Nicky;* así como la tira cómica de Gary Larson «*The Far Side*» [Al otro lado]. Los teólogos liberales afirman, a menudo, que

Satanás y los demonios son el reflejo del conocimiento precientífico que poseía la mitología de los escritores bíblicos, y que el mal se comprende mejor cuando se ve como resultado de las injustas estructuras sociopolíticas y no de fuerzas angelicales[19]. Sin embargo, los escritores bíblicos tratan a Satanás como real y destructivo en gran manera.

- Diecinueve de los veintisiete libros del Nuevo Testamento mencionan a Satanás y siete del Antiguo Testamento también lo hacen.
- De los ocho libros del Nuevo Testamento que no mencionan a Satanás, cuatro mencionan a los demonios.
- De las veintinueve referencias a Satanás en los evangelios, veinticinco las hace Jesús mismo.
- El poder de Satanás y su influencia son vastos. Se le declara el príncipe y dios de este mundo (Juan 12:31; 2 Corintios 4:4).
- Los incrédulos son cautivos a su voluntad (2 Timoteo 2:26).
- Él es quien engaña a las naciones y al mundo entero (Apocalipsis 12:9; 20:3). Así que, de forma temporal, Satanás lleva a cabo su voluntad en la historia mundial.

Uno de los títulos asignados a Satanás en la Biblia nos ayuda a ver la conexión entre su carácter y el abuso humano. A Satanás, en repetidas ocasiones, se le llama «el maligno» (Mateo 6:13; Juan 17:15; 1 Juan 2:13-14; 5:18-19). En griego, esta palabra indica que Satanás es «maligno en esencia y no está satisfecho con ser corrupto en sí mismo, sino que debe buscar corromper a otros»[20]. Tal como veremos en los próximos capítulos, el abuso es una de las herramientas más poderosas que usa Satanás para corromper y destruir a los individuos en cada aspecto de su ser (físico, emocional, relacional y espiritual). En repetidas ocasiones, la Biblia describe la obra y la influencia de Satanás en el mundo como maldad insultante. Caín, el primer hombre que cometió el primer acto de agresión física registrado en las Escrituras, obtuvo su inspiración de Satanás «el maligno», quien era un carnicero (asesino que agrede físicamente) desde el principio (Juan 8:44; 1 Juan 3:12)[21]. Se dice que Satanás promueve la persecución, el maltrato y hasta el asesinato del pueblo de Dios (Apocalipsis 2:10; 12:13). En este contexto, el título satánico más significativo se encuentra en Apocalipsis 9:11 dónde se le llama *Apollyon* (que es el destructor), el rey de los demonios. En este pasaje, el destructor envía demonios con cola de escorpiones para agredir y atormentar de forma física a los humanos de toda la Tierra.

Como maldad personificada, príncipe y dios de este mundo, Satanás promueve la iniquidad, la muerte y la destrucción desde el Jardín del Edén hasta el final de la era; por tanto, con claridad promueve el abuso en nuestra propia generación y cultura. La enseñanza de la Biblia sobre la persona y obra de Satanás, por desgracia, hace que el abuso sea previsible.

EL ABUSO ES REDIMIBLE

Hasta aquí hemos visto un retrato nefasto. Si el abuso se ha expandido con amplitud en todos los sectores de la sociedad y ha existido a lo largo de toda la historia humana debido a la depravación universal y a la influencia satánica, ¿qué esperanza hay? Es en este punto en la coyuntura de una maldad insalvable del abuso y de la miseria humana que el evangelio cristiano ofrece la única esperanza posible. El Dios declarado en la Biblia no es como los dioses griegos del Monte Olimpo, que bebían ambrosía y tenían tratos con las Ninfas mientras los humanos se retorcían en la Tierra. En su lugar, Dios se conmueve con intensidad al ver el sufrimiento humano (Oseas 11:8; Mateo 9:36; Juan 11:35) y está involucrado en sanar y redimir lo quebrantado a costa del precio más alto (Éxodo 2:23-25; 12:1-42; Romanos 5:8). Cristo Jesús no vino por los sanos, sino a redimir al enfermo y al quebrantado (Mateo 9:12-13). Con hermosura, el escritor de Hebreos declara que Cristo tomó naturaleza humana con el propósito de morir y, así, quebrar las cadenas de la esclavitud humana (Hebreos 2:14-15) y volver impotentes a Satanás y a la muerte.

La ironía increíble del evangelio para las víctimas de abuso es que Jesús sufrió la forma más extrema de maltrato físico, de manera que el quebrantado pudiera ser sano («y gracias a sus heridas fuimos sanados» [Isaías 53:5]). De hecho, esta ironía es muy grande, al punto de que el símbolo dominante del Cristianismo es un instrumento de maltrato cruel: La cruz. Cuando uno entiende la naturaleza grotesca de la crucifixión, en la cual el fundador del cristianismo y muchos de los primeros líderes cristianos fueron torturados hasta la muerte, se sorprende de que los cristianos simbolicen su fe con una cruz (1 Corintios 2:2). Esto es como si los judíos adoptaran un crematorio miniatura como símbolo del judaísmo, lo usaran alrededor de sus cuellos y lo colocaran en sus sinagogas. La cruz es el símbolo imaginable más poderoso de la habilidad de Dios para sanar y redimir el abuso.

En nuestro mundo, nadie puede dar una respuesta satisfactoria de porqué Dios permite el mal y el sufrimiento. No lo sabemos. Sin embargo, sabemos que Dios se deleita en tomar el sufrimiento y el mal para sacar una gran bien de ellos (Romanos 8:28; 2 Corintios 4:8-18; Filipenses 1:12-14). Una de las declaraciones más hermosas sobre la redención divina del daño del mal se encuentra en Génesis 50:20, cuando José declaró a sus hermanos, quienes lo habían maltratado: «Ustedes pensaron hacerme mal, pero Dios transformó ese mal en bien». Esta declaración realza el hecho de que Dios es soberano, aun sobre el mal. Lo que los hermanos de José intentaron para destruirlo, Dios lo redimió de la manera más dramática, en su providencia. Trajo sanidad personal y restauración a José, pero también utilizó cada circunstancia en ese abuso para producir la liberación de su familia entera y, en última instancia, de la nación israelita. El apóstol Pablo, un colaborador en el fatal maltrato a Esteban y un ex agresor físico de los cristianos (Hechos 8:1-3)[22], se convirtió en el más grande misionero y maestro de la iglesia cristiana. Él, a su vez, experimentó mucho maltrato, calumnia, golpizas, palizas, apedreamientos, prisiones y hasta intentos de asesinato (2 Corintios 11:23-33). Después de soportar un increíble sufrimiento, Pablo declaró que, a través de todo este abuso, Cristo era más dulce y fuerte en su vida (2 Corintios 4:8-18; 12:10). Dios siempre desea sanar nuestro quebrantamiento y usarlo como el nutriente que nos lleve a una experiencia profunda y feliz de intimidad con él. También quiere darnos la oportunidad de tener un ministerio más fructífero hacia otros que también están quebrantados (Romanos 8:17; 2 Corintios 1:4-6).

Mary, la hija misionera que fue abusada por su primo, es ahora una mujer joven. Ella es un testimonio elocuente del poder de Dios para sanar un alma destrozada por los estragos del mal. Mary todavía tiene cicatrices en su cuerpo de las veces que quiso cortarse con una hoja de afeitar. Por años, después del abuso, cortarse era lo único que le hacía sentirse mejor. Ahora, lo más notable en el cuerpo de Mary no son las cicatrices en brazos y piernas, sino la luz en sus ojos y la sonrisa traviesa en sus labios. Con lentitud, Mary aprendió a confiar en los hombres. Mary ha dedicado su carrera profesional a trabajar con los niños abusados. Todavía está creciendo y sanando, pero hace poco tiempo me expresó que, por primera vez en su vida, en verdad creía que Dios había redimido su abuso. Este libro está dedicado a todas las Mary del mundo, que han sufrido el mal del abuso y necesitan experimentar la redención sanadora que solo el Cristo crucificado puede traer.

Capítulo 2

✳

El abuso: Perversión de la
imagen de Dios

Antes de que Dios trajera a Mary a mi vida, yo simplemente no entendía el sorprendente impacto del abuso. En particular, quedé impresionado con las imágenes de esta pequeña y hermosa chica que tenía permanentes recuerdos del abuso, los cuales, de manera constante, la envolvían en una nube tóxica de vergüenza autodestructiva. Esto la llevaba al círculo vicioso de cortarse el cuerpo con una hoja de afeitar. ¿Cómo era posible que las caricias sexuales que habían ocurrido hace varios años hicieran que una joven brillante, talentosa y criada en una amorosa familia cristiana sintiera tal autoaberración y pena, que herirse con una hoja de afeitar le diera un torcido sentido de liberación?

Después de que Mary reveló el abuso, sus padres buscaron el consejo de la doctora Susan Jones, una devota pediatra cristiana que se especializaba en trabajar con adolescentes con comportamiento peligroso en el sistema de justicia juvenil de California. La doctora. Jones explicó a los confundidos padres que en los diez años que llevaba atendiendo a este tipo de adolescentes, había tratado a cientos de jóvenes que se herían a sí mismos. Casi todos sus pacientes, que estaban en la adolescencia temprana y se infringían heridas, habían sido sexualmente abusados. Por una extraña razón, el indeseable sufrimiento que había en sus almas tenía alivio temporal cuando se provocaban dolor en sus cuerpos[1]. ¿Cómo produce el abuso sexual estos poderosos impulsos autodestructivos?

A largo plazo, el abuso abre la caja de pandora, una caída destructiva que genera una cantidad de preguntas complicadas: ¿Por qué una mujer que ha sido abusada en su niñez tiene significativas probabilidades de ser victimizada una vez más en la adultez? ¿Por qué las prostitutas adultas tienen tres o cuatro veces más probabilidades de haber sufrido abuso sexual o agresión física en su niñez, en comparación con aquellas mujeres que no son prostitutas?[2] ¿Por qué del setenta al ochenta por ciento de los adictos sexuales enfrentó abuso físico o sexual?[3] ¿Por qué del cincuenta al setenta por ciento de los pacientes psiquiátricos hospitalizados y el setenta por ciento de los pacientes psiquiátricos en estado de emergencia reportan un historial de abuso físico y sexual?[4]. ¿Por qué la mayoría de hombres que golpean a sus esposas e hijos experimentó maltrato físico en su niñez?[5]. Por lógica, uno podría esperar que los hombres que experimentaron el horror del maltrato en su niñez tengan *menos* probabilidades de desear maltratar y causar la misma clase de dolor en sus seres queridos.

La verdad incómoda es que el maltrato tiene profundas, desenfrenadas e irracionales consecuencias. Rompe el alma. La única manera veraz de entender los efectos del abuso es comprender lo que significa ser un humano hecho a la imagen de Dios. Para reconocer el impacto devastador del abuso, necesitamos entender la forma en que pervierte la imagen de Dios en las personas.

HECHOS A LA IMAGEN DE DIOS: GÉNESIS UNO Y DOS

La teología cristiana asevera que los humanos no son simplemente los mamíferos con más alta evolución, ubicados encima de la cadena alimenticia, ni las máquinas más complejas que accidentalmente emergieron del «caldo primordial» hace millones de años. Más bien, de manera asombrosa, los humanos son singulares en medio de todo el mundo creado, pues son los únicos hechos a la imagen de Dios. Así como un teólogo escribió con sabiduría: «Ser hechos a la imagen de Dios nos confiere ser sujetos de la más alta distinción posible y deja muy atrás al mundo de los animales. No se dice lo mismo de ninguna otra criatura; este lenguaje nos enseña a entendernos a nosotros mismos en los términos de Dios y no en los términos de los animales»[6].

La Biblia es muy clara respecto a que todas las personas están hechas a la imagen de Dios y son únicas (Génesis 1:26-28; 9:6; Santiago 3:9). En efecto, ser hechos a la imagen de Dios está en el centro de lo que significa ser humanos; porque cuando Dios escogió crear a los humanos, los hizo «a su propia imagen» (Génesis 1:27).

Nuestro desafío es entender con mucha precisión lo que significa «da imagen de Dios», ya que en ningún lugar de la Biblia se define esta frase monumental. La mejor manera de que cobre sentido es mirar donde aparece por primera vez: en el relato de la creación, en Génesis 1:26-28. Lo primero que deberíamos advertir es que el relato bíblico del origen humano es, con claridad, diferente a las otras historias de la creación provenientes de la Mesopotamia antigua, según las cuales los humanos fueron creados como una idea de último momento, con el propósito de suplir a los dioses con comida y aliviarles el trabajo.

En segundo lugar, Moisés nos dice que los humanos son la cúspide de la creación porque solo después de dar vida a Adán y Eva, Dios pronuncia sus palabras finales: «Era muy bueno» (Génesis 1:31). El primer capítulo de la Biblia nos muestra que Dios hizo una obra única y magnífica cuando creó a los humanos, pues solo ellos fueron hechos de tal manera que son como un espejo que refleja al soberano Señor del universo.

Existen muchas teorías sobre la naturaleza de ser hechos a la imagen de Dios, pero creo que la mejor manera de entenderla es referirnos a *todo lo que somos* como humanos. Por ende, existen varios aspectos de la imagen de Dios que se pueden percibir en el relato de la creación[7]. El primero que observamos en Génesis 1:26 es el aspecto *relacional*. Por virtud de ser hechas a la imagen de Dios, las personas tenemos la capacidad, el anhelo y la necesidad de una relación en intimidad, la cual tiene como fundamento la verdad de que Dios mismo es un Dios relacional y tiene un vínculo íntimo dentro de su propio ser divino. El mismo Jesús habló de la afectuosa intimidad que tenía con el Padre y oró para que sus hijos reflejaran a Dios a través de relaciones personales de intimidad (Juan 17:21-23). Aparentemente, cuando Dios decidió formar criaturas que reflejaran quien era él, la mejor forma de hacerlo (y quizás la única) no fue crear un individuo, sino una pareja que se complementara con su sexualidad de hombre y mujer y que se impulsaran el uno al otro[8].

El aspecto relacional de ser hechos a la imagen de Dios tiene profundas implicaciones. El Nuevo Testamento enseña que las relaciones de intimidad en la comunidad cristiana son esenciales para el crecimiento espiritual (Hechos 4:32-34; Hebreos 10:24-25; Santiago 5:16). Además, científicos sociales han descubierto que las relaciones saludables son cruciales para el crecimiento social, intelectual y emocional. Los niños que están alejados por completo del contacto humano desarrollan discapacidad social e intelectual permanente. Un estudio sobre el apego mostró la importancia emocional y social que, a largo plazo, representa para los hijos el tener una relación segura con sus padres[9]. La necesidad humana de establecer relaciones es muy profunda, al punto de que los bebés que reciben alimentación, vestido y cuidado médico, pero son privados del contacto físico, a menudo fracasan en desarrollarse y hasta pueden morir[10]. Debemos recordar que nuestra gran capacidad para las relaciones de intimidad se basa en haber sido creados a la imagen de Dios; sin embargo, esto genera una gran vulnerabilidad en un mundo pecaminoso y abusivo.

Un segundo aspecto de la imagen de Dios, el cual se ve en el lenguaje de Génesis 1:26, es: «A nuestra imagen y semejanza». Podemos llamar a esto el aspecto *visible* de la imagen de Dios. Este es el rasgo en el cual los humanos demostramos los atributos del Señor de manera evidente. Lo vemos en cada palabra de este versículo («imagen» y «semejanza»)[11]. El punto es que los humanos son la manifestación visible de quién es Dios, es decir, hacen visible lo invisible de Dios (cf. Colosenses 1:15). Al igual que en el primer aspecto de la imagen de Dios, podemos anticipar el gran daño que surge cuando los humanos (en especial los hijos, quienes son idealistas y vulnerables) ponen su mirada en los adultos a la espera de tener una visión de cómo es Dios, pero en realidad obtienen una imagen de cómo es Satanás.

Esto es comparable a la historia de un niño perdido, deshidratado y con una necesidad desesperada de agua. El niño sediento encuentra una botella con un fluido transparente en cuya viñeta se lee: «agua mineral». Sería en particular perverso que después de beber el líquido de buena fe, el niño se enfermara de gravedad porque en realidad lo que tomó era veneno. El chico se volvería temeroso de aquello que es necesario para vivir: el agua. Así, los hijos requieren y merecen tener un sentido del carácter de Dios al ver a aquellas personas que los cuidan. Los adultos que distorsionan la imagen de Dios causan un gran daño a los hijos que tienen sed espiritual. Con frecuencia, el tercer y último elemento de la imagen de Dios se denomina aspecto *funcional* y es el rasgo a través del cual los humanos fungen como representantes de Dios en la Tierra[12]. En términos de la creación, somos los viceregentes o representantes de Dios al cuidado de todo lo creado. El relato de la creación en la Biblia sugiere este aspecto de la imagen de Dios porque en Génesis 1:26 se lee: «Hagamos al ser humano a nuestra imagen», y de inmediato sigue «que tenga dominio». También vemos esto en Génesis 2, porque Dios no creó las plantas hasta que hubo creado a Adán para que cuidase de ellas (Génesis 2:5). Dios puso a Adán en el huerto con el fin de que «lo cultivara y lo cuidara» (Génesis 2:15); mientras que la Biblia, en última instancia, le asigna el cuidado providencial del mundo creado a Dios mismo (Salmos 104:14-30; 135:7; Hechos 14:17), Dios dispone que los humanos hechos a su imagen sean sus representantes funcionales con el propósito de cuidar la creación, y esto incluye el control (Génesis 1:26; Salmos 8:5-6) y el cultivo (Génesis 2:15). Con facilidad vemos cómo este aspecto de la imagen de Dios se puede distorsionar. Lejos de funcionar de forma apropiada como delegados de Dios que cuidan la creación, podemos dominar con dureza sobre ella y ser terribles representantes de quién es Dios. Cuando los humanos no funcionan como los representantes de Dios y utilizan su poder para dominar en vez de nutrir, se produce daño a largo plazo.

LOS EFECTOS DEL PECADO: GÉNESIS TRES

Aunque Génesis 2 termina con una hermosa nota de relación íntima («el hombre y la mujer estaban desnudos, pero ninguno de los dos sentía vergüenza»), esta intimidad de inmediato se hace añicos con el pecado en Génesis 3. Tan pronto como Adán y Eva comen del fruto prohibido, los tres aspectos de la imagen de Dios se perturban y distorsionan. En lugar de reflejar y disfrutar una relación íntima, después de comer del fruto, ellos intentan esconderse el uno del otro y de Dios (Génesis 3:7-8); se pervierte la intimidad que satisface el alma y se transforma en una ocultación por vergüenza. En vez de manifestar de forma visible el carácter de Dios, manifiestan impiedad e impureza. A cambio de funcionar como representantes de Dios para cuidar de la creación, su pecado le produce daño a esta y hace que caiga en maldición (Génesis 3:14-16). En cada nivel, el pecado corrompe la imagen de Dios, aunque no la elimina.

En esta coyuntura, deberíamos observar la relevancia de la maldición que se registra en Génesis 3:16 en relación al abuso:

- En lugar de vivir la imagen de Dios con alegría a través de la reproducción física (una actividad divina), ahora la mujer experimenta dolor al dar a luz.

- Al contrario de actuar como igual en el plano espiritual y como un complemento del hombre, la mujer tiene una servil y poco saludable dependencia de él («Desearás a tu marido»)[13].

- En vez de que el hombre trate a la mujer como un regalo divino y una compañera íntima que puede complementarlo, el hombre caído busca gobernar con rudeza sobre la mujer, como si fuera alguien inferior[14].

Las Escrituras, así como la historia humana, en repetidas ocasiones, confirman la exactitud de esta horrible predicción. De forma constante, a través de todos los tiempos, los hombres han abusado de su poder y las mujeres han sido dependientes de ellos de manera inapropiada y peligrosa. La Biblia describe numerosos casos (Isaías 10:1-2; Ezequiel 22:6-12; Miqueas 2:9, 3:1-3, por ejemplo) en donde los que tenían el poder (típicamente hombres) lo utilizaban para explotar y abusar de aquellos con menos poder (típicamente mujeres y niños). Con el propósito de aclarar quién era el más grande en el reino, Jesús les recordó a sus discípulos que los gobernantes políticos gentiles (que virtualmente eran hombres) utilizaban su autoridad para dominar con rudeza a aquellos que estaban bajo su cuidado; mientras que en el reino de Dios, la grandeza se expresa a través del servicio humilde (Lucas 22:25-26)[15].

En resumen, en un mundo caído, nuestro privilegio divino de crear y nutrir la vida se pervierte por el abuso de poder. Dado que por lo general, los hombres tienen un mayor poder social y físico, ellos perpetran el abuso[16]. Por ejemplo, un estudio muestra que los hombres son responsables de entre el ochenta y el noventa por ciento del abuso sexual infantil[17]. El Departamento de Justicia de Estados

Unidos reportó que en 1998, las mujeres experimentaron violencia física por parte de un compañero íntimo (en la mayoría de los casos un hombre) a una tasa cinco veces mayor que la de la violencia experimentada por los hombres a causa de sus parejas (femeninas, en su mayoría)[18]. Al mismo tiempo, cuando las mujeres están en posición de poder (en especial sobre sus hijos), como pecadoras caídas también abusan del dominio. El más reciente estudio nacional de incidencia sobre el abuso y la negligencia infantil muestra que el sesenta y cinco por ciento de todos los niños maltratados (abusados) son violentados por alguien del sexo femenino, y cuando los hijos reciben maltrato de parte de alguno de los padres, el setenta y cinco por ciento de las veces son maltratados por la madre[19]. La investigación también descubrió que los hijos tienen dos veces más probabilidades de ser abandonados por una mujer que por un hombre. La dinámica del abuso de poder nos ayuda a entender por qué más de las tres cuartas partes de los niños abusados o abandonados son maltratados por sus propios padres, pues, por lo general, ellos tienen un gran poder sobre el hijo[20].

EL ABUSO COMO UNA PERVERSIÓN DE LA IMAGEN DE DIOS

El maltrato es, sin duda, el abuso de poder sobre otra persona: una acción que corrompe el orden divino de la imagen de Dios. En las siguientes páginas, definiremos cinco diferentes tipos de abuso y describiremos cómo estos son una perversión de la imagen de Dios[21].

Abuso sexual: Una perversión de «se funden en un solo ser»

Hace poco tiempo, una profesora me contó sobre una llamada telefónica que recibió de parte de una mujer de su clase de la escuela dominical que buscaba consejo por un dilema moral. Con frecuencia, ella y su esposo viajaban con sus tres hijos adolescentes. Como lo hacen la mayoría de familias cuyo presupuesto es limitado, compartían el cuarto del hotel cuando viajaban. ¿Su dilema? su esposo, un miembro activo de una iglesia evangélica que era famosa por su sólida exposición de la Biblia, la presionaba para tener relaciones sexuales con él en el cuarto del hotel, mientras sus tres hijos dormían en las otras camas a unos pocos metros de ellos. Según él, como en ninguna parte de la Biblia se prohibía esto, ella estaba en la obligación de cum-

Cinco tipos de abuso

Abuso sexual	Una perversión de «se funden en un solo ser»	Génesis 2:24
Abuso o maltrato físico	Una perversión de «que tenga dominio»	Génesis 1:26
Abuso por negligencia	Una perversión de «cultivar la tierra»	Génesis 2:5
Abuso espiritual	Una perversión de «imagen»	Génesis 1:26
Abuso o agresión verbal	Una perversión de «sean fructíferos»	Génesis 1:28

plir con sus demandas. Parece que este hombre no se daba cuenta (o no le importaba) de que el Estado podía mandarlo a juicio por abuso sexual infantil y que él podía causarle daño a sus hijos al exponerlos de manera deliberada a sus actos sexuales con su esposa.

El abuso sexual es la explotación de un menor para la gratificación de otra persona, a través del contacto sexual o la interacción sexual[22]. El contacto sexual abusivo se puede describir como un continuo descenso que incluye la relación sexual o el intento de esta, sexo oral, contacto genital, contacto con los senos, manoseo sexual intencional de las sentaderas o muslos, relación sexual simulada, manoseo de los senos sobre la ropa y besos con insinuación sexual[23]. La interacción de abuso sexual implica la exposición deliberada de un menor a la pornografía, a la actividad sexual y al exhibicionismo. Esta descripción gráfica es necesaria porque muchas personas, de manera equivocada, creen que el abuso sexual debe involucrar relaciones sexuales o al menos contacto genital con un menor.

Además, aun cuando algunas personas aceptan que el abuso sexual abarca un amplio rango de comportamientos, a menudo asumen que solo cuando involucra una relación sexual es cuando crea un daño severo. Por el contrario, todo abuso sexual es dañino en extremo. Diana Russell, una de las más destacadas autoridades sobre el abuso sexual en

Estados Unidos, encontró que en los casos con formas «menos severas» (besos con tendencia sexual, manoseo sexual de sentaderas o muslos, etc.) casi el veinte por ciento de las víctimas experimentó trauma extremo, y en las siguientes formas de abuso sexual (manoseo de senos sobre la ropa, etc.) el treinta y cinco por ciento de las víctimas tuvo un trauma extremo[24]. En repetidas ocasiones, he sido testigo de los efectos devastadores del abuso sexual en el cual no hubo relaciones sexuales.

El abuso sexual hace un daño increíble porque, como criaturas hechas a la imagen de Dios, el sexo es la actividad de vínculo afectivo más poderosa en la que podemos involucrarnos. La intención de Dios es que, en el matrimonio, el hombre deje a su padre y madre, se una a su mujer y se fundan en un solo ser (Génesis 2:24). El sexo marital, con ternura, puede unir de manera poderosa; pero a través del abuso, tiene la capacidad de herir con igual poder.

Con frecuencia, escucho como algunos líderes de la iglesia expresan una gran impaciencia con aquellos que han sufrido abuso sexual y aún siguen experimentando los efectos dañinos del mismo. Estos líderes hacen comentarios como: «¿Por qué llorar? Eso sucedió años atrás», «a muchas chicas las han tocado así, ¡supéralo!», «¿cuánto tiempo cargará esta mujer con el abuso?». Estas frases indoctas y destructivas muestran falta de conocimiento sobre la información bíblica. En 1 Corintios 6:15-18, Pablo echa mano del imaginario eficaz de Génesis 1 y 2 y declara que el acto sexual es distinto a cualquier otro acto que podamos hacer. Cuando pecamos en lo sexual (o por implicación se hace pecar a otros en lo sexual) se forma un vínculo afectivo único que, a su vez, crea un daño que va más allá de cualquier cosa que podamos hacer con nuestro cuerpo[25]. Por ello, Pablo concluye en 1 Corintios 6:18: «Huyan de la inmoralidad sexual. Todos los demás pecados que una persona comete quedan fuera de su cuerpo; pero el que comete inmoralidades sexuales peca contra su propio cuerpo».

Las relaciones sexuales existen como un regalo divino y hermoso que expresa un amor incondicional y deberían ser una fuente de vida emocional y hasta física. El abuso sexual distorsiona el aspecto relacional de la imagen de Dios y el plan divino para la sexualidad de una manera grotesca. Cuando hay abuso, el sexo ya no brinda vida, sino que la destruye; el sexo ya no expresa amor desinteresado, por el contrario, expresa egoísmo destructivo. Como resultado, las víctimas del abuso sexual batallan para aceptar su propia sexualidad y sus propios cuerpos. También batallan en el matrimonio, para disfrutar del sexo santificado. Con frecuencia, las mujeres que han sido abusadas no pueden permitir que un hombre piadoso las haga sentirse deseadas y goce con ellas. El abuso sexual es una triste perversión de la relación de «un solo ser».

Maltrato físico: Una perversión de «que tenga dominio»

Si hablamos del maltrato infantil, este abuso físico se define legalmente como cualquier daño intencional a un menor, por parte de un adulto o de aquel o aquella que debe cuidarlo. Este puede incluir golpes, sacudidas, quemaduras u otro ataque físico que le cause heridas al niño.

El abuso intrafamiliar, en términos generales, puede describirse como el uso o la amenaza de violencia física con el propósito de controlar a un miembro adulto de la familia, en particular a un cónyuge[26]. Este puede incluir amenazas, empujones, bofetadas, jalones de cabello, puntapiés, puñetazos, heridas, matanza de mascotas, destrucción de posesiones personales, ataques con objetos inanimados y ataques con armas letales.

El maltrato físico de los hijos y cónyuges es una gran perversión del aspecto funcional de la imagen de Dios. Como representantes de Dios, estamos para cuidar de la creación al cultivar y ejercitar el dominio, con responsabilidad. Con el maltrato físico dañamos y destruimos lo que deberíamos nutrir, sostener y mejorar. En lugar de funcionar como misericordiosos representantes de Dios, distorsionamos su imagen y carácter a través del abuso físico. Y debido a que Dios ha puesto en el corazón humano de hijos y cónyuges el desear con ansias el amor de los miembros de la familia, el maltrato físico en las manos de los padres y cónyuges es mucho más destructivo, puesto que proviene de aquellas manos que deberían cuidarnos.

Muchas personas en nuestra iglesia me habían dicho que Jessica era una joven muy enojada y que ni siquiera a su familia le resultaba fácil vivir con ella. Un día, su esposo Don, dueño exitoso de un restaurante, me llamó y me comentó que él y Jessica estaban al borde del divorcio. Él estaba angustiado con la posibilidad de perder a su cónyuge. Cuando le pregunté por la raíz del problema, solo expresó que no se podían comunicar y que se mantenían enojados. Quería que lo compadeciera cuando me dijo que Jessica lo había abandonado durante muchas semanas para irse a vivir con sus padres. Mi preocupación se incrementó cuando Don admitió que él se enojaba de tal forma que no podía pensar de manera racional y, que a menudo, no podía recordar lo que había dicho o hecho después de sus peleas. No mencionó lo que descubrí posteriormente: Durante su infancia, Don veía cómo su padre golpeaba a su madre. Ese había sido su entrenamiento postraumático para una vida familiar. Tampoco comentó que había amenazado, abofeteado y empujado a Jessica con frecuencia. Ella vivía el terror crudo de sus enojos violentos, los cuales se habían intensificado. Poco tiempo antes, Don la había abofeteado mucho al punto de partirle el labio y le había pegado hasta hacer que cayera al piso.

Hasta ese punto, los otros líderes de la iglesia habían concluido de manera unánime que Jessica era simplemente una cristiana inmadura y que necesitaba cooperar más con su matrimonio. Pero la verdad era que ella estaba experimentando el trauma emocional y físico del maltrato de Don. También sus tres hijos y el mismo Don estaban experimentando un daño profundo por el ambiente violento del hogar[27].

Negligencia: Una perversión de «cultivar la tierra»

La negligencia está muy conectada con el maltrato físico. Abiertamente es lo opuesto a este, pero produce resultados similares. En lugar de fallar en las acciones (maltrato físico), se falla por no actuar. Negligencia es la falta de un padre o guardián que no brinda suficiente comida, vestuario, cuidado médico, protección, supervisión y apoyo emocional a un menor. Es una perversión del aspecto funcional de la imagen de Dios, según el cual los humanos están para cultivar la tierra (Génesis 2:5) y ser representantes de Dios a través del cuidado dedicado de la creación. Si somos llamados a proteger con responsabilidad a las plantas y animales que Dios creó, cuánto más los padres deberían cuidar con dedicación a sus propios hijos, que al final dependen de ellos. La negligencia puede ser crónica u ocasional y es muy dañina en cada instancia. Dios tiene palabras fuertes para los padres que profesan ser cristianos y rehúsan proveer para sus propios hijos de manera adecuada (ver 1 Timoteo 5:8).

Abuso espiritual: Una perversión de «imagen»

Christy había crecido en la Primera Iglesia Presbiteriana. Muchos de sus familiares asistían allí. Cuando Christy estaba en noveno grado, Mark, su pastor juvenil laico y de veintiún años, estableció una relación especial con ella por un periodo extenso. Mark se aprovechó de su autoridad espiritual en la vida de Christy para desarrollar una relación de índole sexual. Le dijo que su trato era puro y ordenado por Dios. También le aseguró que si denunciaba la relación, sufriría daño físico. A Christy le encantaban las atenciones, pero tenía una confusión emocional sobre su relación «especial» con Mark. Sus caricias y su manoseo sexual le hacían sentir que estaba mal. Con el tiempo, ella desarrolló un trastorno alimenticio severo. Finalmente, tuvo el coraje de acudir al pastor general y revelarle el comportamiento de Mark. Documentó su historia y fue a la oficina del pastor a relatárse-

Ilustración 1

la. El líder leyó su carta y luego le pidió que tomara asiento. Christy observó cómo él rompió la carta en pequeños pedazos y lo escuchó decir que la Biblia enseña la obligación de perdonarnos unos a otros. Además, le declaró que ella tenía un corazón pecaminoso por estar molesta con Mark y que necesitaba confesarle a Dios su pecado de ira. El pastor y Christy oraron por su «pecado», y él la amonestó a nunca repetir las acusaciones.

Poco tiempo después, la bulimia que Christy padecía se salió de control. Es triste, pero el abuso de Mark prosiguió durante muchos años más. Hasta que con la ayuda de un consejero, Christy obtuvo la fortaleza para oponerse a las autoridades de su iglesia y denunciar a Mark en la policía. Eventualmente, se le condenó por actos cometidos en contra de otras chicas del grupo de jóvenes y recibió una pena de diez años en prisión. Pero aun después de la condena, la iglesia siguió publicando en su boletín informativo la oportunidad de donar dinero al fondo para la defensa legal del pastor Mark. Hasta hoy, la iglesia no se ha disculpado con Christy o con su familia y todavía actúa como si el abuso nunca ocurrió.

Aunque el abuso en contra de Christy estuvo en la categoría de los menos severos (no hubo relación sexual o caricias en los genitales o los pechos), fue dañino en extremo, en especial por su combinación con el abuso espiritual. Cuando Christy comenzó recibir consejería en noveno grado, el terapeuta cristiano le pidió dibujar un autorretrato; una técnica que se usa para evaluar el impacto que el abuso tiene en los niños y en su concepto de sí mismos. Para asombro del consejero, Christy dibujó un retrato de su espalda (ver ilustración 1)[28]. Ella sentía una vergüenza abrumadora, al punto de que ni siquiera era capaz de dibujar un retrato de su propio rostro. El abuso sexual y espiritual había provocado un efecto sinérgico muy poderoso.

La experiencia de Christy ilustra de manera gráfica el abuso espiritual de dos diferentes pastores, quienes débían ser los protectores. El abuso espiritual es el uso inapropiado de la autoridad espiritual (la Biblia, la tradición eclesiástica o la autoridad de la iglesia), para forzar a una persona a hacer lo que no es saludable[29]. A menudo involucra una negación forzosa y manipulada de los sentimientos y convicciones de la persona. A largo plazo, se fundamenta en la negación de uno de los pilares más preciosos de la doctrina del cristianismo protestante, aquel al que llamamos el sacerdocio del creyente. Esta doctrina enseña que si bien los líderes y maestros espirituales son apropiados y útiles (Efesios 4:11-12), cada creyente tiene al Espíritu Santo y además tiene acceso directo a Dios (Romanos 14:4-5; 1 Juan 2:27). Por ende, cada creyente tiene el derecho de discernir la voluntad de Dios, a través de las Escrituras y la dirección del Espíritu, sin necesidad de un «sacerdote» humano que interceda por él o ella.

En la Biblia, el ejemplo más claro de alguien que comete abuso espiritual lo encontramos en los fariseos, quienes habían convertido la manipulación espiritual en una forma de arte. Con frecuencia, torcían las Escrituras de forma egoísta, con el propósito de manipular a otros bajo el disfraz de espiritualidad (Mateo 15:1-9; 23:16-36; Marcos 7:11-13). Vale la pena mencionar que en los cuatro evangelios, las palabras más duras que se le atribuyen a Jesús se encuentran en Mateo 23 y están dirigidas a los fariseos por su abuso espiritual[30]. Jesús los desmenuzó por utilizar las Escrituras y sus reglas espirituales legalistas para colocar insoportables y demoledoras cargas sobre aquellos que estaban bajo su autoridad. Todo, para su propia ventaja (Mateo 23:8-12). Jesús colocó este abuso en la misma categoría del más severo maltrato físico, pues dijo que los fariseos son «descendientes de los que mataron a los profetas» (Mateo 23:31).

David Johnson y Jeff Van Vonderen dan cuatro características del sistema de abuso espiritual[31]:

* *Posición de poder.* Los líderes se preocupan por su autoridad y con frecuencia se la recuerdan a las personas. Esto va en contra de la enseñanza de la Biblia, la cual indica que los líderes de la iglesia no están para utilizar su autoridad, sino para dirigir con el ejemplo y no por decreto (Lucas 22:25-26; 1 Pedro 5:3).
* *Preocupación por el desempeño.* La espiritualidad se convierte en algo del desempeño externo, no de un carácter interno (Mateo 15:1-12).
* *Reglas que no se mencionan.* Las iglesias que cometen abuso espiritual tienen reglas que no se mencionan, tales como: «Nunca estés en

desacuerdo con el pastor o si no serás desleal y carnal»; estas reglas no se discuten abiertamente, pero sí se hacen cumplir con rigor.

- *Falta de balance.* Las iglesias que abusan espiritualmente tienen poco o ningún balance espiritual y los líderes exhiben objetividad extrema («debes tener diplomas universitarios para tener algún conocimiento espiritual») o subjetividad extrema («el Señor me dio este mensaje y tú debes aceptarlo»).

La Biblia es muy clara: el abuso espiritual de parte de líderes religiosos es destructivo en extremo. Los líderes pueden, en nombre de Dios y las Escrituras, manipular y destruir a otros como resultado de sus propios intereses egoístas (Ezequiel 22:25-28; cf. Gálatas 6:12-13). A menudo, el abuso espiritual crea un tremendo daño, ya que puede generar confusión y perversión en relación al carácter de Dios, al pueblo de Dios y a la Palabra de Dios. Muchas veces, las víctimas de abuso espiritual consideran que la asistencia a la iglesia, las enseñanzas de la Biblia y aun las Escrituras son una perturbación emocional, debido a que se emplearon para manipularlas y hacerles daño. El abuso espiritual también es perjudicial porque programa a las personas para que, de forma continua, destruyan sus propias emociones y convicciones y cedan a las demandas de alguien que proclama ser más espiritual. Debido a que esta clase de abuso no deja cicatrices físicas, con frecuencia los cristianos lo minimizan.

Uno de los tipos de abuso espiritual más destructivo es el que ocurre de manera sutil, sin ser detectado, y a la vez es herético. Muchos años atrás, mi esposa, Celestia, tuvo una sesión de consejería con una clienta llamada Cathy, quien demostró con fuerza el poder destructivo del abuso espiritual sutil. Cathy, que vestía ropa inmaculada, se sentó a la orilla del sofá. Su hermoso cabello castaño rojizo y ojos cafés hacían un marcado contraste con su duro comportamiento. En la sesión de una hora, nunca se relajó, ni reclinó su espalda en el sofá. Lloró desde el principio y en repetidas ocasiones, se disculpó por estar triste.

Cathy no sabía lo que sentía. No tenía palabras para su dolor. Había venido a ver a Celestia a causa de una ansiedad que la debilitaba y le hacía difícil salir de su propio hogar. Cathy era la esposa de un anciano muy conocido de la iglesia evangélica de la comunidad. Ella enseñaba a sus hijos en casa, en lugar de enviarlos a una escuela. Tenía pocos amigos y «no tenía tiempo» para amistades personales o para la lectura u otras actividades. Cuando Celestia le preguntó sobre eso, ella le explicó, con molestia, que cinco años antes había gastado cincuenta dólares en compras sin el permiso de su esposo. Cuando él se dio cuenta, se enojó y, frente a sus hijos, le dio un sermón de cómo Dios en su amor castigaba a los hijos de Israel cuando desobedecían. El declaró que la «amaba» de la misma manera y que ella sería castigada por eso. Él ya no le daría más dinero para comprar las cosas del hogar o para otros gastos de la casa; tendría que trabajar de cuidar niños en sus horas libres, para «ganarse» ese dinero. Esa tarde, él le confiscó la chequera y las tarjetas de crédito. En los días siguientes, él continuó haciendo referencia al «castigo de Dios por amor» y la amenazó con una represión mayor si ella no mostraba total obediencia.

Cuando Celestia escuchó la historia y comenzó a describir la verdadera naturaleza del amor de Dios, la cual se refleja en como Jesús respondió a María Magdalena y a otras mujeres de un modo gentil y respetuoso, Cathy sollozó de manera incontrolable. Su corazón retumbaba con esta verdad. Ella había sido creada para este tipo de amor. Estaba hambrienta del amor divino, pues había sido manipulada y atacada por un esposo que se autoproclamaba justo y torcía las Escrituras para humillarla y hacerla sentir inferior. Entre lágrimas, Cathy salió de esa sesión y siguió pidiendo disculpas por su bien merecido dolor. Por desgracia, nunca volvió. Es probable que en la iglesia de Cathy nadie se dé cuenta de lo profundo y destructivo que ha sido el abuso espiritual de su esposo sobre ella.

Maltrato verbal: Una perversión de «sean fructíferos»

El maltrato verbal es una forma de abuso emocional en el cual las palabras se utilizan de manera sistemática para denigrar, socavar, tomar de chivo expiatorio o manipular a otra persona, de forma maliciosa. El maltrato verbal puede ser tan dañino como el maltrato físico o el abuso sexual y, en algunos casos, puede ser aun más perjudicial. Aquellos que no han experimentado el abuso, a menudo no pueden entenderlo. De alguna forma, la naturaleza subjetiva del maltrato hace que sea insidioso y difícil de confrontar (lo cual puede hacerlo más grave).

El maltrato verbal pervierte la verdad hermosa de la creación divina. Moisés nos dice nueve veces en Génesis 1: «Y dijo Dios», y seis veces le sigue un «y así sucedió». Por ende, las palabras de Dios son eficaces, tienen el poder de crear el universo y toda la vida que existe en él. Los humanos, como criaturas hechas a la «imagen de Dios», también somos llamados a crear vida («sean fructíferos y multiplíquense», Génesis 1:28). De manera obvia, intentamos hacer esto a través de las relaciones sexuales; pero también damos vida, de forma metafórica, a través de nuestras palabras. La Biblia nos dice: «En la lengua hay poder de vida y muerte» (Proverbios 18:21). Las palabras agradables «endulzan la vida y dan salud al cuerpo» (16:24). Las buenas palabras tienen el poder de despertar y sanar al corazón aturdido (12:25). Ya que se nos ha dado el poder de las palabras para animar y dar vida, Satanás, con toda seguridad, buscará que las personas no utilicen ese poder que viene de Dios para bendecir, sino para maldecir; no para dar vida, sino para quitarla. La perversión de las palabras ayuda a explicar por qué, en particular y de manera expresa, casi la mitad de los siete pecados identificados como los más detestables para Dios son verbales (la lengua mentirosa, falso testimonio y el que esparce discordia entre hermanos; Proverbios 6:16-19).

Sin ningún problema, la comunidad de psicólogos acepta el axioma de que el maltrato verbal puede causar un tremendo daño emocional a largo plazo; por lo que, con facilidad, cualquier cristiano que conoce la Biblia debería aceptar también este postulado. Las palabras arrebatadas devastan el alma, de la misma manera en que una espada puede hacer pedazos el cuerpo (Proverbios 12:18). El poder que la lengua tiene para destruir de forma emocional y espiritual es muy grande, al punto que Santiago lo describe como un fuego que consume la vida y se enciende por el mismo infierno (Santiago 3:6).

Betty, una mujer agradable en extremo y con un suave acento norteño, tiene un comportamiento gentil que oculta a su alma perturbada. En el proceso de hablar sobre su vida familiar y su problemático matrimonio, Betty me reveló una de las historias de abuso más trágicas que he escuchado. Su padre era un músico que con frecuencia se mudaba con su familia de un pueblo a otro, en busca de trabajo. Por desgracia, también era un alcohólico que se volvía muy destructivo cuando bebía. Betty se mantenía despierta por las noches y escuchaba a su padre borracho maldecir y, algunas veces, hasta golpear a su madre. En muchas ocasiones, también golpeaba a Betty y a sus hermanos.

Una vez, cuando Betty tenía seis años, su padre llegó a casa borracho en medio de la noche. Ella oyó sus pasos cuando subía las escaleras; pero en lugar de escucharlo caer dentro de su cuarto y maldecir a su madre, de pronto, lo vio aparecer en la puerta de su propia habitación. Segundos después, él se acercó a la cama de Betty y la violó. Las violaciones continuaron durante diez años más, hasta que Betty cumplió dieciséis. Betty iba a la cama cada noche sin saber si su padre aparecería para atacarla. Cuando ella regresaba de la escuela sentía pavor si escuchaba música, porque casi siempre eso quería decir que su padre tenía alguna celebración y que, sin duda, vendría a buscarla pronto en medio de la noche. Betty, convertida en una mujer de mediana edad, me presentaba el resumen de su niñez abusada. Me quedé paralizado cuando le oí decir que veinte años de abuso físico y diez años de violaciones por parte de su padre, no eran tan dolorosos como el maltrato verbal que había soportado de su madre.

Uno de sus más vívidos y perdurables incidentes ocurrió, una vez más, a la tierna edad de seis años. Ella practicaba cómo deletrear palabras con su madre; cuando deletreó mal la palabra *mantequilla*, su madre frunció el ceño y con una mirada penetrante declaró: «Eres una pequeña bastarda estúpida». Casi cincuenta años después, Betty contenía las lágrimas al expresar las palabras venenosas de su madre. Aunque había sido cristiana durante muchos años, todavía batallaba con la convicción profunda de que ella en realidad no era nada más que una pequeña bastarda estúpida. De hecho, actuar de acuerdo a esta idea había destruido su matrimonio, así como la relación con su hijo (quien, para el tiempo de nuestra sesión, acababa de ser condenado a prisión de por vida).

Sin duda, una de las cosas que reforzó en gran manera el horrible mensaje de ese incidente de abuso verbal, fue otro maltrato verbal que recibió años después por parte de su madre. Cuando Betty tenía doce, al fin tuvo el coraje de decirle a su mamá que su padre la había estado abusando. Cuando lo hizo, su madre explotó en ira y la acusó de intentar destruir a la familia con difamaciones en contra de su padre. Betty nunca volvió a mencionar el tema[32]. El abuso sexual continuó y la chica adolescente concluyó que no debía confiar sus sentimientos y que merecía ser abusada[33].

NACIDOS PARA BRILLAR

Por la manera en que pervierten la imagen de Dios en las personas, todas las formas de abuso (sexual, físico, espiritual, verbal y negligencia) pueden ser dañinas en gran medida. Salvo por la gracia redentora de Dios, el abuso en general deja cicatrices en el alma para toda la vida.

Shawn Mulllins ha capturado la batalla que en un mundo caído enfrentan los humanos al vivir sus destinos divinamente ordenados. Él declara que nacimos para brillar, nacimos para resplandecer, nacimos para irradiar. Este es el plan hermoso de Dios, el cual se pervierte debido al abuso.

Brillar

Él nos muestra lo que sabe
los ojos brillantes son grandes y azules,
el agua fluye alrededor de él
este mundo para él es nuevo, para él es nuevo
tocar un rostro
besar una sonrisa
sus ojos nuevos no distinguen raza
es la esencia de un niño, la esencia
nació para brillar, para resplandecer
nació para irradiar
nació para vivir, nació para amar
pero le enseñaremos a odiar
y que el verdadero amor es como una piedra que el río expulsa
ningún tictac de reloj
en verdad puede medir lo que eso significa, lo que eso significa
lo que llaman nuestro tiempo
escuchó a una brillante mujer decir:
sabes que es demente cómo quiero capturar el mío.
Creo que amo la manera de ser de esta mujer

creo que amo la manera en que esta mujer resplandece, la
manera en que brilla
la manera en que irradia
la manera en que vive, la manera en que ama
y nunca odia
en ocasiones, pienso que todo esto me puede rodear
sé que todo es mío
pero ella me besa y me envuelve con su presencia
me brinda amor, me dedica tiempo
sí... y me siento bien
pero no puedo cambiar el tiempo
así que, vuelvo mi mirada
bebo toda la botella de mi orgullo
y brindo por el cambio
para alejar a estos demonios
para que ya no me persigan
pues yo quiero brillar, quiero resplandecer
quiero irradiar
quiero vivir, quiero amar
aprender a no odiar,
intentar no odiar
nacimos para brillar
nacimos para resplandecer
nacimos para irradiar
nacimos para vivir, para amar
nacimos para nunca odiar[34]

✳

Ahora que he definido el abuso y he explicado las formas en las cuales se pervierte la imagen de Dios, echaré un vistazo a algunas características generales y específicas de quienes lo comenten. En otras palabras, ya que el abuso es muy dañino, ¿qué clase de persona abusaría de otro? ¿Cuál es el perfil de los diferentes tipos de persona que abusan? El capítulo tres trata esta clase de preguntas.

Capítulo 3

✳

El perfil de los agresores

John era un renombrado miembro de la comunidad. Como exitoso hombre de negocios, su voz de barítono era muy reconocida en los comerciales de radio. Estaba muy involucrado en eventos cívicos y organizaciones de caridad y hasta había incursionado en la política local. Así que su arresto por explotación sexual de una menor llegó a los titulares de la ciudad de mediano tamaño donde vivía. De inmediato, la comunidad se polarizó, pues una docena de amigos, vecinos y empleados salieron en su defensa. Después de un prolongado juicio, John fue condenado por crímenes sexuales en contra de dos chicas adolescentes.

Al instante, los reporteros buscaron entrevistar a los amigos y vecinos de John, de los cuales la mayoría había declarado que él era inocente y que el fiscal de distrito lo había condenado de manera injusta. Lo que más me sorprendió fue la lógica que utilizaron los defensores. Muchos les dijeron a los reporteros que no era posible que John fuera culpable de crímenes sexuales, porque era un buen hombre y había ayudado a muchos en la comunidad. Una vecina de edad avanzada contó cómo John limpió su acera de la calle con una pala, en invierno; ella estaba segura de que si él hubiera sido un agresor de menores, nunca habría limpiado la acera. Después de muchas preguntas de los reporteros, en relación a la culpabilidad o inocencia de John, un defensor exasperado declaró: «Solo vean a este hombre. Miren su rostro. Cualquiera con la mitad de cerebro puede ver que él no es un agresor de menores».

Esta respuesta instintiva es una de las más comunes en lo que concierne al mito de los agresores. Se cree que se conoce a alguien con solo mirarlo. Es perturbador descubrir que este remedio reconfortante no tiene base en hechos reales. En 1960, los israelíes capturaron al

46

criminal de guerra nazi, Adolf Eichmann, y lo llevaron a juicio en Jerusalén por crímenes de guerra, crímenes en contra de la humanidad y por su amplia participación en organizar el asesinato de más de seis millones de judíos en los campos de concentración nazis. Cuando el juicio de Eichmann comenzó, en 1961, la revista *The New Yorker* envió a la filósofa y escritora Hannah Arendt a cubrirlo en Jerusalén. Al ver a Eichmann por primera vez, ella reaccionó con una gran impresión, porque no reconoció ningún mal en el rostro de este indescriptible hombre malvado. Ella consideró que las deudas de este hombre eran monstruosas, pero él tenía una apariencia muy ordinaria y común. A medida que siguió con su reflexión sobre Eichmann, acuñó una frase para describirlo: «Lo ordinario del mal»[1].

Aturde mucho darse cuenta de que los agresores malvados, en general, tienen la cualidad de ordinariez en su existencia. Lo sobresaliente de lo ordinario, por definición, es que no sobresale.

Por ende, lo excepcional de los agresores es que parecen tan comunes y corrientes. Los atacantes vienen de todos los estratos sociales. Por ejemplo, hace muchos años la oficina de Aduanas de Estados Unidos llevó a cabo una operación encubierta a gran escala en contra de la pornografía infantil. Arrestaron a una docena de hombres y, en el proceso, documentaron un número aproximado de sesenta diferentes profesiones que tenían los acusados. La lista parecía una cruz transversal de todas las profesiones de la sociedad estadounidense: Abogados (2), asesores de seguros, carniceros, profesores de música, ordenanzas, dueños de funerarias, vendedores (3), policías (3), granjeros, artistas gráficos (2), funcionarios de defensa, conductores de buses escolares, pintores e ingenieros[2]. Es imposible identificar un agresor por su raza, ocupación, comportamiento, nivel de educación o características faciales. Así que uno de los aspectos más escalofriantes de los agresores sexuales y de los que cometen maltrato físico es su invisibilidad.

Esto presenta una situación desequilibrante para todos los que queremos proteger del abuso a nuestros hijos y a nosotros mismos. Si el dentista de la familia, el maestro de escuela dominical de nuestro hijo, el ingeniero retirado del vecindario o nuestro mecánico pueden ser agresores peligrosos, entonces ¿en qué debemos fijarnos? Si los agresores no se pueden identificar por una simple mirada, entonces ¿qué características comunes presentan? Primero veamos las cuatro características generales de los agresores. Luego presentaré, de manera breve, el perfil de seis tipos de agresores.

CARACTERÍSTICAS GENERALES DE LOS AGRESORES
Un rechazo persistente a tomar la responsabilidad

En los doce años que mi esposa Celestia y yo hemos trabajado con víctimas de abuso y agresores, hemos visto que la característica más repetitiva en los agresores es su indisposición a aceptar la total responsabilidad de sus actos. Muy pocas veces he visto a un agresor confesar el abuso, a menos que haya una clara y abrumadora evidencia de su comportamiento; y aun así, es típico que minimicen lo que han hecho y traten de quitarse la culpa de encima. Vez tras vez, Adolf Eichmann declaró que no era responsable penalmente por los crímenes de millones de judíos en los campos de muerte nazi y que él solo «seguía órdenes»[3]. Los violadores sexuales con regularidad culpan a sus víctimas porque visten de manera provocativa. Los que cometen violación en la primera cita dicen que el sexo se dio por mutuo consentimiento. Los que infligen maltrato físico culpan a los miembros de su familia por hacerlos enojar. Muchas veces he escuchado a los abusadores de niños decir que el pequeño los sedujo a tener relaciones sexuales[4]. En una ocasión, escuché a un abusador de menores, quien más tarde fue condenado por violar a dos hijos, decirle al jurado que los niños lo habían sometido y forzado a tener sexo con ellos. Lo que hizo que esta declaración fuera aun más indignante, fue el hecho de que los niños de quienes abusó tenían cinco y diez años de edad y este hombre era un adulto, con un peso de más de trescientas libras. No es necesario decir que el jurado no creyó en esta forma repulsiva de descargarse la culpa. Sin embargo, esto demostró la manera extravagante en la cual los agresores niegan su responsabilidad. De forma similar y como una costumbre, los agresores espirituales ofrecen justificación bíblica para el abuso. Cuando se les atrapa con las manos en la masa (si se encuentran entre la espada y la pared), admiten algo de su comportamiento inapropiado, pero se concentran en los pecados (reales o imaginarios) de la otra persona. En resumen, la mayoría de los agresores tiene una expresa inhabilidad para hacerse responsable de sus pecados de manera total.

Dos estudios ilustran la forma persistente en que los agresores rechazan toda responsabilidad. Dos investigadores entrevistaron a ochenta y seis abusadores de menores convictos, sobre sus crímenes sexuales, y recibieron doscientas cincuenta justificaciones verbales diferentes para dichas acciones. La excusa más frecuente era que habían tenido sexo con el consentimiento del niño (veintinueve por ciento de los agresores dijo esto). Otras justificaciones eran: que sus esposas y novias los habían privado de sexo convencional (veinticuatro por ciento), que estaban intoxicados (veintitrés por ciento) o que el menor había iniciado la actividad sexual (veintidós por ciento)[5].

Ese mismo rechazo a admitir la responsabilidad se puede observar en los que inflingen maltrato físico a sus esposas flagrante. James Stacek entrevistó a hombres que habían recibido servicio de consejería en Boston por ser agresores físicos. Él descubrió patrones increíbles de rechazo a aceptar la culpabilidad. Con frecuencia, decían que golpeaban a sus mujeres porque habían perdido el control a causa del alcohol o de una intensa frustración. Afirmaban este tipo de excusas:

> Pienso que llegó a un punto en el cual ya no pode tolerar nada más, y es en ese momento, cualquicra que sea, que no debí permitir que sucediera en un principio. Ahora es un problema grave en mi vida… No pude contenerme más.

✳

> Fue por todo el alcohol. No pensé… fue locura temporal. Todo lo que en realidad quería hacer era aplastarla[6].

La segunda excusa importante de estos hombres era que responsabilizaban a sus esposas de provocar el maltrato[7]. Las siguientes declaraciones reflejan la manera en que culpaban a sus víctimas:

> Las mujeres pueden abusar de ti de forma verbal. Te pueden desnudar, sin siquiera tocarte; ellas saben cómo hablar, cómo conversar. Pero los hombres no… Así que recurrí a la violencia, pues no podía comunicarme con ella a través de las palabras.

✳

En algunas ocasiones, ella era la que provocaba... ya sabes, estás casado por tanto tiempo. Si alguien se pone antagónico, quieres defenderte.

(La paliza) Ocurrió por el sexo, y pienso que sucedió porque yo estaba tratando de motivarla (a tener sexo más seguido) y ella no parecía muy motivada[8].

Finalmente, la manera en que estos hombres agresores racionalizaban su comportamiento era a través del rechazo a la idea de que golpear a sus esposas fuera un abuso o algo físicamente perjudicial. Aquí hay unos ejemplos:

Nunca golpeé a mi esposa, le respondí con mi físico.

✳

(¿Le hiciste daño a tu esposa?) No en realidad, los pellizcos dejan moretones y lo mismo al dar una cachetada, supongo. Pienso que a las mujeres también les salen moretones con facilidad. Se golpean contra la puerta y de pronto les salen moretones.

✳

Estas personas le dijeron a ella que tenía que obtener órdenes de protección y cosas como esas, porque yo la iba a matar... quiero decir, le he alzado la voz, le he gritado y cosas así, y quizás le he pegado una o dos veces. Pero no la iba a matar. Eso te lo aseguro[9].

Estas citas demuestran la extrema distancia que estos agresores tienen con la realidad y el nivel que pueden alcanzar con la negación de su culpabilidad. Los líderes cristianos deben reconocer esta dinámica, no sea que crean las mentiras de los agresores y contribuyan a culpar a las víctimas. Además, los agresores deben responder a los más altos niveles de rendición de cuentas. Las iglesias no deberían aceptar nada menos que la total responsabilidad de estos hombres por su conducta de abuso; cualquier cosa menor contribuye a su negación de la culpa y, en esencia, justifica su pecado.

Dios considera que justificar al malvado es abominación (Proverbios 17:15). Cuando el profeta Natán confrontó al rey David por su abuso perverso, lo responsabilizó de sus actos por completo. Natán no se entretuvo en una discusión de cómo Betsabé era parcialmente responsable por bañarse en la terraza o de cómo los sirvientes tenían parte de la culpa por traer a Betsabé delante de David, cuando sabían que el rey sufría de la crisis de la mediana edad. Natán, con valentía, declaró: «¡Tú eres ese hombre!». David respondió sin reparos: «¡He pecado contra el Señor!» (2 Samuel 12:7, 13).

En cambio, el predecesor de David, el rey Saúl, representa uno de los ejemplos más claros en todas las Escrituras, del extremo al que llega un agresor para evitar hacerse cargo de su responsabilidad por los pecados. Saúl intentó matar a su propio hijo, Jonatán, para cubrir su propia torpeza; pero las personas lo convencieron de no hacerlo (1 Samuel 14:44-45). Más tarde, Saúl atacó a David con un arma letal y, en repetidas ocasiones, intentó matarlo (1 Samuel 18:11). El punto de cambio en la vida de Saúl ocurrió cuando Dios le ordenó destruir a los malvados amalecitas y no perdonar nada, ni siquiera al ganado (1 Samuel 15). Saúl obedeció solo una parte, pues atacó y venció a los amalecitas, pero mantuvo lo mejor del botín y no mató a su rey, tal como se le había ordenado. La parte más emocionante de la historia es cuando Samuel vino a Saúl, después de la batalla. Saúl lo saludó y declaró que había llevado a cabo el mandato del Señor; de hecho, Saúl parecía creer esta distorsión sin atisbo de vergüenza. Los agresores pueden estar atrapados de manera contundente en su negación, al extremo de que ellos mismos pierden el contacto con la realidad.

Cuando Samuel lo confrontó con los hechos, Saúl, con astucia, replicó que ellos habían destruido todo como Dios lo había mandado, excepto el mejor ganado, que deseaban ofrecer como sacrificio al Señor (1 Samuel 15:15). Hay que observar la manera en que los agresores pueden utilizar la religión para justificar sus pecados. Samuel confrontó a Saúl con su desobediencia cuando le dijo que había hecho algo malo. Samuel le preguntó: «¿Por qué, entonces, no obedeciste al Señor? ¿Por qué echaste mano del botín e hiciste lo que ofende al Señor?» (versículo 19). Saúl insistió en que *él* había obedecido, pero la gente había desobedecido: «¡Yo sí he obedecido al Señor! [...] los soldados tomaron ovejas y vacas» (vv. 20-21). En este punto, Saúl recurrió a echarle la culpa a alguien más, una de las tácticas favoritas de los agresores.

Solo después de ser confrontado de manera persistente con los hechos de su desobediencia, Saúl reconoció su pecado. Aun así, estaba más preocupado por salvar su reputación que por la manera en la cual había deshonrado a Dios. Saúl alegó: «¡He pecado! […] pero te pido que por ahora me sigas reconociendo ante los ancianos de mi pueblo y ante todo Israel» (v. 30). Después de este incidente, Samuel no volvió a ver a Saúl otra vez; en su lugar, hizo duelo por la trágica condición moral de Saúl (v.35). La negativa del rey a aceptar su responsabilidad es, virtualmente, la misma característica de todos los agresores. Los adultos vulnerables y todos aquellos que son responsables de proteger a un menor deben identificar esta poderosa dinámica de rechazo y combatirla con valor.

Engaño descarado

El engaño descarado está conectado en gran manera con la poca voluntad del agresor de reconocer su comportamiento destructivo. Engañar es una «habilidad» que los agresores necesitan para mantener su inocencia, evitar cambiar patrones establecidos desde hace mucho tiempo, escapar de las consecuencias dolorosas de sus actos y silenciar sus propias conciencias que los acusan. Con frecuencia, las familias, las congregaciones y los líderes seculares se encuentran con la abrumadora audacia y persuasión del engaño de los agresores. Ellos pueden ser maestros en usar palabras y acciones que manipulan, con el fin de confundir, desconcertar y poner a los demás a la defensiva[10].

Existen ejemplos bíblicos de este engaño descarado, en particular en 2 Samuel 11. Después de que David se aprovechara sexualmente de Betsabé, la inconfundible evidencia física (el embarazo) reveló evidencia de este comportamiento pecaminoso. En lugar de arrepentirse de su transgresión y tomar los pasos apropiados para corregir y restituir, David buscó cubrir sus huellas al traer al esposo de Betsabé de regreso de la batalla, de manera que pudiera tener relaciones sexuales con ella (vv. 5-6). Con engaños, David fingió que traía a Urías de vuelta a casa para obtener noticias de la batalla y honrarlo. Leemos: «David le preguntó cómo estaban Joab y los soldados, y cómo iba la

campaña» (v.7). Esto era una farsa, por supuesto. David estaba con-
centrado en su propio bienestar y no en el de las personas. Cuando
mandó a Urías a casa y le animó a tener relaciones con su esposa, le
envió un regalo (v.8)[11]. La ironía es que David ya había robado el regalo más preciado de Urías. ¡Qué engaño más descarado, el cual nos
deja el corazón sin aliento! ¡Colmar con regalos y bondades a aquel
cuya mujer has embarazado!

Cuando la lealtad de Urías por sus soldados le impidió ir con su
esposa, David le sirvió vino para que se embriagara, pues pensaba
que este sería un desinhibidor afrodisíaco. Como las cosas no salieron como esperaba, David se aprovechó del carácter justo de Urías.
Sabía que él era fiel a Dios y al rey, en extremo. David hizo que Urías
llevara el mismo mensaje sellado que contenía las instrucciones de su
asesinato[12]. La misiva decía: «Pongan a Urías al frente de la batalla,
donde la lucha sea más dura. Luego déjenlo solo, para que lo hieran y
lo maten» (v. 15). Con frecuencia, los agresores son muy astutos y con
su farsa se aprovechan de las mismas virtudes de las personas de las
cuales abusan. Dan por sentado que sus víctimas no actuarán de forma traicionera como ellos lo hacen. Así, el mensaje que David envió
a su general Joab era traidor, maquinaba la muerte de Urías en batalla
para que pudiera parecer un accidente.

Al final, la respuesta fingida de David a la muerte de Urías refleja
un duro y calculado engaño, cuando afirma: «Dile a Joab, de mi parte,
que no se aflija tanto por lo que ha pasado [literalmente: "No dejes
que esto sea malo delante de tus ojos"] pues la espada devora sin dis-
criminar. Dile también que reanude el ataque contra la ciudad, hasta
destruirla» (v. 25). La maldad de esta respuesta es tan obvia como
engañosa. En ambos bandos, las personas *mueren* en batalla, pero los
soldados mueren por culpa del enemigo no por causa de su propio
rey. Joab necesitaba resignarse a los caprichos de la guerra, no a los so-
bornos del rey. No hacía falta redoblar los esfuerzos, ya que la derrota
en la batalla previa no había sido el resultado de un fracaso militar del
general, sino del fracaso moral del monarca. Toda realidad se cubrió
con la neblina del engaño de David, pero la bruma se desvaneció en
la última declaración del capítulo: «Sin embargo, lo que David había
hecho le desagradó al Señor». Aquellos que tienen que lidiar con los

agresores deben tener el valor y la sabiduría de ver a través de esa neblina y aferrarse a la verdad.

Las personas que trabajan con los agresores deben anticiparse al engaño audaz. Uno de los primeros clientes de Celestia fue una niña de tres años referida por un pastor local. Un día, la pequeña volvió a casa después de la escuela dominical y les contó a sus padres sobre un hombre que había tocado sus partes privadas en la iglesia. Resultó que un anciano, quien había sido miembro de la congregación durante mucho tiempo y quien representaba la figura de abuelo para muchos chicos, la había acariciado en la oficina del templo mientras los demás entraban y salían del recinto. Este hombre fue muy astuto para engañar, pues sentó a la niña en sus piernas y fue capaz de abusar de ella mientras daba la impresión de estar leyéndole algo. La osadía de este agresor no tuvo límite, pues una semana después de que la iglesia lo confrontara, contactara a la policía y le prohibiera tener algún contacto con los niños, visitó otra iglesia que estaba a tan solo cinco minutos de distancia en automóvil de la anterior y se ofreció para servir en el ministerio infantil.

Tendencia voraz a juzgar

A pesar de (y a causa de) su propio comportamiento destructivo, los agresores a menudo actúan como jueces y son muy duros con los demás, lo que les permite mantener «altos niveles morales» y desviar la atención hacia otros. Esta actitud es una manera eficaz de mantener una fachada moral; por ende, perpetúa su rechazo a hacerse responsables. La crítica voraz representa también el método impío de los agresores no arrepentido, para lidiar con su propia vergüenza. En lugar de enfrentar su vergüenza, que es un testigo interno dado por Dios en su gracia en contra del pecado, los agresores la colocan sobre los demás. Con regularidad, los agresores llegan a ser muy sofisticados en esta técnica, ya que por lo general la desarrollan a través de un largo período de tiempo. Eric Leberg advierte esta tendencia en los pederastas:

> Debido a que el ofensor todavía minimiza su culpa, con desesperación trata de mantener la incertidumbre por medio de burlas verbales y acusaciones para evitar una conversación significativa…

Así que recordará el número de veces que su esposa rechazó sus demandas de sexo, las veces que ella se emborrachó o las veces en que no limpió la casa a su satisfacción, las ocasiones en que ella olvidó felicitarlo por su cumpleaños o los momentos en que dejó sus calcetines sucios en el piso. Él recordará cuando los hijos pelearon e interrumpieron su sueño, cuando vinieron tarde a casa, no salieron bien en la escuela, malgastaron su mesada o derramaron la leche durante la cena… En cada uno de estos casos, él agregará un juicio de valor que, aunque puede ser absurdo, una vez más desviará la discusión lejos de su abuso sexual en contra de su hijo o hijos[13].

La tendencia de los agresores a juzgar se atestigua muy bien en las Escrituras. Mientras el rey David dormía con la misma mujer que le había robado a su leal siervo, cuya fidelidad había sido premiada con la muerte, él sentía una gran ira porque un hombre rico hubiera robado una oveja a su prójimo pobre. De hecho, la ira moral de David era tan grande que afirmó que este hombre rico merecía la muerte (2 Samuel 12:5), aun cuando robar no se consideraba jamás un delito que merecía la pena de muerte en la Torá. En lugar de eso, la Torá ordenaba la restitución de lo robado (Éxodo 22:12)[14]. Por otro lado, el asesinato, la violación y el adulterio con una mujer casada eran ofensas graves castigadas con la pena capital[15]. Así que la respuesta de David al hecho de que un hombre rico hubiera robado una oveja es la evidencia de un juicio voraz e irónico por parte de alguien que ha cometido y persiste en cubrir no solo uno, sino múltiples delitos graves que ameritan la pena capital.

Con frecuencia, la intensidad con la que los agresores mantienen su tendencia hipócrita a juzgar es muy feroz. Entre más consejeros y miembros de la familia intentan confrontar el pecado de un agresor, más agresivo o agresiva se vuelve en identificar y escudriñar los pecados, errores y debilidades de los demás.

Shaun creció en un hogar religioso y con comodidades en el sureste de Estados Unidos. En su adolescencia, se aprovechó de su prestigio y riqueza. Desarrolló un cruel desprecio hacia las mujeres, una vez que obtenía lo que quería de ellas. En la universidad, de nuevo comenzó a asistir a la iglesia, lo cual le daba una amplia oportunidad de conocer chicas jóvenes, atractivas y, casi siempre, ingenuas. Shaun comenzó a salir con una mujer tímida llamada Beth, quien tenía poca experiencia en lo social. Al inicio de la relación, la presionó para tener sexo. Un vez que esto sucedió, su irrespeto por ella se hizo palpable. La ridiculizaba por no ser capaz de satisfacer sus necesidades, le demandaba que limpiara la casa y que lavara la ropa. Con regularidad, hacia bromas sobre la anatomía de otras mujeres y acusaba a Beth de celos pecaminosos cuando ella le pedía que no lo hiciera. Beth se sentía atrapada y culpable por las relaciones sexuales y, en contra de su razón, aceptó casarse con Shaun.

Una vez que se casaron, el comportamiento abusivo de Shaun se intensificó. En repetidas ocasiones amenazó a Beth de manera física y con su puño traspasó la pared en un intento por golpearla. Su uso creciente de pornografía y sus constantes amoríos en Internet provocaron que le hiciera a Beth demandas sexuales abusivas y retorcidas. Él se airaba con ella por no ser la esposa piadosa y por no responder a su liderazgo, a través de la satisfacción de sus necesidades sexuales. El abuso verbal, físico y espiritual de Shaun siguió creciendo.

Con el tiempo, después del nacimiento de su tercer hijo, Beth decidió que no podía soportar más el abuso en su matrimonio. Con la ayuda de un piadoso vecino, quien era psicólogo cristiano y médico misionero retirado, Beth comenzó a armarse de valor para establecer límites apropiados para el comportamiento destructivo de su esposo. Ella se separó de Shaun y le insistió en que recibiera consejería. Shaun le escribió la siguiente carta a Beth después de que ella, su pastor y el psicólogo se empeñaran en que no tuviera más contacto directo con ella:

> No creo que la razón por la cual tú estás enojada y amargada conmigo sea porque yo soy una persona horrible, sino porque estuviste en una relación en la cual no querías estar desde el principio. Te sentiste presionada a casarte y te casaste. Esto es mi culpa… Si en verdad me amaras, mucho del resentimiento y amargura que tienes dentro no estarían ahí. El amor cubre una multitud de pecados. Beth, tú también me hiciste cosas muy te-

rribles. Por favor no olvides que me has insultado de todas las formas, me has dicho malas palabras, me has golpeado docenas de veces, te has negado a tener sexo conmigo, te has negado a acercarte a mí y cada vez dejas que las cosas se pongan más difíciles… no he hecho nada que un poco de perdón no pueda cambiar… tú rehusaste ayudarme a vencer mi pecado. Por eso es que he caído.

Con claridad, Shaun colocó la culpa de los problemas maritales, en su totalidad, sobre los hombros de Beth; ella era la culpable de todos los problemas, incluso de su pecado sexual. Ella era la culpable por estar amargada. De hecho, la carta termina con una demanda para que Beth comience a ser misericordiosa y a actuar como Cristo. Shaun ofrece un triste ejemplo de la tendencia a juzgar que poseen los agresores.

Esta inclinación de los victimarios puede aumentar en gran manera los efectos dañinos del abuso. El maltrato crea el tipo de vergüenza que hace que las víctimas sientan que son malas, sin valor, defectuosas y responsables por el abuso. En algunos casos, hasta anticiparse a la violencia puede activar esta dinámica de auto culpa. Por ejemplo, en 1 Reyes 18:9, el piadoso Abdías piensa que será asesinado por el rey Acab; así que, le pregunta a Elías cuál pecado ha cometido para que esté a punto de ser agredido. En realidad, Dios había hablado a través del profeta Elías para declarar que vendría una severa sequía a la tierra como juicio por la maldad de Acab, pues dirigía al pueblo a la idolatría (1 Reyes 16:29-17:1). Después de muchos años de sequía, cuando Acab vio a Elías, las primeras palabras que salieron de su boca fueron: «¿Eres tú el que le está causando problemas a Israel?» (18:17). De hecho, la dureza de Acab no tenía bases en la realidad. Acab mismo era el que causaba problemas a Israel. En este caso, Elías era lo suficientemente maduro para no aceptar su mensaje cargado de juicio. La mayoría de las víctimas de abuso no son tan maduras espiritualmente como este profeta experimentado y el juicio de sus agresores incrementa el daño a sus almas.

Intimidación deliberada

Dado que la vida de los agresores se construye alrededor de torcer la realidad, evadir consecuencias e involucrarse en un comportamiento que trae alivio temporal a sus tormentas interiores, es típico que no puedan enfrentar la realidad de sus actos destructivos. La mayoría de agresores está desesperada por evitar que sus víctimas revelen la verdad. Por ende, en muchos casos ellos elaboran estrategias para intimidarlas y llevarlas al silencio y la sumisión, lo cual les permite seguir abusando con impunidad. Esto también crea más daño en las víctimas, pues aumenta su trauma emocional y puede intensificar los sentimientos de impotencia y vulnerabilidad.

Ejemplos de intimidación en la Biblia

Existen ejemplos en la Biblia que ilustran la variedad de clases de intimidación que los agresores utilizan. La más extrema es la promesa directa de daño corporal severo, como se ve en la amenaza de la malvada reina Jezabel contra Elías. Ella aseguró que lo mataría dentro de las siguientes veinticuatro horas, después de que él pronunciara el juicio divino sobre los profetas de Baal (1 Reyes 19:1-2). Los ofensores sexuales sádicos son conocidos por decirles a sus víctimas, con anticipación, las horribles cosas que planifican hacerles. Esta clase de intimidación les trae placer[16].

En ocasiones, las amenazas sutiles son tan traumatizantes como las directas, porque crean un sentido generalizado de terror. Esto es lo que el rey Acab hizo con el profeta Micaías cuando lo puso en prisión, después de que dijera una profecía que Acab no quería oír. Antes de salir a la batalla, Acab dijo al profeta y a los custodios en la prisión, que Micaías tendría una dieta escasa de pan y agua «hasta que yo regrese» (1 Reyes 22:27), lo cual implicaba que un destino mucho peor le aguardaba cuando el rey volviera victorioso de la batalla.

Uno de los tipos más comunes de intimidación que utilizan los agresores son las amenazas verbales de daño, a menos que se les dé lo que quieren. El comandante en jefe, general del ejército asirio, infame por su crueldad sádica, amenazó con hacerles gran daño a los judíos si no se rendían ante él (2 Reyes 18:27-35). Esta no era una amenaza floja, pues los asirios eran bien conocidos por su crueldad extrema para con sus enemigos. Los arqueólogos han descubierto varios textos antiguos en los cuales, de manera jactanciosa, los asirios hacen un recuento de la destrucción total de las ciudades que conquistaban. De manera gráfica, registraron como después de derrotar a sus enemigos, apilaban las cabezas de los soldados del otro bando, masacraban a los ciudadanos conquistados, torturaban a la familia real derrotada, desollaban a los líderes políticos y colocaban a las mujeres en el harén de su rey[17]. Por ende, las amenazas del Comandante en jefe deben haber sido muy intimidantes.

La creatividad diabólica para la intimidación

La creatividad de los agresores para intimidar es diabólica en gran manera pues, a menudo, se fundamenta en un análisis serio de las debilidades de la víctima, sus puntos vulnerables, así como sus grandes temores. Con regularidad, escucho a las víctimas de abuso sexual decir que con pasividad soportaron el abuso de sus papás porque los amenazaban con abusar de sus hermanos menores si se resistían. Un agresor de dieciséis años, que abusaba sexual y físicamente de otros adolescentes, les decía a sus jóvenes víctimas que volvería para matar a los miembros de sus familias, si le contaban a alguien lo que les había hecho. Además, les decía a estos chicos jóvenes e ingenuos que los podía ver y escuchar a través de las paredes y que siempre sabría si ellos le contaban a alguien más. Lo triste es que le creían.

Unos cuantos años atrás, en Arizona, el director de una escuela cristiana fue condenado por abuso a menores porque forzó a una chica de quince años a desvestirse por completo, inclinarse y recibir nalgadas. Ella llegó porque estaba considerando inscribirse en la escuela. Al principio se rehusó a obedecer, pero él la amenazó con darle doce golpes a menos que de inmediato se quitara la ropa. Dijo que quería que la chica entendiera el castigo corporal *antes* de asistir a la escuela. El director le aseguró a la joven, quien ya se había metido en problemas en una escuela anterior, que merecía el castigo. La madre de la adolescente, que presenció el incidente, contó a la policía que estaba muy temerosa como para detener al hombre. En verdad, la madre se sentía tan intimidada que en medio del incidente le dijo a su hija: «Solo haz lo que él te dice para que podamos terminar esto». El director recibió la condena de un año en prisión por agredir a la joven y a otro chico. En el proceso judicial, se descubrió que el hombre había sido expulsado de otra escuela de distrito, en otro estado, por aparente agresión física. Poco tiempo después, fue puesto en libertad y se mudó a Europa, donde pronto abrió otra escuela religiosa privada. Sin duda, siguió con su intimidación a padres e hijos de la manera que lo había hecho durante años. Los padres u otras personas que cuidan de menores deben ser estratégicos y estar determinados a protegerlos, tal como los agresores lo están para intimidarlos.

TIPOS DE AGRESORES

Además de estas características generales, es útil advertir características específicas de las diferentes clases de ofensores. Libros enteros se han escrito sobre determinados tipos y subtipos de agresores; así que, lo mejor que puedo hacer es ofrecer un breve repaso tanto de aquellos que abusan sexualmente de menores como de aquellos que agreden físicamente a adultos y niños.

Típico adulto abusador de menores

Los abusadores de menores vienen de todas las clases de vida y son muy difíciles de identificar, aun para los profesionales. El único distintivo observable en ellos es que son mayormente hombres (del ochenta al noventa por ciento)[18]. Las influencias que impulsan a una persona a violar sexualmente a un niño o a un adolescente son complejas y no son comprensibles a plenitud[19]. Por ejemplo, existe la falsa idea de que la mayoría de los abusadores de menores fueron abusados cuando eran niños. Algunos de los estudios recientes indican que solo del veinte al treinta por ciento de los agresores fueron abusados sexualmente cuando eran niños o adolescentes[20]. Si bien es cierto, este número es más alto que la tasa de abusos que experimenta la población general de hombres, también nos muestra que deben existir otros factores, además de la victimización sexual personal, que influyen para que los adultos agredan de esa forma a los niños. Sabemos que un alto porcentaje de agresores reporta que proviene de hogares disfuncionales[21]. La mayoría de los victimarios sexuales describe a sus padres como fríos, distantes, hostiles y agresivos. Con frecuencia, reportan tener relaciones conflictivas con sus madres, experimentan altas tasas de maltrato físico e indican que se comunican menos con sus padres en comparación del resto de sus amigos[22]. Una investigación reciente sugiere que presenciar violencia intrafamiliar seria y experimentar negligencia por parte de los que están a cargo puede tener más influencia que el abuso sexual en sí, para que una víctima de abuso sexual se convierta en un agresor sexual[23].

Por consiguiente, los agresores provienen de familias emocional y físicamente dañinas. Estos hogares no brindan un cuidado emocional saludable, ni muestran respeto por la persona, ni representan un modelo saludable de resolución de conflictos y de habilidades de comunicación. Las experiencias relacionales negativas provocan que algunos hombres desconfíen de las relaciones adultas y busquen a niños y adolescentes para satisfacer sus necesidades emocionales y sexuales.

Aquí presento otras características de un adulto abusador de menores. Estas observaciones pueden ser de ayuda para iglesias y organizaciones, al momento de hacer las investigaciones pertinentes de quienes desean trabajar con niños y jóvenes.

- A menudo, abusan del sexo femenino.
- Raras veces son miembros de la familia de la víctima (solo el diez por ciento) y, con frecuencia son amigos o conocidos[24].
- Cuando el que abusa es miembro de la familia, es mucho más probable que hostigue al niño o niña en repetidas ocasiones y de manera más severa[25].
- Los padrastros tienen diez veces más probabilidades de hostigar que un padre biológico[26].
- En general, el agresor tiene un amplio número de víctimas. En un estudio, los agresores de chicas tenían un promedio de veinte víctimas, mientras que los agresores de chicos tenían un promedio de ciento cincuenta víctimas[27].
- Raras veces los que abusan de menores son atrapados y, por ende, puede que no tengan historial criminal por esa causa. Sin embargo, con frecuencia son culpables de cometer crímenes sin relación a lo sexual y pueden tener historial criminal por esos delitos. Esto puede ser un indicio de que son una potencial amenaza sexual para los menores. Los delitos revelan historias que pueden ser: conducir en estado de ebriedad, delitos relacionados

a drogas, invasión a la propiedad privada (con frecuencia en relación a voyeurismo), robo en tiendas y ataques[28].

- Las investigaciones revelan que la mitad de los agresores había estado bebiendo cuando cometió la agresión[29].

- Los victimarios, aun aquellos que cometen incesto, con frecuencia ejecutan varios tipos de crímenes sexuales: violación, exhibicionismo y voyeurismo[30].

Abusador de menores permanente (Pedófilos)

Algunos de los abusadores son constantemente atraídos de forma sexual por menores, de tal suerte que los colocamos en una categoría diferente y los llamamos pedófilos (literalmente: «Amantes de los niños»). En general, estas personas son conocidas como «agresores permanentes» por su fijación sexual con niños y adolescentes. Es usual que esta atracción sea hacia niños varones; además, es típico que los pedófilos tengan un rango limitado de edades para su interés sexual. De acuerdo con algunos expertos, los pedófilos que son atraídos por niñas, a menudo, las prefieren entre los ocho y diez años de edad; mientras que los pedófilos que sienten atracción por los niños, a menudo, los buscan un poquito mayores[31]. Algunos pedófilos se sienten atraídos por niños de ambos sexos.

La mayoría de estos agresores aún está en la adolescencia cuando comienza a acosar a niños. De todos los tipos de abusadores de menores, los pedófilos son los más problemáticos, pues tienen una gran cantidad de víctimas y su inclinación sexual por los niños, con frecuencia, es la más resistente a tratamiento. Muchos expertos creen que los pedófilos no se pueden curar; si curarse quiere decir eliminar el deseo sexual por los niños.

A través de autoevaluación y estudios de personalidad, los pedófilos muestran ser introvertidos, inmaduros en sus emociones y temerosos de las relaciones heterosexuales adultas[32]. Por ende, se vuelven a los niños en busca de relaciones íntimas, ya que se relacionan mucho mejor con ellos que con adultos. Esto nos ayuda a entender por qué, con frecuencia, los pedófilos creen que les expresan amor a los niños a quienes abusan. Estos agresores tienen la tendencia de usar menos fuerza física sobre sus víctimas en comparación con los otros abusadores; aunque, muchas veces recurren a las amenazas y a la manipulación psicológica para mantener a sus víctimas en silencio. Los pedófilos son en gran medida calculadores; con paciencia «preparan» a sus potenciales víctimas con el fin de obtener su confianza y minimizar sus inhibiciones, de manera que puedan establecer una relación sexual con el niño o el adolescente sin tener que utilizar la fuerza física[33].

Agresoras

Dado que las agresoras son mucho menos comunes que los agresores, muchos expertos creen que el número de perpetradoras es subestimado de manera significativa y que las mujeres pueden ser responsables de un veinte por ciento de los abusos sexuales contra menores[34]. Existe poca literatura sobre estas depredadoras; sin embargo, Anna Salter advierte que, por lo que sí sabemos, podemos ubicar a estas agresoras en tres categorías:[35]

- *Mujeres que abusan de niños menores de seis años de edad, a menudo, sus propios hijos.* Este es uno de los grupos más grandes de agresoras. Son mujeres cuyas identidades están amalgamadas con las de sus hijos de tal forma que ya no pueden funcionar como madres. En lugar de nutrir a sus niños, como las progenitoras saludables lo hacen, los utilizan para satisfacer sus propias necesidades emocionales y sexuales. Por desgracia, con regularidad, estas mujeres tienen tendencias sádicas y disfrutan de un placer retorcido al hacerles daño a sus hijos.

- *El grupo de las profesoras y amantes que primordialmente acosan adolescentes.* Por lo general, estas mujeres tienen necesidad emocional, aparte de estar en sus treinta. Toman ventaja de su posición de autoridad para construir relaciones románticas con adolescentes vulnerables.

- *Mujeres cuyas parejas adultas masculinas las coaccionaron a tener sexo con niños, por lo menos al principio.* Más tarde, algunas de estas mujeres comenzarán a tener relaciones sexuales con niños por su propia cuenta.

Adolescentes agresores

Los adolescentes que son victimarios sexuales representan un desafío muy serio. Se estima que los jóvenes cometen hasta la mitad de todos los abusos sexuales contra menores y sus víctimas tienden a ser niños pequeños. Los adolescentes agresores forman una población diversa, que se puede ubicar en varias categorías diferentes[36]:

- *Experimentadores.* Es común que estos jóvenes, entre once y catorce años, sean ingenuos y tengan poco historial de mal comportamiento. Tienen un limitado número de actos exploratorios con niños.
- *Agresores por presión.* Estos adolescentes, con poco o ningún historial delincuencial previo, se dejan influir por otros y se involucran en delitos sexuales contra menores.
- *Agresores antisociales.* Estos adolescentes exhiben un aislamiento social crónico y carecen de habilidades sociales; además, la necesidad de una mayor autoestima e intimidad los motiva a abusar de menores.
- *Agresores seudosocializados.* Estos adolescentes parecen tener seguridad y buenas habilidades para socializar; sin embargo, es probable que hayan sido abusados sexualmente por largos periodos de tiempo. Ellos abusan de otros por placer.
- *Agresores sexualmente agresivos.* Es común que estos adolescentes provengan de un hogar de abuso y fuera de control; además, tienen un historial personal de comportamiento antisocial, abuso substancial y pobre control de sus impulsos. Con frecuencia utilizan la fuerza para acosar y, a menudo, lo hacen así con el fin de experimentar poder de dominación y humillar a sus víctimas.

Existe un amplio rango de adolescentes agresores. Una investigación revela ciertas características comunes de los adolescentes que abusan de niños:

- Tienden a provenir de familias que son rígidas y desconectadas en sus emociones[37].
- En la mayoría de casos abusan de niñas.
- En comparación con otros adolescentes, quienes no están involu-

crados en delitos sexuales, tienden a mostrar habilidades sociales débiles, discapacidades en el aprendizaje, sentido de impotencia y están más aislados de la sociedad[38].

- La vasta mayoría de adolescentes que acosa niños es del sexo masculino (hasta el noventa por ciento); pero con frecuencia, las chicas que acosan a niños han experimentado maltrato severo durante la niñez, incluso victimización sexual y es común que abusen de chicos[39].

Niños que violan a niños

Por desgracia, los niños no solo están en peligro de victimización sexual por parte de los adultos y adolescentes. Es común que niños violen a otros niños[40]. A menudo, los pequeños que violan a otros niños han sido sexualmente abusados o han sido inducidos al sexo a través de la exposición a la actividad sexual.

Si bien es cierto que muchos, si no la mayoría de niños, en un momento u otro se involucran en exploración sexual inocente («juguemos a ser el doctor»), el comportamiento sexual se convierte en explotación si:

- Ocurre con intimidación o por la fuerza
- Continúa en secreto después de que los encargados han advertido al niño que es inapropiado
- Involucra a niños de una amplia variedad de edades o etapas de desarrollo
- Involucra actos sexuales explícitos (intento o simulación de relación sexual, sexo oral y cosas semejantes).

A diferencia de los agresores adultos y juveniles, el género no es una característica distintiva de los niños que violan a otros niños. De hecho, el sesenta y cinco por ciento de los niños preescolares que violan a otros son niñas, aunque casi siempre, la mayoría de los niños sexualmente agresivos son niños (noventa y un por ciento)[41].

El agresor físico

Aunque los agresores físicos masculinos se encuentran en todos los grupos étnicos y socioeconómicos, los hogares con menores ingresos experimentan un incremento significativo en la tasa de maltrato físico por parte de un hombre[42]. Según los Centros para el Control y Prevención de Enfermedades (CDC, por sus siglas en inglés), los hombres que maltratan de manera física a sus esposas tienen el cincuenta por ciento de probabilidades de maltratar a sus hijos también, y la esposa abusada de manera muy violenta tiene casi el cien por ciento de probabilidades de maltratar físicamente a sus hijos varones[43].

Uno de los aspectos más predecibles de los que agreden físicamente es que experimentaron violencia en su familia cuando eran niños[44]. Se les enseñó que la violencia física es una forma aceptable de lidiar con el estrés y la frustración. Nadie les enseñó a practicar habilidades de comunicación saludables y resolución de conflictos.

En el ámbito del comportamiento, el patrón más característico de los agresores físicos es el *control*. Tienen una necesidad patológica de controlar mucho o todo en la vida de esposas e hijos; y lo hacen, no solo a través de la fuerza física sino también a través del abuso y la manipulación verbal y psicológica[45]. A menudo, tienen un subyacente sentido de inseguridad, insuficiencia e impotencia, lo cual resulta en su necesidad de controlar a los miembros de la familia. Estos agresores recurren a la violencia cuando los miembros de su familia hacen cosas que amenazan el frágil concepto de sí mismos[46].

Aunque existe una amplia variedad de tipos de agresor físico, las siguientes son creencias y actitudes características de estos hombres[47]:

- *Un alto sentido de derecho.* Los agresores físicos utilizan el sentido de derecho para justificar la violencia física hacia los miembros de su familia, quienes no les dan lo que ellos piensan que merecen. Los miembros de la familia existen para satisfacer sus necesidades.
- *Egoístas y centrados en sí mismos.* Sus necesidades son de primera importancia.
- *Aires de superioridad.* Ellos creen que son superiores a sus esposas e hijos. En general, esto se relaciona con la idea mundial de la superioridad del hombre.
- *Posesivos en extremo.* Estos agresores consideran a los miembros de la familia como objetos de su propiedad. Ello ayuda a explicar

por qué la tasa de ataques físicos y homicidios se incrementa de forma significativa cuando las mujeres se separan de sus esposos o novios agresores.

✳

Ahora que hemos observado las características de los agresores, estoy listo para ubicar esta información en un contexto relacional en el siguiente capítulo. Raras veces los agresores actúan aislados de otros miembros de la familia. De hecho, hay características notables en las familias donde existe el abuso, las cuales nos ayudarán a entender su naturaleza e impacto de este. Ahora exploraremos estas características.

Capítulo 4

✳

El retrato de una familia que abusa

L
as familias donde se comete abuso (hogares en los que se experimenta el maltrato) son idénticas, aunque radicalmente diferentes de las otras familias. Aunque es común que se mezclen con todas las demás familias saludables dentro de los vecindarios, las familias que abusan tienen ciertos rasgos distintivos que contribuyen con el maltrato y, además, son el resultado de este. Es imperativo entender estos rasgos; si no lo hacemos, no podremos ministrar de manera eficaz a las víctimas de abuso. De hecho, en última instancia, podríamos provocar heridas y daño adicional.

Muchos años atrás, yo ministraba en una iglesia de la zona norponiente del Pacífico. Había decidido predicar una serie de sermones sobre la vida familiar. Era joven e ingenuo y no entendía la singular dinámica de las familias que abusan. Por ende, aun cuando había tratado de ministrar a los hogares de nuestra congregación, al igual que otros pastores, expresé puntos de vista que lastimaron a Tina, una joven de la iglesia, que había crecido en un hogar con abuso. Cuando llegué a la mitad de mi serie de sermones, Tina se armó de valor y me envió una carta que decía lo siguiente:

Querido equipo pastoral:

En los últimos dos años, he escuchado muchos sermones y lecciones en la escuela bíblica, tan solo para retirarme herida y derrotada a causa de las declaraciones que ustedes hacen sobre la familia. Ustedes no entienden el tipo de familia en el cual algunos hemos crecido. Cuando predican sobre la armonía familiar, la comunicación, la resolución de conflictos familiares y honrar a padres y madres, ¿tienen alguna idea de cuán complicados y confusos son estos temas para nosotros, los que hemos crecido en hogares con abuso? Permítanme contarles un poco de mi familia.

A la edad de tres años, yo ya estaba muy al tanto de la violencia intrafamiliar. En repetidas ocasiones, mi padre biológico abusó de mi madre frente a mí. Mi madre se divorció de él dos veces antes de que yo cumpliera tres años. Cuando mi mamá conoció y se casó con un hombre que le doblaba la edad, éramos una típica familia que vivía de la ayuda del Gobierno. Mi padrastro era y es un hombre MALO, en todos los sentidos de la palabra. Nos golpeaba a mis hermanos y a mí, hasta que nos derrumbábamos llorando en el piso. Además, el castigo por tratar de defendernos consistía en sentarnos sobre sus rodillas, mientras nos decía porqué tenía que agredirnos. El abuso continuó hasta que tuve dieciséis. Durante ese tiempo, los vecinos, profesores y amigos sabían lo que sucedía. Con regularidad, nos quedábamos afuera de la casa ya avanzada la noche, con tal de evitar alguna confrontación. Todo, cualquier cosa, desde doblar las toallas de manera incorrecta hasta caminar frente a la televisión, desembocaba en un ciclo de golpizas. Durante todo ese tiempo, mi madre solo observaba. ¿Cómo puede alguien solo observar? Solamente en una ocasión, le suplicó que se detuviera y, como resultado, él lanzó sus llaves contra ella y quebró sus anteojos. Mi madre nunca volvió a decir una palabra. Al final, cuando tenía dieciséis años, escapé junto con mis hermanos. Solo así mi madre despertó. Nos mudamos a Idaho con tan solo las ropas que cargábamos en nuestras espaldas; nunca lo he vuelto a ver desde entonces. Después de doce años, aún le temo, aún me cuido las espaldas, aún creo que puede volver, porque él es MALO.

Me di cuenta de que es difícil entender algo, a menos que hayas pasado por ello; pero por favor, sientan mi dolor cuando hablen del abuso, de honrar a nuestro padre y madre, de perdonar a aquellos que nos hacen daño. No les pido que sanen mi dolor, pero tampoco hagan que me aleje.

Atentamente,
Alguien de su congregación que ha sufrido abuso.

Mi corazón se quebró por Tina y por la manera en que la había herido sin darme cuenta. Simplemente, no entendía el perfil singular de las familias con abuso. Desde entonces, he sido testigo de estas dinámicas en un sinfín de grupos familiares. También las he visto cobrar vida en las páginas de las Escrituras. De hecho, un incidente en la familia del rey David brinda un cuadro sorprendente de las dinámicas dentro de los hogares donde tiene lugar el abuso. Nos proporciona luz sobre la naturaleza del maltrato mismo y, en particular, sobre la dinámica de la violación. Si con anticipación hubiera puesto atención a esta historia de la Biblia, hubiera comprendido mejor a la familia de Tina. Aunque esta porción de las Escrituras no nos ofrece una evaluación sistemática del abuso, sí corresponde muy bien con la investigación moderna sobre el tema y tiene mucho que enseñarnos sobre este tipo de familias.

LA HISTORIA DE AMNÓN Y TAMAR

Antes de seguir con la lectura, te amino a buscar una Biblia y leer 2 Samuel 13:1-21, donde se describe cómo Amnón comete violación en contra de su media hermana, Tamar. En lo que resta de este capítulo, haré un bosquejo de las principales características de las familias con abuso que este pasaje nos revela.

Las necesidades de los miembros de la familia son prescindibles

La historia comienza en el versículo 1, con la introducción de los personajes principales: «Absalón, el hijo de David que tenía una hermosa hermana llamada Tamar, y Amnón, el hijo de David que la amaba». Como una tragedia de Shakespeare muy bien elaborada, la historia inicia con unas hábiles y elocuentes frases introductorias, las cuales pronto se tornarán siniestras. Con rapidez, el lector cuidadoso sentirá que existe algo que no anda bien en esta familia. Antes que nada, se identifica a Absalón y a Amnón como hijos de David, pero Tamar es simplemente la hermana de Absalón. Esto es extraño, ya que ella es hija del rey David y la reina Macá (2 Samuel 3:3). De hecho, en ninguna parte del relato se le reconoce como la hija de David.

En las familias con abuso, los padres no dan el mismo valor a todos los miembros. En hogares con una alta influencia patriarcal, casi siempre las niñas reciben menor protección y menor honra que sus hermanos. También es extraño que esta historia inicie con la mención de Absalón, en primer lugar, dado que Amnón era el príncipe real que sucedería a David en el trono y, por ende, según la tendencia normal, él debía recibir la honra de ser nombrado primero. Probablemente se menciona antes a Absalón porque, en el amplio contexto de 2 Samuel, esta historia en particular se refiere a la búsqueda de un heredero al trono[1]. Por desgracia para Tamar, ella termina siendo un peón en este juego familiar por el poder. En particular, este juego se vuelve muy claro en 2 Samuel 13:21, cuando vemos el fracaso de David en responder a la violación de Tamar. Esto también nos dice algo importante sobre las familias con abuso: *Las necesidades de cada uno de sus miembros son muy prescindibles.* Los miembros más débiles de la familia pueden ser utilizados y explotados por los más poderosos, con el fin de alimentar sus propios apetitos.

La realidad es difícil de discernir

En este primer versículo aprendemos dos cosas más de Tamar: Ella era hermosa y su hermano Amnón la amaba. En una familia saludable, estas serían declaraciones proféticas de bendición y felicidad. No así para Tamar. *En las familias con abuso, la realidad es difícil de discernir.* Nada es lo que parece. La belleza se esparce en dolor y vergüenza. El amor fraternal se convierte en lujuria animal. El lugar que pensaste era el más seguro de la tierra, tu hogar, resulta ser el más peligroso. No es sorpresa que aquellos que crecieron en un hogar con abuso sientan que es casi imposible confiar en sus propias percepciones y emociones. No es sorpresa que muchas de las víctimas de abuso se sientan confundidas y crean que se están volviendo locas. La mayoría está bastante cuerda, pero vive en familias enfermas.

Se responsabiliza a la víctima

Aunque Tamar aún no lo había visto, el versículo dos le da claves al lector sobre el verdadero carácter de Amnón. Él se sentía tan frustrado debido al «amor» por su bella hermana Tamar, que se enfermó. Aunque las Escrituras nos hablan de una saludable y romántica «enfermedad de amor»

(Cantares 5:8), no es eso lo que tenemos aquí. Se dice de manera específica que Amnón se sentía frustrado porque Tamar era virgen y «de sería muy difícil llevar a cabo sus intenciones con su hermana». Es probable que esto se refiera al hecho de que las vírgenes se mantenían bajo un gran resguardo en el reino, así que Amnón no podía tener relaciones sexuales con ella. El «amor» de Amnón no era más que lujuria de incesto, que él había avivado como un fuego arrasador. La ironía es que se enfermó por su propio deseo de su hermana, sin embargo, Amnón, Jonadab y David (con diferentes niveles de conocimiento) depositaron en Tamar la responsabilidad de sanarlo de su autoinducida enfermedad. *En las familias con abuso, las víctimas son responsables de satisfacer las necesidades (aun aquellas que son malvadas) que ellas no crearon y nunca podrían satisfacer de manera legítima.*

Existen muchas Tamar hoy en día. Sheila era la mayor de seis hijos. Su madre, una mujer débil físicamente, siempre estaba enferma, en cama y parecía abrumada por la vida de manera total. Sheila aprendió, desde muy temprana edad, que era la pequeña ayudante de mamá. De hecho, para sus hermanos, ella representaba más a una madre que su propia mamá. Vestía a los niños para ir a la escuela, preparaba la comida y hacía la lista de compras. Cuando Sheila se remonta a su niñez, se describe a sí misma como la niña modelo. Recuerda haber recibido unas cuantas palizas cuando su padre bebía; sin embargo, casi todos los días de su niñez, experimentó abandono emocional. Ella cuidaba de la familia por completo y, aunque esto le había dado un sentido de responsabilidad en ese entonces, también había drenado su alma y representaba algo más dañino que las frecuentes golpizas que recibían sus hermanos menores. Cuando Sheila cumplió nueve, su padre comenzó a abusar de ella una o dos veces por semana. Él le explicaba que su esposa no estaba disponible para cumplir con sus deseos y que las demandas de un hombre deben satisfacerse. Sheila ofreció poca resistencia, aunque odiaba lo que su padre le hacía. Ella estaba programada desde su nacimiento a ignorar sus propias necesidades y cuidar de todos los demás, esa era su labor en la familia[2].

Las apariencias engañan

Con el tiempo, la lujuria de Amnón hubiera desaparecido a no ser por sus interacciones con su sagaz consejero, Jonadab, quien le preguntó por su rostro decaído. Amnón le expresó que estaba deprimido porque estaba enamorado de la hermana de Absalón. El hecho de que Amnón no la mencionara como su propia hermana, bien podría sugerir que ya había comenzado a impersonalizar a Tamar y su parentesco familiar con el fin de justificar su lujuria[3]. En una familia saludable, Jonadab hubiera corregido a Amnón y lo hubiera dirigido a satisfacer sus necesidades relacionales y sexuales de manera correcta[4]. En lugar de esto, Jonadab tramó un enrevesado plan con el fin de que Amnón tuviera acceso a su hermana. Ideó que fingiera estar enfermo e hiciera venir a Tamar para alimentarlo (versículos 3-5). Jonadab era el primo de Amnón y, como miembro de la familia, se hubiera preocupado por el bienestar de Tamar y el bienestar moral de su primo.

Jonadab nos revela otra característica de las familias con abuso: *Las apariencias engañan. El reluciente exterior de la familia esconde una oscura realidad interior.* «Jonadab» significa «el SEÑOR es generoso». Por desgracia, darle al primo un plan astuto para ayudarle a violar a su hermana no muestra la generosidad de Dios. El plan mismo también encarna la apariencia engañosa de las familias abusivas. Por fuera, parecía que para Tamar solo implicaba ofrecer sustento físico (comida) y consuelo a su hermano enfermo; pero en realidad, la amabilidad y confianza de ella serían presas de una manipulación habilidosa para hacer añicos su seguridad física y despojarla de su tranquilidad emocional por el resto de su vida.

Jonadab y Amnón no eran los únicos miembros de la familia con una apariencia engañosa. La familia real completa tenía una apariencia impresionante. David había pecado con Betsabé, pero se arrepintió y fue perdonado. Dios los bendijo con otro hijo (Salomón), a quien el profeta Natán llamo Jedidías, que significa: «Amado por el SEÑOR» (2 Samuel 12:25). Tamar y Absalón eran miembros apuestos de la familia real y obedecían a sus padres.

Es de gran importancia que, inmediatamente después del relato de la violación de Tamar, el escritor nos dice que los israelitas se habían asegurado una gran victoria sobre los amonitas (2 Samuel 12.26-31). El general judío Joab se sentía preocupado por la imagen y reputación de David, quien le había pedido dirigir el ataque final de manera que la ciudad fuese denominada con el nombre del rey y no con el de Joab. Cuando el capítulo concluye, la imagen positiva de David alcanza su cúspide porque es honrado con una enorme corona de oro que pertenecía el rey enemigo. Sin embargo, como ya hemos visto, la familia real no era lo que aparentaba ser[5].

Judith Lewis Herman advierte sobre la falsa apariencia de las familias en las que hay maltrato, en un estudio perspicaz sobre cuarenta familias abusivas.

Los participantes crecieron en una familia en extremo convencional. La mayoría asistía a la iglesia y era estable en lo financiero. Mantenían una fachada respetable. No tenían problemas con la policía, ni recibían ayuda de agencias sociales ni de servicios de salud mental. Ya que se alineaban con las normas de una familia tradicional, sus perturbaciones privadas eran fáciles de ignorar[6].

La verdad se ignora

Amnón siguió el consejo de su primo a la perfección. Fingió estar enfermo para que David enviara a Tamar a alimentarlo con panes exquisitos. David cooperó por completo con el plan diabólico de Amnón y ordenó que Tamar fuera a la casa de este a prepararle comida. Si esta fuera toda la información que tuviéramos en relación a la respuesta de David para con Tamar, podríamos concluir que el rey fue engañado y que no tuvo ninguna responsabilidad en la violación. El patrón de comportamiento de David hacia sus hijos muestra lo contrario. De hecho, él demuestra otra característica de las familias con abuso: *los miembros vulnerables no reciben protección, debido a que nadie desea en realidad saber la verdad.*

La verdad se ignora. En otras palabras, mantener el bienestar emocional es más importante que admitir que existen problemas familiares peligrosos. Como líder establecido por Dios y encargado del bienestar de su hogar (Deuteronomio 6:1-9; Proverbios 1:8-9; 4:1), David debió advertir, al menos, que algo no andaba bien con Amnón, cuya depresión era muy evidente para los demás miembros de la familia. El hecho de que Amnón fuera el próximo en la línea para ascender al trono hacía menos excusable que el rey fallara en observar la completa confusión moral de su propio hijo. Era muy probable que el carácter moral de Amnón se hubiera estado deteriorando desde hacía mucho tiempo. Ningún hombre con salud espiritual se despierta por la mañana y decide que violará a su hermana. Parece que David optó por no ver y no hacer nada y como resultado, Tamar fue violada.

Después de la violación, las acciones de David confirman la aseveración de que él no actuó para protegerla porque no quería saber la verdad. Posterior a la agresión, cuando la desviación rapaz de Amnón fue de dominio público, David no hizo nada en lo absoluto. Su silencio cierra el relato bíblico. Nada nos indica que David consolara a Tamar, amonestara a Absalón o castigara a Amnón; él permaneció callado, sin fuerza. Parece que no preguntó porque no quería saber. Más tarde, cuando Absalón, quien aún no se había vengado, le pide a Amnón que lo acompañe a la esquilación de las ovejas, David le permite ir y precipita así su muerte (2 Samuel 13:24-29). Después, cuando Absalón comenzó a robar los corazones de las personas lo cual terminó en una guerra civil, pareció que David no se daba cuenta de la creciente rebelión de su hijo (15:1-14). El fracaso del rey en aceptar la verdad de la amargura de Absalón le costó la vida al menos a veinte mil soldados (18:7), así como al mismo Absalón (18:14-15). Esto también desembocó en la violación pública de diez de las concubinas reales (15:16; 16:22). David no fue protector porque no quería ser perturbado con la verdad.

Celestia y yo escuchamos cientos de historias en las cuales la palpable evidencia del abuso se ignora de manera crónica y no se hacen preguntas. La evidencia incluye inconfundibles moretones en el rostro de la esposa; niños que se encogen de miedo y gritan cuando uno de los padres o hermanos mayores entra a la habitación; el inexplicable descubrimiento de ropa interior de niño machada de sangre; un infante de diez años que comienza a mojar la cama y experimenta pesadillas, justo después de visitar a la tía o al tío, y un esposo que en repetidas ocasiones se levanta en medio de la noche para ir a la habitación del niño, cerrar la puerta y, cada vez que esto sucede, lava las sábanas del chico y las deja en la secadora hasta la mañana siguiente. En cada uno de estos ejemplos, los miembros de la familia no hacen preguntas, y así el abuso continúa[7]. En las familias abusivas, la verdad no es amiga, sino enemiga.

Las familias abusivas utilizan la fuerza

Las artimañas de Amnón funcionaron y, después de sacar a los siervos, obtuvo acceso privado a Tamar. En ese momento, él ya no perdió su tiempo con la farsa de ser un inválido postrado en cama. Tomó a Tamar y con lujuria demandó sexo. El lenguaje de los versículos resalta el uso abusivo de la fuerza física para sostenerla en contra de su voluntad. El verbo hebreo que se traduce como «agarrar por la fuerza» (2 Samuel 13:11) es el mismo que se utiliza en 2 Samuel 2:16, donde los soldados judíos «agarraban» a sus enemigos por la cabeza de manera que pudieran insertar la espada hasta matarlos[8].

El comportamiento de Amnón con su hermana pone de manifiesto que las víctimas de violación y otras víctimas de abuso no deberían ser culpadas por lo que les sucedió. *El agresor, quien pertenece a la familia, utiliza la fuerza para hacer su infame voluntad* ya sea en forma de fuerza física, chantaje emocional, amenazas verbales, intimidación o manipulación emocional deliberada con el fin de tomar a sus víctimas en contra de su voluntad y abusar de ellas[9].

Es importante reconocer que los agresores emplean un amplio rango de comportamientos diferentes de la mera fuerza física para atrapar y agarrar a sus víctimas. Al mismo tiempo, aquellos que son abusados desarrollan de manera crónica un sentido de impotencia, al punto de que los agresores no necesitan usar la fuerza para seguir con el maltrato. Esto aclara muchas situaciones en las cuales la víctima de abuso, de manera inexplicable, no puede alejarse del agresor. Por ejemplo, se reportó que Elizabeth Smart, de doce años de edad, fue secuestrada de su casa en la ciudad de Salt Lake, a punta de cuchillo, por un indigente vagabundo. Fue sometida en contra de su voluntad y abusada sexualmente y, meses después de su secuestro, cuando la policía local dio con su paradero, ella no intentó escapar sino que mintió sobre su identidad y permaneció junto a su agresor, quien la había forzado a convertirse en su próxima esposa[10].

No existe una comunicación directa y saludable

La demanda sexual de Amnón era burda y confusa, puesto que en esa ocasión fue la primera y última vez que llamó a Tamar «mi hermana» (2 Samuel 3:11)[11]. Como vimos en el capítulo anterior, los agresores manipulan con sus palabras y actos y tienen mínima consideración del impacto de esta manipulación sobre la víctima. Para Tamar, «hermana» era un término que denotaba una relación familiar cálida, que provocaba lealtad, cuidado y protección rotunda (Génesis 34:1-31;

Levítico 18:11; cf. 1 Timoteo 5:2)[12]. En lugar de eso, esta hermana recibió deshonra violenta, desprecio y abandono.

Podemos ver aquí, otra característica de las familias con abuso: *No existe la comunicación directa y saludable y muchos de los mensajes verbales son contradictorios y confusos.* En esta clase de familias, los mensajes son, en el mejor de los casos, ambiguos y complejos. En el peor, son degradantes y destructivos. La maraña de efectos es caótica, en gran manera. Por ejemplo, David le dijo a Tamar que su hermano estaba enfermo y necesitaba que lo alimentara. Luego, ella descubrió que él estaba moralmente enfermo y que requería de ella para alimentar su lujuria. Él la llama hermana, pero le pide que sea su amante. Antes de la violación es su hermana, pero luego, la llama «esta mujer» (2 Samuel 13:17). Al principio, Amnón le ofrece a Tamar la entrada al lugar más privado de la casa: su cama; pero cuando hace lo que quiere con ella, la echa a la calle y cierra la puerta. La ambigüedad, la distorsión y poca franqueza de los mensajes verbales en las familias abusivas, da como resultado confusión y daño profundo[13].

La respuesta de las víctimas es inútil

Después de la propuesta descarada de Amnón, Tamar tuvo la fortaleza interna de ofrecer una respuesta valiente. La claridad y la lógica de su réplica hacen que su violación sea aún más trágica. Tras ser retenida en contra de su voluntad, de inmediato responde y brinda a Amnón tres «no» en Samuel 13:12 (no me humilles, esto no se hace en Israel y no cometas esta infamia) y le brinda tres «razones» en el versículo 13 (serías visto en Israel como un depravado, a dónde iría yo con mi vergüenza y el rey no se opondrá a que yo sea tu esposa).

Los tres «no» enfatizan la impropiedad moral de las relaciones sexuales a la fuerza, la cual viola la sagrada ley de Dios[14]. Las dos primeras razones enfatizan los terribles resultados de ese pecado (vergüenza para Tamar y exilio para Amnón), y la última razón sugiere una alternativa de acción sin pecado (matrimonio con el consentimiento del rey)[15]. Todas las declaraciones de Tamar fueron exactas, con una excepción. Ella advierte que si Amnón prosigue con la violación, él experimentará exilio social. En una sociedad justa, Amnón *habría* enfrentado consecuencias sociales severas por su delito, pero nada en el pasaje sugiere que esto sucedió. La terrible ironía es que las acciones pecaminosas resultaron en un exilio social para *Tamar*. Con frecuencia, en nuestro mundo caído e injusto, las víctimas de abuso pueden sufrir mucho peores consecuencias de las que reciben sus perpetradores.

La respuesta de Tamar era lógica, sabia y en armonía con los estándares de Dios. Sin embargo, su historia nos enseña esta triste realidad en lo referente a las situaciones de abuso: *La respuesta de la víctima es a menudo inútil.* La tragedia aquí es que cuando las víctimas se levantan sobre el remolino de distorsión y daño que dejan los mensajes verbales y llegan a tener el valor de hablar la verdad, por lo general, sus palabras caen en oídos sordos. En raras ocasiones, los agresores responden a la razón, por lo cual es vital para las familias e iglesias concentrarse en escuchar, potencializar y proteger a las víctimas. Con regularidad, hacemos poco o nada cuando invertimos tiempo para razonar con un agresor no arrepentido.

Muchos años atrás, un pastor me llamó para pedir consejo. Él y los líderes de otras iglesias habían estado trabajando con una pareja que tenía serios problemas maritales. Al esposo se le había pedido salir de dos iglesias antes, por ser contencioso y agredir verbalmente a los miembros de la congregación, y a su propia familia. Este hombre era en extremo dominante con ella. Cuando no se hacía lo que él quería, gritaba, amenazaba y humillaba a su esposa e hijos. Poco tiempo atrás, el pastor había descubierto evidencia que sugería que este hombre los había golpeado. Dos consejeros cristianos , que habían trabajado con la pareja, aconsejaron a la mujer separarse de su esposo. Pensaban que él representaba una inminente amenaza para la familia. La esposa le había pedido al esposo mudarse a otro lugar hasta que él recibiera consejería y aprendiera a controlar su enojo abusivo. El hombre se rehusó a irse.

El pastor estaba convencido de que este era un tipo abusivo y peligroso y necesitaba mi ayuda para escribir una carta en detalle que dejara clara su posición. Esto, con el propósito de responder a los argumentos bíblicos del esposo. El pastor, junto a los demás líderes de las otras iglesias, esperaba que al confrontar al esposo abusivo con profundas y correctas enseñanzas bíblicas viera la luz. Por desgracia, los agresores crónicos tienen oídos duros que solo el Señor puede abrir. Ellos no responden a la persuasión lógica.

El apóstol Pablo entendía el hecho de que no se puede razonar con los corazones endurecidos de los pecadores. Él instruyó a su colega Tito al decirle que después de que alguien rechazaba la presentación clara de la verdad, esta persona debía ser removida con el fin de proteger al resto de la familia espiritual: «Al que cause divisiones, amonéstalo dos veces, y después evítalo. Puedes estar seguro de que tal individuo se condena a sí mismo por ser un perverso pecador» (Tito 3:10-11). Le aconsejé al pastor seguir adelante y recolectar la información bíblica por el bien de la esposa y por la educación de la iglesia; sin embargo, le dije también que debía poner el noventa por ciento de su energía en proteger a la mujer agredida y a la familia de esta. Él escribió un resumen bíblico excelente sobre el matrimonio, el enojo y el liderazgo de servicio por parte de los esposos. Pero el agresor solo respondió que no tenía porque escuchar a los líderes de la iglesia, que no recibiría consejería y que no cambiaría su comportamiento. En raras ocasiones, los agresores escuchan los argumentos bíblicos lógicos.

Se utiliza el poder para aprovecharse

A diferencia de las objeciones valerosas y bien razonadas de Tamar, Amnón utilizó su fuerza bruta para hacerle daño a su hermana: «Se acostó con ella y la violó» (2 Samuel 13:14). El texto hebreo muestra con claridad la brutalidad de las acciones de Amnón, pues literalmente dice: «Él la forzó y se acostó con ella». *En las familias con abuso, el poder se utiliza para la explotación.*

Aunque parece ser un punto obvio, esto también muestra que en familias donde existe el abuso, el poder se utiliza de varias maneras con el fin de sacar provecho. Por ejemplo, un estudio importante sobre víctimas de incesto reveló que la mitad de las mujeres que experimentó abuso sexual por parte de sus papás había sido maltratada físicamente por ellos y, en algunos casos, por ambos padres. Otro veinticinco por ciento de estas mujeres había recibido disciplina severa (lo cual en muchos casos pudo ser abuso también)[16].

De igual manera, Judith Lewis Herman concluye en su estudio que «una de las características más distintivas e importantes de los padres que comenten incesto es su tendencia a dominar a las familias con el uso de la fuerza. La mitad de los participantes en la investigación reportó que sus papás eran violentos de forma habitual»[17], quiere decir que agredían de manera física a los miembros de la familia.

En las familias con abuso se utiliza otro poder, aparte del físico, para aprovecharse. Este incluye la manipulación psicológica y emocional (la vergüenza, amenazas de revelar secretos feos si no obtienen lo que quieren, amenazas a los miembros de la familia con el castigo divino, etc.); coacción social (amenazas con decirles a otros miembros de la familia lo horrible que la víctima es, amenazas con separar a la víctima del resto de la familia, etc.), y la coacción financiera (amenazas con echar de la casa a la víctima y a cualquiera que la proteja , así como suspender la ayuda financiera, etc.).

La intimidación financiera que se percibe o se establece es una fuerza importante en muchas familias con abuso. La investigación muestra que las chicas con madres enfermas o con poca educación enfrentan un riesgo mayor de que sus padres o padrastros cometan incesto. Esto debido a que las madres que son en especial vulnerables y dependientes de sus esposos en lo financiero, descubren que es en extremo difícil proteger a sus hijas del abuso[18]. Es típico que los esposos agresores sean buenos para aprovecharse de la vulnerabilidad de sus esposas[19].

La intimidación financiera y emocional ayuda a explicar los descubrimientos de una reciente investigación. El estudio muestra que dos de los factores más importantes para determinar si una madre creerá y protegerá al niño que alega sufrir abuso sexual dentro de la familia son: (1) la edad de la madre cuando tuvo su primer hijo y (2) la relación de la madre con el agresor[20]. Las madres que tuvieron su primer hijo a una edad temprana tienen la tendencia de ser más vulnerables en lo emocional y financiero, en comparación con aquellas que tuvieron su primer hijo a una edad mayor. Y las madres de las víctimas suelen tener mayores probabilidades de experimentar presión emocional y financiera, si los victimarios son los esposos y no otras personas[21].

Las familias con abuso son inestables en lo emocional

Justo después de que Amnón violara a su hermana, su enfermedad de amor se transformó de pronto en un gran odio. El texto nos dice: «Pero el odio que sintió por ella después de violarla fue mayor que el amor que antes le había tenido» (2 Samuel 13:15). Para las personas que no entienden el abuso, esta dinámica del amor que se convierte en odio puede parecer extraña[22]. Sin embargo, es algo muy común en familias abusivas e ilustra la siguiente característica: *Las familias con abuso son inestables en lo emocional.*

En el caso de Amnón, en primer lugar, sus acciones muestran con claridad que él en verdad no amaba a Tamar, aunque sin duda, el nivel de su recién descubierto odio se incrementaba por su propia culpa y vergüenza. Por ende, la inestabilidad emocional puede contribuir y al mismo tiempo ser el resultado del abuso[23]. En las familias que experimentan abuso, a menudo el amor y el odio cohabitan lado a lado. Las víctimas de agresión, en especial las víctimas de incesto, con frecuencia reciben tratamiento especial, atenciones y «amor» por parte del agresor[24]. Tal como otras muchas dinámicas en las familias con abuso, esto crea una gran confusión para las víctimas y las hace desconfiar de sus propias emociones. Bárbara es una enfermera de veintinueve años con tres hijos pequeños[25]. Vive en Nueva Inglaterra, en un pueblo donde se producen textiles. Ella se ofreció como voluntaria para dar a conocer su historia personal de cómo es crecer en una familia con abuso. Quería infundir ánimo a otros que también han experimentado maltrato. Bárbara creció en una familia de clase obrera de Carolina del Norte. Era la mayor de seis hijos. Su padre había estudiado en Princeton pero lo enrolaron en las filas del ejército antes de que pudiera graduarse. Era un hombre orgulloso que miraba con desdén al Sur y a cualquiera con acento sureño, incluso a su propia esposa.

El padre de Bárbara abusó física, sexual y verbalmente de su familia por veinte años. Comenzó a acariciar a Bárbara cuando esta tenía tres años de edad. El abuso sexual persistió hasta que ella estaba bien entrada en la adolescencia. Bárbara nos habló de forma elocuente del clima emocional confuso en su hogar y su abundante maltrato, donde ella y los otros miembros de la familia experimentaron amor y bondad, abuso e ira y todo por parte de un mismo hombre. A la edad de veintinueve, Bárbara aún le teme a su padre y reconoce que este abuso la ha perturbado de manera profunda. Ella comenzó por describir a su padre con una nota positiva:

Él siempre parecía el hombre de la familia. Era cariñoso. Solía llevarnos a pescar. Cuando actuaba como nuestro padre, supongo que lo hacía mejor que nadie. Era generoso y divertido y nosotros disfrutábamos de su compañía. Sin embargo, cuando bebía, en verdad era diferente.

Sabíamos que existían ciertas cosas que tenían que hacerse o si no el «o si no» con frecuencia era físico. Nos golpeaba. Pero yo estaba exenta de eso. Era como si existieran dos familias, pues conmigo era diferente. Conmigo era distinto de varias maneras, pero en definitiva yo era la mascota de papá yo tenía un vínculo con él. Este vínculo pudo haber sido la fuente de fortaleza, aun cuando él era el agresor (sexual) la mayor parte del tiempo. Sin embargo, todavía pienso que ese vínculo es vital: *Tener a alguien que cuide de ti, aunque al mismo tiempo esa persona te golpee.*

Mi padre le mostraba mucho afecto a mi madre. Cuando la familia estaba unida, él la amaba, la besaba y parecían ser una pareja feliz. Él expresaba buenos sentimientos hacia ella pero cuando bebía, peleaban. Lo vi golpear a mi madre y lanzarla contra la pared.

En ese momento, en definitiva, sentía que si no cumplía (de manera sexual) me haría daño. Él ya me había golpeado. Yo me libraba por completo de lo que sucedía con los demás chicos. Yo recibía menos que los demás, quizás esto era así porque era una buena chica. Supongo que era porque siempre hacía lo que él me decía *y yo siempre era su hija favorita*[26].

La confusión emocional que el padre de Bárbara creaba era obvia. Ella reflexionaba sobre su niñez y lo recordaba como amoroso y cariñoso, pero también como agresor. Ella sentía que él la cuidaba, aun cuando la golpeaba. Ella sentía que era su favorita, aun cuando ella era la víctima. Con claridad, Bárbara seguía confundida sobre su padre y la manera en que este la trataba.

La víctima recibe la vergüenza, la culpabilidad y la degradación

Es trágico, pero el abuso de Amnón no se detuvo con la violación. Después de satisfacer su lujuria, el odio brotó de su corazón y le ordenó a Tamar: «¡Levántate y vete!» (2 Samuel 13:15). Tamar rehusó marcharse, argumentó que despedirla era más malvado que el acto de violación mismo. Amnón respondió con una orden a su siervo: «¡Echa de aquí a esta mujer!» y cierra bien la puerta.

Aunque a los lectores modernos les parezca extraño que una mujer quiera permanecer al lado de su agresor, debemos colocar las acciones de Tamar en su contexto histórico. En las antiguas culturas con influencia patriarcal existía mucho énfasis en la pureza y honra sexual. Una mujer joven que perdía su virginidad, aun por una violación, tenía pocas oportunidades de casarse. Y sin matrimonio, una mujer tenía pocas posibilidades de sostenerse a sí misma y, por ende, no tenía futuro social ni financiero; además, no sería capaz de concebir hijos, que era el rol más importante de una mujer en la cultura judía. Por esta razón, la ley en el Antiguo Testamento ordenaba que cuando un hombre violaba a una mujer soltera, él debía pagar la dote, casarse con ella y nunca divorciarse[27]. Así que, Tamar clamó porque la segunda acción de Amnón era mucho peor que la primera, pues al echarla y no casarse con ella, destruía su futuro[28].

Amnón muestra gran rechazo por Tamar y declara, en esencia, que ella no vale nada para casarse con alguien, ni siquiera con el agresor. La manera en que Amnón expulsa a Tamar también es degradante y muestra el abuso. Él ordena a su criado que la saque, que eche a una princesa. Además, él ya no la mira como a una hermana sino como «esta mujer»[29]. Por desgracia, todo esto contribuye a la siguiente característica de familias que experimentan abuso: *Las víctimas reciben la vergüenza, la culpa y la degradación*[30].

Las características abusivas se observan no solo en familias nucleares sino también en familias espirituales (iglesia y organizaciones religiosas) y en familias sociales (escuelas, comunidades unidas y semejantes). Con regularidad, las iglesias y las comunidades avergüenzan, culpan y degradan a las víctimas de abuso. Muchos años atrás, Celestia comenzó a trabajar con una cliente adolescente que estaba en problemas. Después de unas cuantas sesiones, la chica nos relató que se fue a un centro comercial a conocer a otros adolescentes de la localidad. Ellos le ofrecieron llevarla de regreso a casa. Se sintió halagada y aceptó la oferta. Sin embargo, en lugar de llevarla de vuelta a su hogar, la llevaron a un lugar desierto y la violaron. Después la dejaron ir, pero la amenazaron con causarle un gran daño si le relataba a alguien lo sucedido. Ella tuvo el valor de decirle a las autoridades y presentar cargos en contra de los agresores. Cuando el director de la escuela cristiana conservadora donde estudiaba escuchó sobre el incidente, la expulsó. Él expresó que solo una cualquiera podía permitir que algo así sucediera y que ellos no querían cualquieras en su escuela cristiana. Las familias con abuso avergüenzan y culpan a la víctima.

Los miembros están aislados y carecen de intimidad

La tragedia no resuelta de la historia de Tamar se revela en su respuesta al momento de salir de la casa de Amnón. Ella rasgó sus vestiduras, las vestiduras del rey que utilizaban las vírgenes, colocó cenizas sobre su cabeza y lloró con amargura. Todas esas acciones eran señales culturales de dolor. Desde ese momento, Tamar no tendría futuro social y estaría aislada de la sociedad (2 Samuel 20:3). Aunque ella, como todas las víctimas de abuso, experimentó muchas consecuencias destructivas, este pasaje bíblico pone de manifiesto una en particular: El aislamiento social permanente. Tamar formaba parte de una familia con abuso en la cual sus miembros experimentaban poca o ninguna intimidad verdadera.

El rey David no conocía a sus hijos en realidad. No se daba cuenta de las batallas morales de Amnón o del peligro al que exponía a Tamar al enviarla a la casa de este. Una vez que David descubrió que su hijo era un violador, se enojó pero no parece que lo confrontara u ofreciera consuelo a Tamar (2 Samuel 13:21).

Posteriormente, cuando Absalón se vengó de la violación de su hermana y asesinó a Amnón, David se consoló y deseaba ir a Absalón; sin embargo, aun cuando David lo amaba, el rey rehusó a ver y hablar con él. La única manera que Absalón pudo encontrar para obtener la atención de su padre fue manipular para obtener una respuesta: Incendiar el sembrado del general del ejército (2 Samuel 14:28-33). En pocas palabras, los miembros de esta antigua familia abusiva sabían poco o nada de una intimidad saludable. Estaban aislados de los demás, es decir, de aquellos con quienes deberían permanecer más unidos. Por desgracia, esta dinámica es muy común porque *las familias con abuso se caracterizan por el aislamiento social y la falta de relaciones de intimidad* [31].

Aquellos que crecen en una familia con abuso pueden tener muchas personas alrededor y, aun así, sentirse perpetuamente solitarios. Tamar experimentó el aislamiento social por el resto de su vida, ya que después de la violación y la expulsión de la casa de Amnón: «Desolada, Tamar se quedó a vivir en casa de su hermano Absalón» (2 Samuel 13:20). Una persona que sobrevivió a una violación lo describe de esta manera: «Yo imaginaba que gritaba dentro de un bloque de hielo. Las personas pasaban a mi lado, pero nadie podía verme ni escucharme. Deseaba mucho que alguien derritiera el hielo»[32].

Debido a que aquellos que han crecido en un hogar con abuso a menudo experimentan soledad y aislamiento crónico y debido a que, como portadores de la imagen divina, desean relaciones en intimidad, con frecuencia terminan en relaciones promiscuas o en relaciones poco saludables[33].

Se promulga un estricto código de silencio

Ahora la historia bíblica se concentra en Absalón, quien después de ver el dolor evidente de Tamar, dice muchas declaraciones increíbles (2 Samuel 13:20). Primero, pregunta a su hermana si ha estado con Amnón. Algunos intérpretes de la Biblia toman esto como evidencia de que Absalón y Jonadab trabajaban en común acuerdo y que Absalón había estado involucrado en el plan de violación por completo. Esto le daría una excusa para matar a Amnón de manera que él pudiera heredar el trono. Yo creo que la forma en que Absalón trata a Tamar sugiere, más bien, que la amaba y que no había conspirado de manera activa en contra de ella. Sin embargo, creo que conspiró de manera pasiva al ignorar las intenciones malvadas de Amnón y sus señales de alerta[34]. Después de todo, las familias con abuso no tienen intimidad, no se conocen bien los unos a los otros y no protegen a los miembros que son vulnerables, pues en realidad ellos no quieren saber la verdad.

Luego, Absalón emite una orden espantosa aunque bien intencionada: «Cálmate y no digas nada. Al fin de cuentas, es tu hermano». El fundamento para mantenerse en silencio era que el agresor era el hermano. Esto nos señala otra característica: *Las familias con abuso promulgan un estricto código de silencio, en especial si el agresor es miembro de ellas.*

Por milenios, las familias han cerrado filas y han mantenido lo códigos más estrictos de silencio cuando descubren que un miembro de la familia abusa de otro, en particular, si el abuso es sexual. En la mayoría de las culturas, puede que este silencio exista a causa de que el incesto trae consecuencias legales y sociales más severas que otras formas de abuso. Casi siempre, los miembros de la familia encuentran difícil de creer que uno de ellos cometa ese terrible acto. En otras instancias, el agresor tiene mucho poder al punto de que los otros miembros de la familia temen las consecuencias si este resulta responsable de cometer abuso familiar. Por ende y debido a una variedad de razones, las familias ejercen una gran presión explícita e implícita sobre las víctimas de abuso sexual intrafamiliar, para que estas no hagan nada y se mantengan en silencio[35].

Esta conspiración del silencio es una de las dinámicas más representativas del abuso en la familia y se documenta en la mayoría de la literatura sobre este tema. Por ejemplo, en el muy conocido estudio sobre el abuso de Diana Russell, su muestra probabilística incluyó a novecientas treinta mujeres, con seiscientos cuarenta y ocho casos de abuso sexual perpetrado antes de que cumplieran los dieciocho años. De estos, solo treinta casos (justo el cinco por ciento) se reportaron a las autoridades. De las mujeres que fueron abusadas por un miembro de la familia, solo el dos por ciento había reportado el caso a las autoridades[36]. Aunque la familia de Tamar no hubiera escuchado el reporte de la violación, la verdad se debía decir; porque encubrir este horrible pecado tiene graves consecuencias tanto para la víctima como para la familia entera. En repetidas ocasiones, la Biblia condena encubrir, ignorar o llamar por otro nombre a la maldad (vea Salmos 74:8-9; Isaías 5:20; Miqueas 2:6-11).

Las familias con abuso niegan o distorsionan las emociones saludables

Es probable que la última orden de Absalón para Tamar también haya tenido una buena intención, sin embargo, era de igual manera espantosa. Él dijo: «Cálmate», esto quiere decir: No te preocupes o no le pongas demasiada atención a la violación. Puede que Absalón haya tratado de consolar a Tamar, pues él ya pensaba vengarse del agresor. Pero ¿cómo puede una víctima relajarse ante uno de los más dañinos y abusivos incidentes que pueden ocurrir?, ¿cómo puede ella estar tranquila ante una situación que ha cambiado de manera trágica su vida para siempre? De hecho, las acciones dramáticas de Tamar (llorar, rasgar su túnica, poner ceniza sobre su cabeza) eran las expresiones más apropiadas para mostrar dolor por la enorme pérdida.

La petición de Absalón esta en concordancia con las características de las familias abusivas, porque *las familias con abuso niegan y distorsionan las emociones saludables y correctas*. Este tipo de hogares presiona a las víctimas para tomar una actitud entumecida y para que no expresen las adecuadas emociones de dolor y enojo De igual manera, los agresores no expresan sentimientos. Aparte de lujuria disfrazada de amor, las únicas emociones que Amnón expresó eran enojo y disgusto. Y estas emociones eran dirigidas hacia su gentil hermana a quien acababa de violar. No existe algún indicio en las Escrituras de que Amnón expresara adecuadas emociones (compasión, pena, remordimiento y sensaciones semejantes) hacia Tamar[37]. Esta dinámica nos ayuda a entender porqué las víctimas de abuso tienen dificultades para experimentar emociones saludables y correctas.

Se protege a los malos

La respuesta del rey David nos ofrece un insumo final sobre las familias con abuso. Después de escuchar sobre la violación de Tamar, David «se enfureció» (2 Samuel 13:21). Es confuso que este monarca soberano estuviera furioso y aun así no hiciera nada en lo absoluto. La respuesta ambigua de David tiene su explicación en algunos de los manuscritos hebreos, los cuales agregan a este versículo lo siguiente: «Pero (David) no controló los excesos de su hijo Amnón, él le favoreció porque era su primogénito»[38]. En otras palabras, David estaba furioso de que Tamar fuese violada; pero debido a que Amnón era el primogénito hijo mimado, David lo protegió a él y no a Tamar. Esto a pesar de que la ley de Dios dictaba que Amnón debía ser cortado de su pueblo por cometer incesto (Levítico 20:17) o que se le podía forzar a casarse con Tamar por haberla violado (Deuteronomio 22:28-29). David insistió en proteger al agresor, lo cual nos revela otra característica: *En las familias con abuso, se protege a los malos*[39].

Podemos dar incontables ejemplos de cómo las familias, iglesias y denominaciones protegen a los agresores en lugar de a las víctimas o víctimas potenciales. Quizás el ejemplo mayúsculo más reciente de protección mal dirigida es el escándalo sexual de la Iglesia Católica Romana en Estados Unidos, particularmente en Boston, Massachusetts. Un equipo de investigación conformado por periodistas, junto con *Boston Globe*, ganó un premio Pulitzer por el libro *Betrayal: The Crisis in the Catholic Church* [La traición: Crisis en la Iglesia Católica], el cual documenta como muchos sacerdotes católicos, en especial en Boston, abusaron de miles de niños durante décadas mientras las altas autoridades de la iglesia (incluso los cardenales) sabían del abuso y, de manera sistemática y tenaz, encubrieron y protegieron a los sacerdotes agresores[40].

En ese libro, los autores ofrecen evidencia abrumadora de que el liderazgo de la Iglesia Católica utilizó de manera incorrecta su autoridad espiritual para silenciar tanto a los niños abusados como a sus padres, a través de órdenes directas, amenazas encubiertas, convenios secretos, destrucción de archivos, mentiras y engaños. Por desgracia, estos patrones parecen también haber ocurrido en otras partes del país. Algunas de las peores ofensas se reportaron en Nuevo México, donde los sacerdotes agresores recibieron tratamiento en el Centro Paraclete. Después de esto, fueron enviados a iglesias locales, en donde de continuo se reportaron abusos. Un fiscal muy involucrado con la situación describió la incongruencia que existía entre el trato privilegiado que recibieron los sacerdotes agresores en el centro y la actitud de desprecio que recibieron las víctimas por parte de la iglesia:

> Puedo decir cómo era la atmósfera (en el centro Paraclete). Disfrutaban de pescado fresco, comida especial, salían a caminatas por las montañas y, los fines de semana, salían a las parroquias locales

donde continuaban con el abuso de niños No hay evidencia de que a alguien le hubiera importado ni un ápice de las víctimas[41].

Por desgracia, en las iglesias y familias con abuso se protege al agresor mientras que las víctimas vulnerables e inocentes quedan desprotegidas.

CONCLUSIÓN

Podemos hacer un resumen de lo que la violación de Tamar nos enseña sobre las principales características de las familias con abuso:

- Las necesidades individuales de los miembros de la familia son en extremo prescindibles.
- Es difícil discernir la realidad.
- La víctima recibe la responsabilidad de satisfacer necesidades que ella o él no creó y nunca podría llenar de manera legítima.
- El brillo exterior de la familia esconde la realidad oscura en el interior.
- No existe comunicación directa y saludable. Muchos de los mensajes verbales son contradictorios y confusos.
- La respuesta de la víctima es inútil.
- El poder se utiliza para sacar provecho.
- Las familias con abuso son inestables en lo emocional.
- Las víctimas cargan con la vergüenza, la culpa y la degradación.
- Los miembros son aislados y carecen de intimidad.
- Se dicta un código estricto de silencio.
- Las familias con abuso niegan y distorsionan las emociones saludables y correctas.
- Se protege a los malos.

※

Ahora que hemos examinado la naturaleza del abuso, el perfil de los agresores y las características de las familias que experimentan el maltrato, estamos listos para seguir con la sección dos y ver las consecuencias específicas del abuso. ¿Cuál es el resultado de ser abusado y crecer en una familia con abuso?

SEGUNDA PARTE
LOS EFECTOS DEL ABUSO

Capítulo 5

✳

La vergüenza

Una vez, serví como el pastor de jóvenes en una iglesia, cerca de la universidad del estado. Durante mi servicio en ese lugar, conocí a cientos de estudiantes, sin embargo, Mary Beth fue una de las más memorables. Bill, uno de nuestros estudiantes de maestría, la invitó a nuestra iglesia, muchas veces, durante el año de estudios. Al final, ella aceptó visitarnos.

Cuando la conocí, entendí porqué Bill se había esforzado para convencerla. Ella era atractiva y de buen vestir, pero también era bastante tímida y apartada; casi daba tristeza verla. Durante su visita, permaneció todo el tiempo mirando en dirección al piso, con sus ojos vacíos. Más tarde, esa misma semana, la llamé por teléfono para invitarla a almorzar con Bill y conmigo en Memorial Union. Con dudas, ella aceptó. Tan pronto nos sentamos, me informó que no volvería a nuestra iglesia, pues había sido un error de su parte asistir. Di por sentado que tenía alguna objeción en contra del cristianismo o en contra de la enseñanza. Me preparé para la defensa de la fe; pero, con tartamudez, ella me lanzó unas palabras que me resultaron difíciles de entender. Ella se disculpó con todo su corazón por visitar nuestra iglesia. Se excusó por contaminar nuestro santuario; porque si tan solo hubiéramos sabido la clase de persona malvada que era, nunca le hubiéramos permitido entrar. Hice mi mejor esfuerzo para asegurarle que todos en la iglesia éramos pecadores con grandes necesidades y que Dios la amaba más de lo que ella podía imaginar; sin embargo, sentí que mis palabras no penetraron lo suficiente. Solo penetraron tanto como una roca del tamaño de un puño entraría en la armadura de un tanque de guerra M1.

Me quedé desconcertado ante su enorme impotencia de recibir el amor de Dios, hasta que, unos días después, Bill ató cabos. Durante años, el hermanastro de Mary Beth había abusado de ella, por eso estaba inmersa en la vergüenza y autoaberración. Ella sufría anorexia severa y había sido hospitalizada muchas veces durante el año anterior. A pesar de que el ejercicio compulsivo le había dañado las rodillas de forma permanente, ella seguía trotando muchas millas al día. Cuando se miraba en el espejo, veía una mujer joven, obesa y malvada, quien merecía sufrir por los actos sexuales de los que había sido víctima. El abuso de su hermanastro le había llenado cada célula del cuerpo de vergüenza destructiva. Con desesperación intenté ayudarla a experimentar la sanidad del amor de Dios; pero, a pesar de todas nuestras llamadas e invitaciones, nunca la volvimos a ver.

LA VERGÜENZA: NATURALEZA Y CARACTERÍSTICAS

Estoy convencido de que la vergüenza es la emoción humana más poderosa. Con frecuencia, dirige, abruma y transforma todas las demás emociones, pensamientos y experiencias[1]. Por ejemplo, a Mary no le importaba lo que le dijeran sus amigos, pastores o doctores, ni lo que ella misma sintiera o experimentara; la conclusión siempre sería la vergüenza: Ella era una chica obesa, malvada y sucia, que merecía sufrir. Su vergüenza la había secuestrado y no la dejaba escuchar su voz interior, ni las voces externas.

Una vez que el virus de la vergüenza infecta nuestro disco duro mental, es muy difícil sacarlo, porque se filtra en todos los pensamientos y sentimientos que podrían servir para eliminarlo. Por ejemplo, cuando las víctimas de abuso como Mary Beth experimentan placer sensorial (contacto físico, música agradable y cosas parecidas), con frecuencia y de manera instintiva, se sienten culpables. Esos sentimientos de culpa refuerzan la vergüenza interna y fortalecen la creencia básica de que son personas inmundas y desagradables.

Esto también sucede cuando las víctimas alcanzan logros. Por ejemplo, en una ocasión, Mary Beth recibió una calificación excelente en una de las materias que cursaba. En lugar de aceptarla, como evidencia de sus habilidades académicas y trabajo arduo, su vergüenza actuó como un parásito emocional, que succionó todos los nutrientes de esa experiencia. Esta buena calificación la hizo sentir mal, por todas las otras ocasiones en su vida en las cuales no había obtenido una nota igual. Puede ser que la vergüenza hasta la haya convencido de que en realidad no merecía ese logro y que quizás el profesor solo había sentido lástima por ella[2]. Así que, todas las experiencias, incluso aquellas que eran positivas, representaban un ataque contra sí misma.

Aunque la vergüenza se experimenta de forma intensa y tiene una extensión universal, pocas veces se comprende. Por ejemplo, no existe un consenso académico sobre lo que constituye la vergüenza[3]. Sin embargo, me arriesgaré a dar mi propia definición: *La vergüenza es un sentido profundo y doloroso de incompetencia, así como de fracaso personal, el cual tiene como base la inhabilidad de cumplir con los estándares de conducta; estándares impuestos por nosotros mismos o por otros.* Sin importar la subjetividad, inestabilidad o racionalidad del estándar que se ha violado, si es un parámetro valorado por nosotros o por las otras personas que son importantes para nosotros, dará como resultado la vergüenza.

Debido a que la vergüenza se conecta con el fracaso personal de no cumplir con los estándares importantes de conducta, crea un sentido de disgusto contra uno mismo. Por ende, hace que deseemos ocultarnos de los demás y hasta de nosotros mismos[4]. Lewis Smedes, profesor del Seminario Teológico Fuller durante muchos años, nos pinta un retrato claro del sentimiento de vergüenza:

> La vergüenza es un sentimiento muy fuerte. Es el sentimiento de no estar a la altura, y quizás nunca estaremos a la altura de la clase de persona que podemos ser. Cuando estamos conscientes de este estado, sentimos un disgusto impreciso con nosotros mismos. Este sentimiento se convierte en un trozo de plomo sobre nuestros corazones… (La vergüenza es) como plomo invisible que pone peso sobre nuestros espíritus y destroza nuestro gozo. Es un sentimiento persistente[5].

Aunque la vergüenza es un sentimiento doloroso, no necesariamente es malo. De hecho, es un regalo divino; pero, como regalo de Satanás, distorsiona las situaciones y se vuelve muy destructiva. La diferencia decisiva entre la vergüenza saludable y la dañina (o tóxica) es la relación existente entre vergüenza y culpa.

La culpa es un estado moral y legal que resulta de la violación de la ley; por ende, uno es responsable de cumplir con la respectiva penalidad. La vergüenza es la dolorosa respuesta emocional que damos a la percepción de ser culpables[6]. Así que, esta es saludable, si es la respuesta apropiada en contra de la violación real de la ley de Dios. De esa forma, es un regalo divino, porque nos ofrece señales de que algo está completamente mal, nos muestra que no vivimos de acuerdo a nuestro diseño original y que nos estamos alejando de nuestro amante y santo creador (Romanos 2:14-15). Anthony Hoekema escribe: «Lo importante del pecado del hombre es que, pese a este, él aún es portador de la imagen de Dios. Lo que lo hace atroz es que el hombre prostituye ese gran regalo… la corrupción de lo mejor es lo peor»[7].

El punto es que la vergüenza saludable tiene como base nuestra dignidad única de ser portadores de la imagen de Dios. No importa cuánto hayamos pecado, la vergüenza saludable es un llamado de gracia para corregirnos y limpiarnos, de manera que podamos ser lo que el Señor del universo quiere que seamos. En otras palabras, suena como una señal de advertencia cuando nos acercamos a despeñaderos rocosos. Es un llamado de gracia al arrepentimiento[8]. Es el fundamento para que, en la iglesia, los creyentes practiquen de manera amorosa la disciplina sobre aquellos hermanos que están involucrados en algún comportamiento pecaminoso, de tal suerte que se avergüencen y se arrepientan con prontitud (2 Tesalonicenses 3:14; cf. 1 Corintios 5:13; 2 Corintios 2:6-8).

Por el contrario, la vergüenza tóxica o dañina nunca redime, solo corroe y destruye. Con frecuencia, quienes la experimentan pueden confundirla con vergüenza saludable; sin embargo, descansa sobre mentiras y distorsiones acerca de Dios, nuestro pecado, nuestro valor y la manera de redimirnos. Tales distorsiones pueden ser sutiles o escandalosas, pero el resultado es el mismo: La vergüenza tóxica deforma la realidad, pues va más allá de condenar las malas acciones que hemos llevado a cabo y que necesitan ser perdonadas. Nos susurra que somos malas personas y que no podemos ser redimidos. En lugar de señalar el pecado real, de manera que podamos tratarlo, distorsiona nuestra transgresión, nuestro valor y la gracia de Dios, de manera que no podemos hacer nada más que escondernos en las sombras. Aunque en realidad *hemos pecado* en contra de Dios, la vergüenza dañina nos ofrece una falsa interpretación de nuestro pecado, la cual nos hace abandonar cualquier esperanza. Lewis Smedes describe muy bien la manera en que este tipo de vergüenza deforma la realidad:

> La vergüenza (dañina) es como un guardavía ebrio, que advierte sobre un tren que no se aproxima. El dolor que produce no es señal de que algo anda mal en nosotros y que necesita corregirse. La vergüenza es la que tiene un problema con nosotros. Es una vergüenza falsa, porque no tiene base en la realidad. Es dañina, porque socava los poderes creativos y mata nuestro gozo. Es una clase de vergüenza que no merecemos, pues no somos tan malos como este sentimiento nos sugiere. La vergüenza que no se merece es un buen regalo convertido en uno malo[9].

El peor aspecto de la vergüenza tóxica es que nos aparta de Dios, de los demás y hasta de nosotros mismos. Dado que fuimos creados para tener una relación con nuestro creador y con aquellos hechos a su imagen, la vergüenza dañina nos debilita a través del aislamiento. Debido a que nos dice que somos defectuosos, despreciados y sin posibilidad de ser redimidos, optamos por escondernos y esperar que los demás no se den cuenta de nuestra treta. En la canción «*Creep*» [Desagradable], el grupo musical *Radiohead* expresa el mensaje de la vergüenza dañina: Uno siempre es defectuoso y sin esperanza de ser igual a las personas normales. El cantante se compara con un amigo y se lamenta de que este es una persona hermosa y especial, en cambio, él es defectuoso en cuerpo y alma. De continuo, repite su deseo inútil de ser especial, de pertenecer y de que los demás lo noten. Él declara: «Pero soy desagradable, soy extraño ¿Qué rayos hago aquí?». Este es el mensaje de la vergüenza: *Siempre soy defectuoso, antipático y raro, nunca encajaré y no merezco encajar.*

LA VERGÜENZA Y EL ABUSO

Nada puede generar tantas nubes de vergüenza tóxica como el abuso. La mayoría de las víctimas de maltrato lleva una enorme carga de vergüenza dañina y, lejos de la sanidad de Dios, la llevará todo el camino que le resta, hasta la tumba. Por diferentes razones, el abuso genera mucha vergüenza.

Los agresores transfieren vergüenza

Antes que nada, las dinámicas que se dan entre los agresores y las familias con abuso establecen el escenario para generar una considerable carga de vergüenza en las víctimas. De manera deliberada, las familias con abuso utilizan la vergüenza para manipular y controlar[10]. Como ya he advertido, al examinar las características de los agresores, estos casi siempre son engañadores y jueces duros, que se quitan la vergüenza y la depositan sobre sus víctimas. En gran medida, este comportamiento es producto de que los atacantes no están dispuestos a lidiar con su propia vergüenza, por lo que buscan transferirla, de manera feroz.

Cuando la víctima es un niño, en particular, la transferencia de vergüenza puede ser muy dañina, ya que los niños son más vulnerables, en especial con los padres agresores. Los infantes no tienen los recursos cognitivos ni emocionales para descubrir la verdad y rechazar la vergüenza tóxica que los padres agresores acumulan sobre ellos. El consejero pastoral Richard T. Frazier explica cómo los niños vulnerables absorben la vergüenza de los padres agresores: «Un niño es emocionalmente incapaz de rechazar, modificar y desintoxicar la proyección de los padres agresores. La diferencia de poder es muy grande y las proyecciones son muy tóxicas y abrumadoras. Además, es un hecho que el niño vive en el mundo emocional y en la vida de fantasía del padre. Esta es su realidad»[11].

Las características de los agresores, unidas a la misma naturaleza degradante del abuso, hacen comprensible que las víctimas lleguen a creer que son personas desagradables, al punto de que merecen ser abusadas.

Hace poco, en nuestra comunidad, los oficiales de policía descubrieron a un niño de siete años llamado Isaac, que había pasado encerrado durante casi seis meses en un armario lleno de orín y excremento. En otro incidente, ya se había reportado que los padres lo habían privado de alimento, durante una semana. Esta vez, cuando encontraron a Isaac, pesaba solo treinta y seis libras y estaba tan desnutrido que perdía cabello y apenas podía ponerse de pie.

El oficial Ben Baltzer, quien descubrió al menor, dijo que cuando entrevistó a los padres, ellos actuaron como si Isaac había obtenido lo que se merecía. La madre del niño dijo que lo había castigado porque no le gustaba su actitud[12]. Una de las autoridades entrevistada sobre el caso mencionó que el niño pasaría por una recuperación física completa, pero que la sanidad emocional tomaría años. En particular, este pequeño necesitaría mucha ayuda para recobrarse de la transferencia de vergüenza que recibió de parte de sus padres malvados, quienes le dieron «lo que se merecía».

El mecanismo de defensa

Una segunda razón, por la cual el abuso genera vergüenza, está muy relacionada con las víctimas. Los niños abusados, por sus padres o por quienes los cuidan, desarrollan un mecanismo de defensa natural que los lleva a absorber la vergüenza que no merecen. Es más fácil para ellos concluir que son malos y defectuosos, que aceptar el hecho de que sus padres (quienes son todopoderosos y están más allá de su alcance para cambiar) son malos y su crianza es defectuosa.

De manera instintiva, los niños tienen deseos y expectativas, dados por Dios, de recibir amor y cuidado de sus padres. Esto refleja el aspecto relacional de la imagen de Dios. La investigación psicológica sobre la teoría del apego ha mostrado que a largo plazo la seguridad de la cercanía de un niño con sus padres es de suma importancia para el desarrollo saludable del menor. De hecho, la necesidad de recibir amor y cuidado de los padres es tan grande, que si ellos son agresivos, en lugar de amorosos, los hijos echan mano de varios mecanismos de defensa psicológicos para enfrentar la situación. Puede que nieguen el abuso, se disocien o se culpen a sí mismos (absorban la vergüenza tóxica). Judith Lewis Herman explica esta dinámica:

> Cuando una niña no puede evitar la realidad del abuso, debe construir algún sistema de significado que lo justifique. De manera in-

evitable, concluye que su maldad innata es la causa. La niña pronto acepta esa explicación y se aferra a ella con tenacidad, ya que le permite preservar un sentido de significado, de esperanza y de poder. Si ella es mala, sus padres son buenos; si ella es mala, entonces, puede tratar de ser mejor. De alguna manera, ella ha traído este destino sobre sí misma; entonces, de alguna forma, ella tiene el poder de cambiarlo. Si ella ha hecho que sus padres la maltraten de esa manera, significa que si se esfuerza más, algún día, puede que se gane el perdón y, al final, la protección y el cuidado que necesita con desesperación[13].

Por ende, los niños abusados se encuentran en un difícil y gran problema emocional, pues son dependientes de uno o más adultos agresores. Como defensa, en contra de la impotencia y la vulnerabilidad que les da saber que sus padres son malvados, los menores se culpan a sí mismos. En esencia, absorben la culpa y la vergüenza de sus agresores. De manera errónea, el niño abusado concluye que su propia culpa y sus defectos provocan que el maltrato se fortalezca en los mensajes verbales destructivos de sus padres. Este complejo mecanismo de defensa, en combinación con los mensajes de abuso que el menor recibe de sus progenitores, contribuye a explicar por qué la vergüenza está arraigada en las víctimas de manera profunda.

Susceptibilidad al comportamiento vergonzoso

Un tercer factor determinante en el sentimiento de vergüenza es que los niños abusados son más susceptibles al comportamiento destructivo y pecaminoso, debido al daño y al hambre emocional que experimentan. Debemos entender esta dinámica para ministrar, de manera efectiva, a las personas dañadas.

Algunos cristianos están muy preocupados por sostener la doctrina de la depravación humana, al punto de que fallan en reconocer que los pecadores destruidos, en especial, las víctimas de abuso saturadas de vergüenza, en raras ocasiones aceptan arrepentirse, solo porque se les restriega su pecado en las narices[14]. De hecho, a menudo, las víctimas quedan enredadas en el pecado destructivo porque están convencidas de que son despreciables, pecadoras y sin redención[15]. Como resultado, cuando las personas llenas de vergüenza escuchan sermones que solo se concentran en su pecaminosidad, su sentimiento negativo se intensifica; entonces, llegan a estar más convencidos de que no se les puede redimir y de que su pecado los recluye en lo más profundo de la tierra. Pero, si la iglesia quiere llevar a cabo su misión principal de redimir a los pecadores, debe ser un lugar en donde se ofrece «gracia al alcance de la mano», tal como señala el autor Philip Yancey[16].

Lucy, una hermosa mujer de mediana edad que fue parte de un ministerio vocacional cristiano durante muchos años, ilustra la manera en que el abuso crea vergüenza y hambre emocional. Estos, a su vez, llevan al comportamiento pecaminoso, el cual crea más vergüenza y refuerza la creencia interna de que no se tiene ningún valor. Lucy es una experta en los efectos destructivos de la vergüenza, porque esta estuvo muy cerca de destruir su vida. Cuando era joven, varios hombres abusaron de ella, incluyendo su padrastro, su pastor y un amigo de la familia. En los años de adolescencia, cuando su padrastro descubrió que estaba activa sexualmente fuera de casa, le dijo que era una prostituta sin valor.

Lucy describe el espantoso daño y la confusión que resultaron del abuso, así como de la consiguiente vergüenza, la cual la llevó a un comportamiento destructivo:

> Cuando era joven, casi cada hombre con quien tenía contacto quería relaciones sexuales. Los hombres mayores me decían que me amaban y que deseaban cuidarme. De hecho, pensaba que eran sinceros. Tenía una gran necesidad de amor, del amor de un padre, al punto que acepté cualquier cosa que pude obtener. Cuando ellos se marchaban, quedaba abandonada y avergonzada de haberles creído. Así que, sentía que el problema solo tenía que ver conmigo. Esto no les sucedía a mis amigas, así que debía ser yo. Es interesante que yo era muy inteligente. Era una estudiante muy talentosa y con buenas calificaciones. Además, bailaba ballet y jazz, cantaba y tocaba el piano. Sin embargo, siempre sentía que no importaba lo que pudiera hacer, pues las personas se interesaban en mi cuerpo. Eso era mi valor. De alguna manera, tenía la sensación de que le «debía» sexo a los hombres.

Comencé a beber cuando era muy joven, incluso antes de la adolescencia. Recuerdo la primera vez que probé el alcohol. El sentimiento era: «al fin estoy bien». Los sentimientos de temor, anhelo, conciencia de mi misma e infelicidad desaparecían... por un pequeño período de tiempo. Era un escape de mis sentimientos. Por un momento, cambiaba mi realidad. Cuando crecí, el alcohol me permitió hacer cosas que no habría hecho sobria. Luego, la culpa y la vergüenza venían por lo que había pasado, y me sentía abrumada. Bebía más o tomaba Valium, con el fin de aplacar los sentimientos de disgusto y vergüenza. Era un ciclo vicioso. El abuso establece los sentimientos de no valer nada; los sentimientos de no valer nada establecen la necesidad de escapar; la necesidad de escapar establece el comportamiento destructivo o las adicciones; el comportamiento establece la necesidad de escapar y esconderse en las adicciones; y estas, a su vez, llevan a más comportamiento destructivo, lo cual establece el ciclo entero y lo pone en movimiento una vez más.

Lucy encontró a Cristo cuando aún era joven, sin embargo, vivió en promiscuidad impulsiva y alcoholismo durante muchos años más, antes de ser capaz, en verdad, de experimentar el amor y la gracia de Dios, encontrar fortaleza y dirección en las Escrituras y vencer su estilo de vida destructivo.

Este ciclo de abuso, vergüenza, comportamiento destructivo y pecaminoso y más vergüenza, se queda corto ante el tratamiento que Jesús da a la mujer samaritana, en Juan 4:7-39. El hecho de que la mujer samaritana saliera a extraer agua en medio del día sugiere, con fuerza, que era una marginada social, pues, generalmente, se extraía el agua al oscurecer. Aunque Jesús no ignoraba el pecado sexual de esta mujer (Juan 4:17-18), él no comenzó por allí. Más bien, se encontró con ella y la trató con el amor y la gracia que ansiaba su alma llena de vergüenza[17]. Él vio a una mujer necesitada y envuelta en humillación. También vio a una mujer que trataba de llenar el alma, por medio de relaciones sexuales pecaminosas. Por eso, Jesús apeló a su deseo interior y le ofreció el agua de vida que saciaría su profunda sed (Juan 4:10-14). El testimonio que ella da a los demás samaritanos es el aspecto más sorprendente de su conversión. Testifica de Cristo y les dice: «Me dijo lo que he hecho» (Juan 4:39), una indicación profunda de que Jesús le había ofrecido gracia a una pecadora llena de vergüenza. Ella había probado suficiente de la gracia de Dios, como para permitirse exponer sus pecados, primero a Cristo y luego a sus vecinos.

La naturaleza de nuestra sexualidad

Cuarto motivo: las víctimas de abuso están muy llenas de vergüenza, a causa de la naturaleza del mismo comportamiento de maltrato, en particular, del abuso sexual. Nuestros genitales son las partes más íntimas y personales de nuestros cuerpos. Cualquier exposición inapropiada, sin mencionar el contacto con alguno de nuestros genitales, resulta en una profunda vergüenza. Esto puede explicar porqué algunas de las palabras hebreas que se utilizan para «vergüenza» en el Antiguo Testamento hacen referencia a los genitales externos[18]. No es porque estos sean pecaminosos en sí, sino porque son muy personales y, cuando se exponen de manera inapropiada, tienen la capacidad poderosa de incitar a la vergüenza. Además, como se expuso en el capítulo dos, el sexo es la actividad de unión más poderosa en la que una persona puede involucrarse. Los pecados sexuales establecen un vínculo único, el cual es capaz de crear un daño que va más allá que cualquier otra actividad que involucre nuestro cuerpo (1 Corintios 6:18). Por ende, cuando existe una violación sexual, sin variación, da como resultado la vergüenza.

Un comentario final sobre la relación entre la vergüenza y el abuso. La manera en que el abuso lastima, a largo plazo, es compleja y no se comprende con exactitud. Hace poco, unos investigadores concentraron su atención en los mecanismos precisos, por medio de los cuales los niños se ajustan al trauma del abuso. Ellos descubrieron que la vergüenza, no la severidad del abuso, tiene un gran efecto en el proceso de ajuste, un año después del maltrato[19]. En otras palabras, el sentimiento de vergüenza actúa como agente intermediario para el trauma emocional, que se produce a consecuencia de un incidente de abuso[20]. También, se ha demostrado que la vergüenza resultante de una niñez de abuso tiene una fuerte relación con la victimización y la depresión en la adultez[21].

En resumen, en un mundo caído, todos los humanos experimentan vergüenza; pero, las dinámicas del abuso son tan grandes, que la vida de las víctimas revolotea alrededor de la vergüenza en el sentido literal. El abuso resulta en vergüenza; luego, entre más vergüenza sienten las víctimas, más daño a largo plazo experimentan. Es como si las acciones corruptas y vergonzosas, ejecutadas por un agresor, penetren dentro de la piel de la víctima y alteren su corazón y alma.

La vergüenza a causa del abuso hace que las víctimas sientan de manera permanente que están dañadas y corrompidas. Parece que las cosas que ellas odian y temen de los agresores se expanden dentro de sus propios corazones, como si fueran un parásito intruso que no se puede sacar. Este aspecto de la vergüenza tóxica resultante del abuso se expresa de manera elocuente en la canción «*Figure .09*» [Número .09], de Linkin Park, que describe el dolor interno, así como los pensamientos destructivos que nunca se marchan. Las víctimas no son capaces de eliminar el sufrimiento y los pensamientos vergonzosos. En lugar de eso, lo que ellas odian se ha convertido en parte permanente de su ser. En relación a los agresores, ellas lamentan sentir que «Te has vuelto parte de mí. Siempre estarás aquí. Siempre serás mi temor».

LOS SÍNTOMAS DE LA VERGÜENZA

Si bien es cierto que tanto las víctimas como los agresores expulsan vergüenza, a través de cada uno de sus poros, esta se manifiesta en diversidad de formas y, en ocasiones, de manera contradictoria. Por ejemplo, va desde el enojo explosivo hasta la pasividad servil; desde la depresión debilitante hasta la búsqueda frenética del buen desempeño; desde la arrogancia hasta la inferioridad. Todas estas manifestaciones pueden ser consecuencia de la vergüenza destructiva[22]. Por ende, es muy útil mencionar algunas de las más reveladoras características de la vergüenza[23]:

- *Lucha crónica en contra de la baja autoestima.* Las personas llenas de vergüenza no aceptan el valor que Dios les ha dado. De manera inherente se sienten inferiores en relación a otros, llenos de imperfecciones y defectos.

- *Depresión en menor grado.* Quienes se ven a sí mismos como inferiores y defectuosos de forma permanente desarrollan un sentimiento de desesperanza que, con frecuencia, los lleva a la depresión.

- *Ansiedad y celos.* La gran inseguridad que les genera el hecho de sentir que no tienen valor y que son inferiores lleva a las personas a tener celos de otros. Cuando los demás tienen éxito o reciben elogios, la inseguridad se activa en aquellos que están llenos de vergüenza.

- *La necesidad de competir y compararse.* Con frecuencia, las personas llenas de vergüenza se comparan con otros y lo hacen, para mantenerse a la cabeza.

- *Inhabilidad de aceptar la crítica.* Debido a que las personas llenas de vergüenza se rechazan a sí mismas, dan por sentado que todos los demás los rechazan también. Hasta la crítica constructiva pone en marcha el auto desprecio y es considerada un ataque completo. Las personas llenas de vergüenza no pueden separar lo que ellas son de lo que han hecho.

- *Necesidad de culpar a otros.* La inseguridad y el autorechazo que sienten las personas llenas de vergüenza generan una actitud de cobardía que no les permite aceptar la culpa por sus propios errores; así que, con frecuencia, culpan a otros de sus propios fracasos.

- *Sensación de no encajar.* Las personas llenas de vergüenza se sienten defectuosas y diferentes del resto del mundo. En sus mentes, los demás son «normales», pero ellas son diferentes y no encajan.

- *Concentradas en sí mismas.* Las personas llenas de vergüenza se sienten tan inseguras que, con frecuencia, se centran en sí mismas. Ellas engrandecen su posición en la vida. Interpretan que todos los comentarios se hacen a causa de ellas. Si están en un grupo, dan por sentado que todos los demás las están observando. Por ende, no son capaces de amar y servir a otros con libertad.

- *Concentradas en lo externo.* Debido a que las personas llenas de vergüenza se sienten inseguras con lo que hay en el interior, controlan de manera rígida lo que los demás ven en el exterior. Temen, con intensidad, que los demás descubran la verdad sobre sus defectos internos, así que, con desesperación, crean la apariencia de que todo está bien en su vida.

- *Tendencia a convertirse en adictas.* La vergüenza crónica es dolorosa en extremo y, a menudo, lleva al comportamiento compulsivo y hasta adictivo. De forma temporal, este comportamiento puede ser una anestesia para el dolor emocional. Con frecuencia, la vergüenza lleva al alcoholismo, a la adicción sexual y al desorden alimenticio.

- *Sabotaje a la intimidad.* Las personas que se sienten humilladas desean mucho la intimidad, pero temen con intensidad exponer sus defectos. Por ende, tienen la tendencia de sabotear sus relaciones, en el momento en que se vuelven íntimas.

- *Hipercríticas.* Este tipo de personas se proyecta en otros, a través de la crítica. No pueden aceptar la gracia de Dios, ni pueden extenderla a otros.

- *Poca conciencia o franqueza en relación a las emociones.* Debido a tienen emociones negativas y dolorosas, las personas se distancian de sus propios sentimientos. No saben lo que en realidad sienten. Las emociones que son inaceptables se transforman en emociones aceptables. Por ejemplo, un hombre lleno de vergüenza experimenta dificultades en admitir que se siente decepcionado o temeroso, así que, en lugar de eso, actúa con enojo.

- *Superficialidad.* Debido a que las personas con vergüenza se sienten incómodas consigo mismas, de manera intensa, no se involucran en la reflexión o introspección saludable. Con frecuencia, se esconden de los demás. Es típico que sean incapaces de ofrecer más que conversaciones o relaciones superficiales.

- *Cansancio.* Tener una vida llena de vergüenza es agotador. Se invierte mucha energía en mantener una fachada, para que la vida real jamás se conozca. La vergüenza elimina la esperanza y el gozo y deja a estas personas exhaustas y desgastadas.

EL SIGNIFICADO BÍBLICO DE LA VERGÜENZA

Aunque la literatura secular, con frecuencia, discute el problema de la vergüenza, es típico que la literatura teológica y bíblica lo ignore[24]. De igual manera, es muy raro que los pastores prediquen sermones sobre la vergüenza, si es que lo hacen; a menudo, los sermones duros activan ese sentimiento negativo, en especial en las víctimas de abuso. El fracaso de la comunidad bíblica en el tratamiento del tema de la vergüenza es de lo más curioso, dado que se trata de una de las experiencias humanas más profundas, sobre la cual las Escrituras tienen mucho que decir. En español la palabra *vergüenza* y los términos relacionados (*avergonzado, reproche, humillar, desnudez, etc.*) aparecen un aproximado de doscientas treinta veces en las Escrituras. Estos usos son traducciones de unas diez diferentes raíces de palabras hebreas y siete griegas.

El concepto básico de la vergüenza es la humillación emocional a causa del pecado; esta da como resultado el rechazo y la caída de la gracia humana y divina. En las Escrituras, la vergüenza mantiene una connotación similar a su uso moderno: Un sentimiento doloroso de culpa, poco valor personal y desgracia, debido al fracaso de no poder vivir a la altura de los estándares. Además, tal como lo hace la literatura de psicología, la Biblia habla de los efectos debilitantes de la vergüenza. Esta rompe el corazón y hace que uno se enferme en lo emocional (Salmos 69:20). Sin embargo, a diferencia de las descripciones que la psicología secular hace de la vergüenza, las cuales la definen en términos de la experiencia subjetiva humana, la vergüenza que encontramos en la Biblia se define en relación al carácter de Dios en última instancia. Por ende, en ocasiones, las palabras griegas y hebreas utilizadas para vergüenza en la Biblia no se refieren a las emociones humanas, sino al *comportamiento,* que es en esencia vergonzoso[25]. De allí que la clave para vencer la vergüenza es mucho más que solo aprender a aceptarse y a amarse, es discernir la perspectiva que Dios tiene sobre nuestra propia vergüenza y culpa, para después permitir que sea su perspectiva la que dirija y reconfigure nuestros pensamientos, nuestros actos y, en última instancia, nuestros sentimientos.

Según las Escrituras, la vergüenza no solo es una realidad emocional o psicológica, sino también judicial, porque no siempre la experiencia humana emocional está acorde con la condición espiritual. Por ejemplo, en repetidas ocasiones, la Biblia habla de los hacedores de maldad con corazón endurecido, quienes carecen de toda vergüenza, pese a ser culpables (Jeremías 3:3; 6:15; 8:12). De igual forma, la Biblia habla de los justos, que de manera injusta son avergonzados por sus enemigos agresores (Salmos 22:6; 69:7-9, 19-21; Jeremías 15:15). A menudo, la vergüenza en la Biblia, especialmente en los Salmos y los Profetas, se relaciona con el juicio de Dios sobre los pecadores no arrepentidos, quienes con frecuencia no sienten culpa ni humillación[26]. Por tanto, la Biblia se refiere a la vergüenza como una respuesta típica y dolorosa ante el pecado. La Biblia es clara al enseñar que los humanos no siempre sienten vergüenza, cuando son culpables, y también son tentados a sentir vergüenza, aun cuando no son culpables.

LAS CUATRO FASES DE LA ESTRATEGIA SATÁNICA PARA INCREMENTAR LA VERGÜENZA

El trabajo de Satanás en el mundo se compara con el de un ladrón que irrumpe en medio de la noche una joyería. En lugar de robar los artículos de la sección de joyas, el ladrón solo intercambia las viñetas de los precios. Es ridículo, pero las joyas más baratas reciben un precio muy alto, mientras que los collares de diamantes preciosos reciben precios miserables. De igual manera, Satanás no puede crear un nuevo mundo, pero puede modificar las viñetas de precios. En el caso de la vergüenza, él incrementa y reduce el valor apropiado de esta, que tiene como base la culpa. En consecuencia, los humanos le adjudican más vergüenza de la necesaria a ciertos comportamientos (en especial, a aquellos que Dios ha perdonado) y le adjudican a otros, menos de lo que deberían (sobre todo, a aquellos de los cuales no se han arrepentido)[27]. Consideremos las diferentes maneras en que Satanás elabora el complot, con el fin de pervertir la verdad, y, en última instancia, llevar a las personas lejos de Dios.

Negar e ignorar la culpa

Los agresores tienen la tentación de minimizar o ignorar su culpabilidad, de manera que no sienten dolor ni vergüenza correcta. Sofonías proclamó el juicio sobre el malvado y violento, que no sentía ninguna vergüenza (Sofonías 1:9; 3:1,5). Jeremías también denunció a los agresores malvados y despiadados (Jeremías 2:34; 7:6,9), tan endurecidos en sus corazones que ni siquiera podían sentir vergüenza (Jeremías 6:15; 8:12). La inhabilidad de sentir la vergüenza proveniente de una culpa real ayuda a explicar la oración continua, en el Antiguo Testamento, de que Dios cubra con vergüenza a los malvados, en particular a los agresores físicos (Salmos 35:4; 40:14; Jeremías 3:25).

En la actualidad, los estudiosos de los perpetradores de abuso observan esta misma dinámica y reportan que los agresores raras veces sienten remordimiento por sus actos[28]. Esto podría explicar porqué en un estudio de ofensores sexuales encarcelados, el setenta por ciento no estaba interesado en tomar parte de programas de tratamiento[29]. En su lógica retorcida piensan lo siguiente: «No siento vergüenza, en realidad no soy culpable; si no soy culpable, no existe algo que deba arreglar». En consecuencia, no sentir vergüenza mantiene a los pecadores lejos de Dios, que es quien sana y perdona la culpa.

Un ejemplo reciente de un agresor sin vergüenza es el del boxeador profesional Mike Tyson. En 1992, Tyson fue condenado a seis años en prisión, por violar a una participante de un concurso de belleza. En 2003, en una entrevista subsecuente con la reportera de *Fox News*, Greta Van Sustren, Tyson declaró que no había violado a la mujer, por el contrario, ella lo había victimizado pues «me puso en una situación donde… ahora, en verdad quiero violarla»[30]. Tyson también mencionó que quería violar a la madre de la mujer. Unas semanas después de esta entrevista, Tyson fue arrestado por agresión física, una vez más. Esto es un ejemplo de cómo la falta de vergüenza puede quitarnos la restricción dada por Dios en contra del pecado; así que, las personas que no tienen vergüenza contaminan la tierra con su maldad flagrante (Jeremías 3:1-3).

Tomar la culpa de otros

La manera más común en la que Satanás distorsiona la vergüenza en las víctimas de abuso es hacer que sientan humillación por la culpa de sus agresores. De manera instintiva, los niños absorben la culpa de quienes los maltratan. Por ejemplo, Antwone Fisher, cuyas memorias fueron convertidas recientemente en una película inspiradora, experimentó abuso severo de toda clase, durante muchos años, hasta que en su adolescencia, finalmente, sus padres adoptivos lo abandonaran en la calle. En sus memorias, él revela que una vecina lo abusaba sexualmente, cuando tenía tres años. Él recuerda el incidente, así como su reacción, en la cual de forma natural se culpa a sí mismo por el abuso:

Ella tenía la peor cara de monstruo que hayas visto. Eso es lo único que no he tratado de arreglar en mi mente. Era muy terrible para ser verdad, pero era verdad... Luego, ella terminó. Con voz calmada, me decía: «¿Dónde está tu ropa? Vístete». Habló como si era mi culpa no tener la ropa puesta. Ella se vistió, me lanzó mi ropa y dijo: «Sal de aquí y ve a jugar en la sombra, creo que están haciendo pasteles de lodo allá afuera». Por un segundo, Wanda sonrió, sin embargo, su rostro me lanzó una advertencia. Ella no necesitaba decírmelo con palabras, yo sabía lo que quería decir: Nunca, nunca, nunca se lo digas a nadie o algo más horrible de lo que puedas imaginar te sucederá. En realidad no fue el temor de su castigo lo que me mantuvo sin decirle nada a nadie durante todos estos años, sino la indescriptible vergüenza que sentía por lo que sucedía en el sótano, así como la indescriptible vergüenza de que quizás era mi culpa[31].

Como mencioné con anterioridad, las víctimas de abuso también sienten vergüenza debido a que, por desgracia, sus agresores les transfirieron la culpa. En los tiempos de la Biblia, los agresores (en especial los líderes militares y políticos) mutilaban o desfiguraban a sus enemigos, de manera que ellos experimentaran vergüenza permanente por su causa (Jueces 1:6-7; 1 Samuel 11:2; 2 Samuel 10:4-5). Tamar es un trágico ejemplo de una víctima de abuso sexual, cuya vida se destruyó debido a la vergüenza que su agresor le hizo experimentar. Amnón era culpable, pero, en esencia, ella cargó con la culpa y la vergüenza de este (2 Samuel 13:13-20). Las víctimas de abuso pueden aprender, por la gracia de Dios, a rechazar la culpa y la vergüenza resultante, pues no merecen cargarla. Por ejemplo, el apóstol Pedro dio instrucciones a sus lectores cristianos que experimentaban persecución e incluso maltrato verbal y físico: «Pero si alguien sufre por ser cristiano, que no se avergüence (sienta vergüenza), sino que alabe a Dios por llevar el nombre de Cristo» (1 Pedro 4:16)[32]. En otras palabras, las víctimas de abuso pueden aprender a rechazar la culpa y la vergüenza de sus agresores y no cargar con ellas.

Clamar por culpas ya perdonadas

Si leyeran el periódico de mañana y encontraran el anuncio de un constructor de casas que le ofrece a un criminal, condenado por múl-

tiples aberraciones, entregarle una mansión nueva de diez mil pies
cuadrados en una comunidad privada y lujosa y, además, darle una
membresía completa y libre de cargos en un prestigioso club de campo con tan solo llamar a un número telefónico gratuito, yo daría por
sentado que ese trata de una broma de mal gusto.

Los criminales merecen una celda en prisión, no una mansión. Sus
crímenes merecen el estigma social, no un club de campo prestigioso.

Resulta difícil de aceptar el hecho que Dios ofrezca quitar toda la
culpa y el estigma de nuestros pecados y darnos bendiciones eternas
y presentes, sin tomar en cuenta las buenas obras de nuestra parte
sino solo la fe en Cristo (Romanos 3:21-24; Filipenses 3:9). Hemos
pecado, no merecemos ni el favor ni la bendición de Dios. Sin embargo, este es el significado exacto de gracia: Favor inmerecido. Esta
es la verdad difícil de creer: Cuando Dios quita la culpa del pecado,
este se elimina de manera completa (Salmos 103:8-12). La belleza del
evangelio de la gracia es que Dios salva, no al hermoso sino al «cojo»
y al «marginado»; además, Dios dice: «Les daré a ustedes fama y re-
nombre» (Sofonías 3:19). Satanás, el acusador, quiere evitar que los
creyentes experimenten el gozo de la salvación. Él quiere que clamen
por culpas ya perdonadas, que sigan con el sentimiento de vergüenza
por los pecados que Dios ya absolvió. En particular, las víctimas de
abuso son vulnerables a esta estrategia satánica y deben resistirla de
manera feroz.

Aceptar la dura crítica de otros

Finalmente, la manera en que Satanás distorsiona la verdad, en relación a la vergüenza, es hacer que nos autodefinamos desde la baja
perspectiva que otros tienen de nosotros. Esta es la vergüenza y el
rechazo que los demás ponen sobre nosotros, porque nos encuentran
inaceptables. Cualquiera que haya soportado el noveno grado en la
escuela entiende el destructivo poder social de la vergüenza. En el
Antiguo Testamento, muchas palabras hebreas que se emplean para
vergüenza ponen de manifiesto este aspecto de ella[33]. Uno de los términos viene de la raíz que significa «ejecutar un sonido» y se refiere
a un susurro desdeñoso[34]. Otro, proviene de la palabra que significa «herir»; pero, de manera figurada, significa «mofarse o insultar»[35].

Otro término para vergüenza o desgracia viene de la raíz (*qālôn*) que significa «descenso a otra posición social»[36]. Muchos pasajes de las Escrituras nos hablan de la vergüenza y la deshonra, sin justificación, que los demás colocan sobre el inocente. Este debe aprender a rechazar esa vergüenza. A menudo, la Biblia habla de los agresores físicos y verbales quienes colocan vergüenza sobre el inocente (1 Samuel 20:34; Nehemías 4:4; Salmos 22:6). En especial, las víctimas de abuso son vulnerables a los efectos de la vergüenza social, porque la crítica dura por parte de los demás puede fortalecer la creencia errónea de ser defectuosos y sin valor.

Lucy, la mujer con historial de abuso y alcoholismo de la cual hablé al principio de este capítulo, demuestra el poder de este aspecto de la vergüenza. Cuando ella llegó a la adolescencia, ya había sido abusada por muchas figuras de autoridad en su vida, incluso por su padrastro. Ella no tenía una idea saludable de los límites y de la intimidad. Comenzó a tener actividad sexual con su novio. Cuando su padrastro agresor se dio cuenta de esto, le dijo que era una mujerzuela sin valor, que le producía disgusto, además, le ordenó no utilizar el pasillo cerca de su habitación, para no tener que verla. Lucy mencionó que este incidente le infundió el sentimiento de total falta de valor, aún más que el abuso sexual mismo. Satanás utilizó los comentarios viciosos y degradantes del padrastro de Lucy, para alejarla, aun más, de una vida saludable.

ESTRATEGIA PARA SUPERAR EL VERGÜENZA DESTRUCTIVA

Dado que la vergüenza se convierte en una fuerza destructiva y dominante en la vida de las víctimas, presento una breve estrategia para superarla.

Clarificar a quién le pertenece

Satanás mezcla las cosas, de tal suerte que se pierde la perspectiva de por qué alguien debería sentir vergüenza y por qué no. Por ende, cuando trabajo con hombres adictos al sexo (quienes sufren de muchísima vergüenza, a menudo, incluso por haber sido abusados cuando niños), les doy un ejercicio para ayudarles a poner en orden su vergüenza y responder a ella. Les pido que escriban su historia, que en ella construyan una trayectoria personal detallada de los momentos de su vida donde experimentaron la mayor vergüenza y que escriban una lista de los incidentes que precipitaron esa sensación. Luego, que intenten responder tres preguntas sobre cada incidente vergonzoso: (1) ¿De qué necesito apropiarme? (2) ¿Qué necesito confesar? (3) ¿Qué necesito hacer de manera correcta?

La primera pregunta involucra poner en perspectiva quién es responsable por lo sucedido. Por ejemplo, una persona puede tener memorias vergonzosas del abuso, pero el incidente no fue culpa de esta. Quienes experimentaron maltrato no deberían apropiarse del mismo. Sin embargo, las decisiones que vienen después son otra cosa. Con la ayuda de Dios, una persona puede tener claro sobre cuales incidentes vergonzosos debe tomar la responsabilidad (tratar de eliminar el dolor por medio de emborracharse, reproducir el abuso a través de abusar de otros y cosas semejantes).

Una vez que se tiene claro de quién es la culpa, es tiempo de confesar a Dios, de manera específica, los pecados por los cuales se toma la responsabilidad (1 Juan 1:9). Cuando un creyente confiesa los pecados, no lo hace para mantener la salvación, lo hace para fortalecer el caminar con Dios y el sentido de perdón divino[37]. Después de una confesión, viene el último paso: La restitución. La restitución podría convertirse en un intento por ganar el favor de Dios, sin embargo, cuando se hace de la manera correcta, es un concepto bíblico que realza nuestra apropiación, tanto del pecado que hemos cometido, así como de los daños que hemos causado (Éxodo 22:1-15; Levítico 6:5; Deuteronomio 22:28-29). La restitución bíblica fluye de la experiencia de la gracia de Dios (Lucas 19:1-8). Puede que la restitución requiera pedir disculpas tardías, ofrecerse a pagar consejería para alguien a quien se haya dañado de manera intensa, o hasta escribir una carta simbólica para alguien a quien ya no se puede contactar.

Aceptar el veredicto del juez: Dios se goza en sus hijos

Las víctimas de abuso experimentan una vergüenza abrumadora a causa de sus agresores. Para eliminar esta vergüenza inmerecida y tóxica, uno de los pasos importantes es permitirle a Dios, no al agresor, que defina nuestro valor. Sin duda, una de las más grandes perversiones de Satanás es hacer que las víctimas de abuso ingieran la vergüenza tóxica y concluyan que son escoria sin valor, aun cuando el Creador y Juez del universo permitió que su propio hijo fuera agredido, para que pudiera tener una relación de amor eterno con nosotros.

Las víctimas de abuso deben aprender que el veredicto del juez se acepta por fe. Si somos creyentes, él declara que nuestros pecados están perdonados y han sido eliminados por completo, tanto como el oriente está lejos del occidente (Salmos 103:12). Él declara que nada puede separarnos de su amor (Romanos 8:38-39). Él declara que nos escogió para salvación, antes de la creación del mundo, con base en sus riquezas en gracia, no en nuestras inherentes buenas obras (Efesios 1:4-7). Él declara que todos los que hemos puesto nuestra fe en Cristo estamos justificados. Esto significa que cuando él, el Juez, nos mira, no mira nuestros pecados sino la justicia de Cristo[38]. En consecuencia, Dios no mira a sus hijos con disgusto, sino con deleite (Sofonías 3:17). Aun cuando caemos en pecado, él nos disciplina por amor, no porque esté disgustado (Hebreos 12:6-11).

Los que sobreviven al abuso deben aprender a rechazar los juicios de los agresores y descansar en el veredicto del verdadero Juez, ¡Él se deleita en sus hijos![39] Ellos pueden aprender esto, a través del ejercicio práctico de crear una lista de descripciones bíblicas, de quiénes son y qué poseen en Cristo; luego, meditar en oración sobre cada una de estas verdades[40]. Por ejemplo, si soy creyente, soy hijo de Dios, unido con Cristo, perdonado, reconciliado con Dios, bendito con cada bendición espiritual en Jesús y cosas semejantes. Estas descripciones me dicen cómo Dios me ve.

Devolver la vergüenza al agresor, en oración

Una de las cosas más poderosas que una víctima de abuso puede hacer es enviar la vergüenza de vuelta a su agresor, en oración. En raras ocasiones, los teólogos discuten este concepto, no obstante, es un principio bíblico frecuente. A menudo, los escritores bíblicos pedían a Dios avergonzar a sus enemigos agresores[41]. Es muy probable que esta petición tuviera dos significados: (1) hacer que el agresor se sintiera abrumado con la vergüenza por su pecado, de tal manera que se arrepintiera y, (2) traer completa destrucción sobre el agresor, si no se arrepentía.

Pedir a Dios por la destrucción de un agresor no arrepentido no es anticristiano[42]. Las víctimas de abuso sufren una tremenda injusticia y Dios es un Dios de justicia. Los humanos esperan justicia y, cuando no la reciben, lo reflejan de manera natural con la expresión: «Eso no es justo». De hecho, la posibilidad de que Dios traiga justicia absoluta y final sobre las cabezas de las personas malvadas no arrepentidas nos permite soportar la injusticia en esta vida, sin volvernos amargados (2 Timoteo 4:14; 1 Pedro 2:23). Los cristianos no están para buscar venganza; no porque sea un deseo inapropiado, sino porque no tienen la autoridad ni el poder para vengarse de sus agresores, de manera apropiada. Pablo exhortó a los creyentes de Roma a no vengarse de sus enemigos, sino a dejar que Dios lo hiciera por ellos (Romanos 12:19). La retribución divina para los malhechores será perfecta y nadie podrá escapar de ella. En consecuencia, es bíblico orar para que nuestros enemigos se llenen de vergüenza, de tal suerte que puedan arrepentirse; sino, serán castigados y destruidos.

En la práctica, los que sobreviven a un abuso pueden aplicar este principio, con el ejercicio de escribir los nombres de sus agresores no arrepentidos. Luego, de manera regular, deben orar por esa lista, con el fin de que Dios colme a estos agresores con vergüenza, para que puedan arrepentirse, o traer el juicio divino sobre ellos, si no lo hacen.

Elegir la opción de rechazar

En un mundo caído, nunca podemos evitar que las personas nos avergüencen, pero podemos negarnos a aceptar el paquete que ellos nos ponen en las manos. Este paso requiere disciplina y un compromiso tenaz con la verdad bíblica. Con la ayuda de Dios, podemos decidir rechazar la vergüenza que los agresores y los demás tratan de adjudicarnos. Cristo es el gran ejemplo. Él experimentó la más grande vergüenza imaginable en la cultura antigua[43], en su tortura y ejecución pública en la cruz; sin embargo, se concentró en Dios y escogió no poner atención (ignorar) a la vergüenza que sus agresores querían hacerle padecer (Hebreos 12:2)[44]. En otras palabras, uno puede entender con claridad la verdad y desechar, de manera deliberada, la vergüenza ilegítima que los otros tratan de adjudicarnos.

El primer paso para llevar a cabo esto, es reconocer las dinámicas del juego. A menudo, estamos muy condicionados a aceptar la vergüenza que no pedimos. Cuando los demás tratan de avergonzarnos, de manera tácita, damos por sentado que tienen razón, que *debemos* merecerlo. Por supuesto, esto es incorrecto. Es una tentación aceptar la vergüenza inapropiada por parte de los miembros de nuestra familia, ya que estamos muy condicionados a aceptar sus ideas.

Sanarse de la vergüenza tóxica, requiere que aprendamos a analizar, con cuidado, los mensajes que traen vergüenza y, de inmediato, rechazar la que no merecemos[45]. Aprender a hacerlo es difícil, pero es esencial para las víctimas. Por ejemplo, el padre agresor de Jonatán intentó matarlo a él y a su mejor amigo, David; después, lo avergonzó por haber protegido a su amigo. Saúl maldijo a Jonatán, lo llamó bastardo[46] y lo acusó de traer vergüenza a la familia (1 Samuel 20:30). En realidad, la rebelión de Saúl era la que había traído vergüenza a la familia (15:28-35). Solo porque algún miembro de la familia abusiva me dice que soy un bastardo vergonzoso, no significa que yo lo sea. Los que han sobrevivido a un abuso pueden aprender a rechazar la vergüenza ilegítima que otros quieren que sientan.

Una forma práctica en la que las víctimas pueden aplicar este principio es escribir en un diario, de manera regular, los mensajes explícitos e implícitos de vergüenza que reciben de otros. Luego, en oración, deberían reflexionar en cada uno de esos mensajes y escribir la falsedad de ellos, a la luz de la verdad bíblica. Si un mensaje en particular es difícil de tratar, deberían memorizar unos cuantos pasajes de la Biblia que refuten las mentiras contenidas en él.

Experimentar la comunidad auténtica

Una de las principales formas en que una persona puede desafiar las mentiras que se derivan de la vergüenza es experimentando la comunión cristiana auténtica. En ella, permitimos que las personas vean quienes somos en realidad: Confesamos nuestros pecados (Santiago 5:16), somos emocionalmente francos sobre nuestras alegrías y tristezas (Romanos 12:15), damos y recibimos amor (Romanos 16:16), damos a conocer nuestras necesidades y conocemos las de los demás (Hechos 2:45; Gálatas 6:2), oramos unos por otros (Santiago 5:16), nos desafiamos unos a otros (1 Tesalonicenses 5:14) y nos ayudamos unos a otros, cuando caemos en pecado (Gálatas 6:1). A medida que experimentamos la comunión auténtica, podemos identificar, cada vez más, las mentiras fundamentadas en la vergüenza y aprender a abrazar la verdad.

Aunque la comunión cristiana auténtica no siempre es fácil de encontrar, es lo que Dios ha diseñado para la iglesia (Hechos 2:41-47). La vergüenza nos aísla de Dios, de los demás y de nosotros mismos. La comunión auténtica nos ayuda a reconectarnos y a vencerla[47]. Por ende, quienes sobreviven a un abuso deben tener como prioridad principal encontrar una comunidad cristiana saludable.

✴

En este capítulo, hemos visto que el abuso crea grandes nubes de vergüenza tóxica. Sin embargo, esta no es la única consecuencia debilitante del abuso. Existen otros tipos de daños, que son tan perjudiciales como el abuso mismo. No obstante, en muchos aspectos, son más confusos. En el próximo capítulo, exploraremos otros dos efectos emocionales primarios del abuso: La impotencia y la falta de vida.

Capítulo 6

✳

La impotencia y la falta de vida

Brianna llegó a consejería cuando tenía doce años. No había experimentado ningún abuso sexual o agresión física. Sin embargo, los años de negligencia emocional crónica, de parte de su madre alcohólica y de un padre paralizado en sus emociones, le estaban pasando la factura. Además del daño causado por la desidia, sus padres se habían divorciado unos años antes y ella se culpaba a sí misma por la ruptura. Su adorable madrastra la trajo a consejería, pues la chica exhibía un comportamiento sexual promiscuo en la escuela.

Como parte de su evaluación inicial, el terapeuta le pidió dibujar un retrato de sí misma. Con atención, Brianna se puso a trabajar con los lápices de colores y dibujó a una pequeña chica sonriente, que «hacía reír a las personas», sobre un escenario (ver ilustración 2). Ella se representó a sí misma bajo las luces, mientras entretenía a su familia y amigos, ubicados en los asientos de abajo. El terapeuta se sintió intrigado por esta representación y le preguntó si siempre se sentía de esta manera, ya que el dibujo parecía poco convencional. Con seriedad, Brianna sacudió su cabeza, puso su dibujo hacia abajo y comenzó a dibujar otra vez. Al principio, parecía trazar el mismo retrato, pero algunos detalles contribuyeron a que se tornara diferente, de manera dramática. En este segundo retrato, ella dibujó su rostro lleno de tristeza y emociones oscuras (ver ilustración 3). Pequeñas imágenes que representaban abandono y recuerdos traumáticos oscurecieron las facciones de su rostro. En esta imagen, muy contradictoria en comparación con la primera, ella permanecía de pie, sola, en medio de la oscuridad, sin sonrisa, sin amigos y sin alegría.

La familia de Brianna la consideraba una chica dulce e inocente. Pero, ¿cómo era posible que esa joven fuera tan agresiva en lo

Ilustración 2

¿Cuándo les gusta a los niños ir a la escuela? ¡Cuando está cerrada! ¡Ja, ja, ja, ja! Me encanta hacer feliz a las personas. Hago esto en casa, en la iglesia, en el béisbol... Lo hago en mi club.

sexual, al punto de que las autoridades de la escuela la amenazaran con la expulsión, a menos que recibiera tratamiento profesional? ¿Por qué dibujaría dos autorretratos antagónicos, en menos de

Ilustración 3

Falta de amor, preocupación, culpa, celos, heridas, mentira, ignorante, miedo, tristeza, locura. zzzz

veinte minutos? La respuesta era que el trauma que Brianna experimentaba, a sus cortos once años de vida, había hecho que comenzara a sufrir de división. Ella había desarrollado dos personalidades radicalmente diferentes.

Una de ellas era la personalidad pública, aceptable y feliz, que recibía el amor y los aplausos; la otra, era la problemática, la que se escondía y la cual nadie veía con claridad, ni podía entender o tocar. De manera exitosa, Brianna era capaz de disociarse (separarse en el interior) de su pena y soledad, hasta engañar a todos los que la rodeaban, incluso a ella misma. En esencia, ella había aprendido a vivir a través de la muerte. Sin embargo, reprimir nuestros sentimientos, deseos y recuerdos, no los mata en realidad, solo se vuelven más invisibles, más influyentes y menos comprensibles.

Después de varios meses, la familia dejó de llevar a Brianna a consejería. Por desgracia, tres años después, ella apareció en la oficina del consejero una vez más. Para entonces, llevaba nueve meses involucrada en una relación de índole sexual con su entrenador de tenis, quien tenía treinta y cinco años. Nadie lo sabía. La historia de Brianna ilustra la manera en que el trauma de un abuso crea vergüenza y sentido de impotencia; el cual, a su vez, puede dar paso al peligroso sentido de falta de la vida.

EL TRAUMA: LA CREACIÓN DEL SENTIDO DE IMPOTENCIA Y LA MUERTE EN VIDA

En las décadas pasadas, nuestra comprensión sobre el abuso ha crecido, gracias a la existencia de varios estudios fructíferos. En especial, las investigaciones relacionadas con el impacto del trauma han sido relevantes para entender cómo y por qué las víctimas de abuso llegan a ser muertos vivientes.

De hecho, la investigación moderna sobre el trauma comenzó a finales del siglo diecinueve, cuando el neurólogo francés, Jean-Martin Charcot, inició un estudio formal sobre un desorden llamado «histeria»[1]. La palabra *histeria* viene del término que se usa en latín para útero; por tanto, se creía que ese era un desorden exclusivo de las mujeres, que se caracterizaba por síntomas extraños tales como miedo, ansiedad, pérdida de la memoria, convulsiones, inestabilidad emocional extrema y parálisis emocional o física. La cuidadosa investigación de Charcot lo llevó a concluir que a pesar de que los síntomas de la histeria parecían ser de origen neurológico, en realidad, eran psicológicos. En ese entonces, otros dos notables doctores, Sigmund Freud y Pierre Janet, también comenzaron a estudiar la histeria y llegaron a conclusiones similares: el trauma psicológico era la causa del conocido desorden. Justo antes de que comenzara el siglo veinte, los investigadores descubrieron que los síntomas de la histeria se podían aliviar cuando las mujeres capturaban sus memorias traumáticas y los sentimientos asociados a ellas y los ponían en palabras. Este tratamiento se convirtió en la piedra angular de la psicoterapia moderna.

Después de hacer un extenso estudio de casos en Viena, Freud concluyó que, a menudo, la histeria era el resultado de una clase particular de trauma, en especial, del abuso sexual[2]. Sin embargo, no mucho tiempo después, Freud se echó para atrás, horrorizado por las implicaciones de su conclusión. De continuo, las mujeres que Freud analizaba, reportaban abuso sexual; así que, de alguna manera, él buscó una explicación para estas historias y los síntomas. Él razonó que, con toda seguridad, los hombres de las clases sociales altas no podían cometer incesto con sus propias hijas, así que desmanteló, por completo, su teoría del origen de la histeria. Freud decidió que estas mujeres habían inventado fantasías acerca de una relación sexual con sus papás[3]. Esta fue la base para su famosa teoría llamada «Complejo de Edipo», según la cual de manera innata los hijos e hijas jóvenes desean relaciones eróticas con el padre del sexo opuesto. Por ende, Las mujeres que sufrían los síntomas de la histeria eran las culpables de sus problemas en última instancia. ¡Todo estaba en sus cabezas! Por desgracia, Freud, como muchos otros, decidió culpar a las víctimas en lugar de señalar a los agresores.

Aunque Freud y muchos otros investigadores revirtieron sus postulados y culparon a las mujeres y sus fantasías por la histeria, en lugar de culpar al trauma[4], los incidentes políticos del siglo veinte socavaron sus teorías machistas. Durante la Primera Guerra Mundial, miles de soldados se retiraron de las líneas de batalla a causa de síntomas de histeria (amnesia, parálisis emocional o física, llanto incontrolado, inhabilidad de hablar), aun cuando no parecían estar heridos físicamente. Un psicólogo del ejército acuñó el término «*shell shock*» [estrés de combate], para describir esos síntomas. Dio por sentado que los soldados sufrían de daño neurológico debido a la explosiones de artillería. Cuando se profundizó en la investigación, se demostró que muchos de los hombres que sufrían de «estrés de combate» no habían sido sometidos a artillería u otras explosiones; sin embargo, habían experimentado el trauma de la guerra. Algunas autoridades médicas argumentaron que estos soldados eran inválidos morales y cobardes, por lo que debían ser despedidos sin honores. Otros psicólogos del ejército recomendaron choques eléctricos y reprimendas severas, como «tratamiento» para los hombres que padecían estrés de combate.

Durante muchas décadas, los investigadores continuaron debatiendo sobre la naturaleza y los orígenes de la histeria y del estrés de combate. Sin embargo, a mediados del siglo veinte, emergió un nuevo consenso. En particular, se concluyó que los síntomas de los soldados que retornaban de meses de combate, en la segunda guerra mundial, así como los síntomas de aquellos que habían sido prisioneros de guerra o sobrevivientes de los campos de concentración, no eran resultado de una debilidad emocional. *Cualquiera* expuesto a altos niveles de estrés psicológico puede desarrollar los síntomas[5].

De manera gradual, los investigadores entendieron que todas las formas de trauma causan estrés radical, ya sea que se trate de violencia intrafamiliar, abuso sexual, guerra o desastres naturales. A su vez, el estrés puede provocar una gran variedad de síntomas emocionales y físicos debilitantes. Con el pasar del tiempo, si los síntomas continúan, pueden llevar a las personas a un trastorno llamado estrés postraumático (TEPT)[6].

En este trastorno, los incidentes traumáticos se vuelven a experimentar a través de pesadillas, visiones repentinas del pasado, insensibilidad emocional, hiperactivación (respiración acelerada, palpitaciones cardíacas y cosas similares) y un deseo extremo de evitar los recuerdos del trauma[7].

En realidad, después de experimentar un incidente traumático, cualquier persona sufre de estrés. Para algunos, los síntomas disminuyen con el paso del tiempo y los recuerdos del incidente traumático se almacenan como sucesos desafortunados que pertenecen al pasado; sin embargo, para otros, los recuerdos y las emociones relacionados con el trauma controlan la vida, por sí solos, y dado que el trauma se activa con el tiempo, la angustia se incrementa[8].

Para estas personas, el tiempo no sana todas las heridas. ¿Por qué? Porque el estrés extremo puede producir cambios psicológicos. Dios creó nuestros cuerpos de tal forma que nuestras hormonas y sistemas neurológicos (en especial el hipotálamo, la pituitaria y el adreno cortical) se pongan en acción de manera automática cuando se percibe el peligro («luchar o morir»; nos mantengan alerta, y nos den energía extra para actuar. Sin embargo, para algunos, los sistemas corporales que se activan con el trauma no retornan a su estado normal. Esto causa síntomas de estrés emocional y físico, a largo plazo[9]. En otras palabras, el trauma puede crear cambios físicos y emocionales permanentes, los cuales actúan a través de los sistemas neurológicos y hormonales de las víctimas de abuso.

ENTENDIMIENTO DE LAS CONSECUENCIAS DEL TRAUMA

Es importante reconocer los efectos del trauma, pues son fundamentales para entender la relación entre este, la impotencia y la falta de ánimo para vivir. Judith Lewis Herman identifica tres efectos primarios del trauma: Hiperactivación, intromisión y represión (insensibilidad)[10].

Hiperactivación

Como el nombre lo sugiere, es la condición en la cual el sistema nervioso se activa de manera perpetua, aún mucho tiempo después de la finalización del incidente traumático[11]. Esto resulta en hipervigilancia, ansiedad[12], incremento del ritmo cardíaco, insomnio, irritabilidad, náuseas y facilidad para sentir miedo.

En particular, lo más desconcertante sobre la hiperactivación es que, aparentemente, un sinfín de incidentes y experiencias pueden activar recuerdos del trauma en el cerebro, de repente (y, a menudo, de manera subconsciente), y provocar una respuesta fisiológica. Por ejemplo, una mujer que camina por la calle de pronto puede tener un ataque de pánico. Su corazón comienza a palpitar más rápido y siente náuseas, sin aparente razón. El olor de una fragancia en particular, el rostro de un extraño o hasta el color de la ventana de una tienda puede activarle en el cerebro, de manera subconsciente, los recuerdos del hombre que abusó de ella cuando era niña. Todo esto, puede hacer que su cuerpo responda instantáneamente como si estuviera en gran peligro.

Los incidentes de hiperactivación por trauma pueden ser muy complejos y es posible que no tengan conexión obvia o lógica con la conmoción que se ha experimentado. Esto provoca que la hiperactivación sea más frustrante para los sobrevivientes de abuso y se convierta en una tentación de buscar formas para bloquearse en lo emocional y no seguir experimentando esos síntomas.

Intromisión

La intromisión consiste en tener recuerdos traumáticos y revivirlos a través de imágenes repentinas, que aparecen tanto cuando la persona está despierta, como a través de pesadillas. En consejería, la mayoría de adolescentes y adultos que han pasado por una experiencia de abuso, reportan pesadillas relacionadas a ese hecho[13]. La intromisión puede incluir emociones intensas, como el pánico o la ira. En otras palabras, memorias del pasado, relacionadas al trauma, siguen «entrometiéndose» en el presente, y las víctimas de abuso reviven la conmoción vez tras vez. De manera intensa, los recuerdos invasivos pueden ser traumáticos, pues, a menudo, conllevan la intensidad emocional del trauma original. Tal como la hiperactivación, estas memorias invasivas pueden ser muy complejas y puede que no sean obvias ni tengan alguna conexión lógica con el trauma experimentado[14].

Timmy era un chico pequeño, que recibía caricias por parte de un vecino. Durante una terapia, se le pidió que escribiera una carta en la que indicara cuál debería ser el destino de su agresor. De forma patética, su misiva ilustraba la conexión que existe entre la impotencia, la hiperactivación (miedo y náuseas), los pensamientos invasivos (pesadillas) y un deseo desesperado de recuperar el poder y la seguridad:

Siento que él debería de ir a prisión, hasta que muera, porque cualquiera que toque a los niños debe ser castigado de la peor manera posible y debe morir. Porque lo odio. Me hace temer a los otros hombres. A veces, me atemoriza ir a la cama, pues no quiero soñar con él. Me hace llorar cada vez que pienso en él. Y, ahora, su nombre me da deseos de vomitar.

Otro aspecto de la intromisión es una nueva exposición compulsiva ó una representación del trauma. Este comportamiento es un intento subconsciente de vencer la impotencia que se experimenta, durante y después del trauma. En realidad, esta acción no brinda el sentido de poder y dominio que el niño (o al adulto) desea y, por lo tanto, este la sigue manteniendo, aun cuando se vuelve cada vez más peligrosa y dañina[15].

A menudo, los niños actúan (representan) sus incidentes de trauma en sus juegos, vez tras vez. A la edad de siete años, Gabriel comenzó a visitar a un consejero, pues había desarrollado un problema de tartamudez severo, justo después de ver a su padre suicidarse. En terapia, en las primeras sesiones de juego, Gabriel comenzaba por colocar una línea de tren de juguete, de manera minuciosa. Luego, fingía que el tren mataba a su padre, quien estaba atado a los rieles. En su representación, él mataba a su padre, una vez tras otra. Esto lo hizo en silencio y metódicamente durante seis sesiones continuas. En todas esas sesiones, de manera permanente y abrupta, finalizaba la ejecución de su padre en las líneas del tren.

Gabriel amaba a su padre, pero este juego compulsivo era su intento de recuperar el control sobre los incidentes terribles que lo hacían sentir impotente. Si el padre tenía que morir, en lugar de verlo fallecer sin ayuda, Gabriel sería el único que controlaría su muerte , su ira por la pérdida, su dolor y vulnerabilidad.

A medida que Gabriel seguía en terapia y aprendía a enfrentar sus miedos, emociones y oscuras memorias traumáticas, mejoró de manera dramática en lo referente a su tartamudez. En la última sesión de terapia, se le pidió dibujar un retrato más (ver ilustración 4). Representó su temor en la forma de un dinosaurio y dijo que, en sus pesadillas, el dinosaurio venía a su cuarto cada noche (recuerdos traumáticos invasivos) y le daba «muchísimo temor». Cuando terminó de dibujarlo, levantó su mirada hacia el terapeuta y, con una sonrisa, dijo que

Esto... me da muchísimo miedo

ahora él estaba en pie sobre el dinosaurio, lo tenía sujeto por la cola y lo lanzaba «de regreso a Nueva York». Dios estaba sanando a Gabriel.

Las chicas adolescentes que han sido violadas pueden volverse muy promiscuas, en un intento subconsciente de recuperar el sentido de control. En una sesión de terapia, una feligrés me relató la forma en que fue violada por el antiguo novio de su hermana. En ese entonces, el chico llevaba registros de la hora en la cual la familia de ellas salía y, en repetidas ocasiones, irrumpía en la habitación en las tardes y violaba a la joven, cuando la hermana (quien compartía el cuarto) salía. Esta experiencia horrenda le produjo un profundo sentido de impotencia. El ejemplo nos ayuda a explicar la razón por la cual ella se volvió muy promiscua, al punto de entrar en una fiesta y decidir a cuál chico seduciría para tener relaciones sexuales esa noche. Después de mucha consejería y sanidad, esta mujer se dio cuenta de que este comportamiento era su intento destructivo (y pecaminoso) de recobrar el sentido de control sobre cada acción que la hacía sentir muy impotente.

Insensibilidad

La insensibilidad (también llamada «represión») es la condición emocional que resulta de un trauma abrumador. Por dentro, consiste en un bloqueo de todos los sentimientos; de manera que, en lugar de sentir dolor, la persona no siente nada. Por fuera, se describe como «un nivel bajo de respuesta al mundo exterior»[16]. En ocasiones, los que sobreviven a un abuso están consientes del bloqueo emocional, pero, en casos extremos (en particular de trauma crónico), los niños no lo perciben pues es lo que conocen de forma normal.

La insensibilidad puede darse en el mismo momento en que se sufre el trauma. Durante la acción de abuso, el tiempo parece correr más lento, el dolor pierde intensidad y reina un estado de calma indiferente. La insensibilidad se puede experimentar en forma de extracción de los sentimientos propios y aun del mismo ser (en ocasiones llamado «disociación»)[17]. A menudo, los que han vivido maltrato, en especial las víctimas de abuso severo o crónico, describen la disociación como una experiencia en la cual, durante el incidente, sintieron que abandonaban su cuerpo, estaban en otro lugar de la habitación y observaban lo que pasaba.

La insensibilidad también puede ocurrir mucho tiempo después del trauma original, cuando los sobrevivientes del abuso ya bloquearon todos sus sentimientos (de alegría y de dolor). Ningún sentimiento parece ser mejor que los de sufrimiento y confusión.

La insensibilidad emocional es compleja, ya que puede ser una decisión consciente o puede ser una respuesta automática al estrés extremo[18]. Para algunas víctimas de trauma, la insensibilidad prueba ser insuficiente para aliviar su angustia, así que deciden echar mano de las drogas y del alcohol, para apaciguar su dolor con químicos[19]. Aunque la insensibilidad y la disociación que ocurren durante el trauma pueden brindar protección emocional inmediata, con el tiempo, cobran un alto precio. De manera sabia, un experto en el tema escribió: «La disociación no desaparece al abuso, desaparece a la persona»[20].

Una forma seria de disociación es la amnesia, en la cual la víctima del trauma no tiene memoria consciente del o los incidentes traumáticos[21]. La década pasada fue testigo de un debate considerable, en relación a la posibilidad y exactitud de reprimir la memoria[22]; no obstante, es irrefutable que el trauma extremo puede causar bloqueo parcial, sino completo, de los recuerdos. En otras palabras, el abuso puede bloquear los sentimientos de una persona, así como el conocimiento de la verdad.

LenoreTerr, experta en trauma de niños, ha hecho un extenso estudio de casos de siete adultos, que reprimieron sus memorias de abuso infantil durante años. Dicho maltrato se confirmó más tarde. Su investigación demostró que el trauma de un abuso puede crear un bloqueo completo de la memoria, el cual puede durar décadas. Aunque ella concluyó que los recuerdos del abuso pueden corromperse y, en ocasiones, estar tergiversados, no es común que aquellos que se recuperan de manera espontánea sean falsos, de manera considerable.[23].

Linda Meyer Williams llevó a cabo una de las más poderosas validaciones científicas sobre la realidad y la frecuencia de la represión de la memoria. Williams obtuvo los expedientes de doscientas seis mujeres, que recibieron tratamiento hospitalario después de ser violadas cuando niñas. Ella logró sostener entrevistas con ciento veintinueve de estas mujeres, diecisiete años después de ocurrido el incidente. El método de investigación fue riguroso: los entrevistadores no conocían nada de las circunstancias del abuso. Ellos solo hacían las preguntas sobre los recuerdos del incidente y lo registraban. Williams encontró que el treinta ocho por ciento no tenía memoria del abuso, experimentado diecisiete años atrás[24]. Otros estudios sobre maltrato y negligencia confirman este descubrimiento: Un porcentaje de las víctimas de abuso infantil sufrirá pérdida de la memoria parcial o total respecto al mismo[25]. Ya que la memoria es un proceso complejo, el mecanismo por el cual los recuerdos traumáticos del abuso se reprimen no se entiende con claridad. Existe evidencia de que el Hipocampo se suprime durante incidentes difíciles[26]. El hipocampo es una de las partes importantes del cerebro que procesa y registra los recuerdos, además de colocarlos en su respectivo lugar, esta es la «línea de tiempo» en la historia de una persona. La supresión del hipocampo pone en riesgo la habilidad del cerebro para recordar algunos incidentes traumáticos o para colocarlos en contexto con el resto de la vida de una persona. Las memorias todavía permanecen en el cerebro de la víctima; sin embargo, no se encuentran almacenadas como un todo, el cual se puede recordar como un incidente histórico. En su lugar, se almacenan como fragmentos de sensaciones, los cuales, posteriormente pueden activar síntomas de TEPT. Esto, aun cuando la persona no tiene memoria explícita del abuso[27]. En algunos casos, la amnesia resultante del trauma es solo parcial y, a veces, es el resultado de una decisión consciente de la víctima, que busca reprimir el doloroso recuerdo del incidente.

La amnesia por conmoción es relativamente rara en aquellos que sufrieron abuso en la adultez, así como en aquellos que sufrieron un solo incidente (una vez). A menudo, los niños experimentan este tipo de pérdida de memoria, pues es típico que sientan un gran sentido de impotencia, son más dependientes de sus agresores (en especial si el agresor es un adulto) y tienen menos habilidades cognitivas para entender el abuso.

De hecho, después de estudiar a menores de edad que fueron víctimas de incesto, un investigador concluyó que «una gran represión (de la memoria) parece ser el principal recurso de defensa disponible, en aquellos que experimentaron abuso temprano en su niñez o sufrieron un abuso violento[28]. Por desgracia, la violencia en la niñez es demasiado abrumadora para que un niño pueda manejarla; así que si el chico la supera, lo hará por medio de hacer morir la verdad.

A menudo, los síntomas del trauma pueden ser tan severos que a las personas les resulta más fácil aceptar su realidad como veteranos de combate militar, que como sobrevivientes de abuso sexual o físico. Por ejemplo, recuerdo con claridad que, cuando estudiaba en Europa, tenía simpatía por un hombre anciano de nuestra congregación, que había luchado en la Segunda Guerra Mundial y había sido prisionero en Italia. Según su relato, sus captores lo trataron bastante bien y le dieron el cuidado médico adecuado para sus heridas. Después de que terminó la guerra, se graduó de la universidad y se convirtió en reportero de deportes; pero, desarrolló síntomas severos de estrés (tembladera, mudez, parálisis y llanto incontrolable), al punto de renunciar de la estación de radio para tomar un empleo como chofer de camiones, con un salario más bajo. No fue difícil para mí reconocer y validar sus síntomas permanentes de trauma por guerra.

Sin embargo, al mismo tiempo, inicié consejería con una mujer joven de nuestro ministerio, que también exhibía síntomas de trauma. Cuando ella me relató su historia de abuso sexual y agresión física permanente durante su niñez, sentí pena, pero al mismo tiempo sentí impaciencia, pues ella «no lo superaba».

Luego, de manera sorpresiva, me di cuenta de que su experiencia y el daño resultante eran similares a los experimentados por los veteranos de guerra, pero, los síntomas de esta mujer eran menos aceptados por la sociedad (al menos en mi mundo de hombres). De hecho, la investigación sobre el tema del estrés y TEPT muestra que los efectos traumáticos del abuso y de la guerra son similares, de forma sorprendente. Por ejemplo, en un importante estudio de siete grupos de sobrevivientes, los veteranos de Vietnam fueron el grupo con mayores síntomas en respuesta al estrés; en segundo lugar, estuvieron las víctimas de abuso sexual[29]. Además, se identificaron diez variables de estrés que incrementan el TEPT. Es común que los veteranos de Vietnam experimenten nueve de estas; a menudo, también las víctimas de abuso sexual o físico las experimentan casi todas[30].

La guerra y el abuso pueden crear trauma dañino permanente. Por ejemplo, varios estudios muestran que muchos veteranos siguen experimentando síntomas severos de trauma hasta cincuenta años después del combate o de ser prisioneros de guerra[31]. El abuso también puede causar trauma dañino permanente. En una importante investigación documentada, llevada a cabo con adultos que experimentaron maltrato en su niñez, una tercera parte cumplía con el criterio de TEPT para toda la vida[32]. En particular, el trauma prolongado o repetido (sea este abuso crónico en la niñez, violencia intrafamiliar crónica o encarcelamiento en prisión) puede producir daño marcado y permanente, al punto de que algunos expertos argumentan la necesidad de ubicarlo en una nueva categoría de diagnóstico[33].

Es importante observar que una persona no necesita experimentar trauma permanente o heridas físicas recientes, para sufrir daño emocional o somático (cuerpo). El aspecto decisivo para que un incidente sea traumático (por ende, con posibilidad de crear efectos permanentes), no es la amenaza o el daño reciente sino la *percepción* que la víctima tiene de ello. En otras palabras, la evaluación subjetiva de la víctima, en relación a cuán impotente y amenazada se siente, es lo que hace que un incidente sea traumático[34].

El psicólogo Dan Allender, observa que en un niño abusado convergen, a menudo, tres fuerzas que eliminan la libertad de escoger y, por ende, crean un sentido perverso de impotencia y desesperanza.

Con frecuencia, los niños abusados tienen una evidente incapacidad de: (1) cambiar el sistema de su familia disfuncional, (2) detener el abuso y (3) erradicar el dolor en sus almas[35]. Debido a este sentido crudo de vulnerabilidad e impotencia, los niños abusados y las mujeres maltratadas experimentan, de manera típica, mucho más trauma de lo que los hombres pueden entender. Por lo general, los hombres se defienden a sí mismos y, en raras ocasiones, se sienten amenazados de manera física o se sienten sin ayuda.

Estos principios se pueden ver con claridad en el secuestro de un autobús escolar de Chowchilla, en 1976. Una tarde de verano, en el condado de Madera, California, tres sujetos secuestraron un bus con veintiséis niños, con edades de entre cinco y catorce años, y al chofer, cuando regresaban de una excursión en la piscina de una balneario. Durante once horas, los secuestradores condujeron a las víctimas en dos furgonetas; posteriormente, los metieron en otra furgoneta, enterrada en una mina. Después de dieciséis horas bajo tierra, en un espacio de ocho por dieciséis pies, las víctimas lograron salir a la superficie. Las localizaron en un área remota, cerca de un parque. Las trasladaron al centro hospitalario más cercano, donde las declararon en buenas condiciones físicas. Ninguno de los niños sufrió daño físico. Los recibieron con una bienvenida en casa, así como con el apoyo de la comunidad. La dura prueba duró menos de cuarenta horas.

A pesar de la brevedad de la experiencia y de la falta de heridas físicas, los niños experimentaron efectos psicológicos devastadores. De cinco a trece meses después, Lenore Terr llevó a cabo un estudio en veinticinco de los veintiséis niños secuestrados. Entre cuatro y cinco años después del incidente, efectuó una segunda investigación[36]. El último estudio reveló que aún cinco años después del secuestro, que duró menos de cuarenta y ocho horas, los veinticinco niños mostraban síntomas de estrés post traumático: Perturbaciones somáticas, pesadillas y ansiedad extrema. Muchos sentían vergüenza y humillación intensa, por la gran vulnerabilidad que sintieron durante el secuestro. Trece sufrían temor irracional a que un cuarto secuestrador estuviera libre, aunque nunca existió evidencia de esto. Casi cinco años después del incidente, veintitrés de los veinticinco niños sufrían de pesimismo severo y creían que su futuro estaría limitado en gran medida; doce tenían pesadillas con la muerte[37]. Otros estudios sobre este tema revelan descubrimientos similares[38]. Aun el trauma sufrido por poco tiempo, que crea poco o ningún daño físico, tiene la capacidad de causar daño psicosomático y emocional permanente.

Esta investigación sobre el trauma es importante por varias razones: (1) Nos ayuda a entender por qué, en ocasiones, las personas que han sufrido abuso simplemente no pueden «superarlo»; (2) nos ayuda a entender por qué el abuso en la niñez puede tener graves consecuencias negativas, años después; (3) nos ayuda a entender por qué las víctimas de abuso, a menudo, se reprimen a sí mismas en lo emocional, espiritual y relacional, aun cuando esto puede causar mayores problemas; y (4) nos recuerda la obligación de ser muy cuidadosos, con el fin de evitar culpar a las víctimas por sus síntomas traumáticos.

Esto no implica que los sobrevivientes de abuso no tengan responsabilidad por su comportamiento, solo indica la verdad: que los efectos del trauma son complejos. Las víctimas no escogen muchos de los efectos de un trauma, de manera consciente. Las víctimas no escogen tener amnesia, pesadillas, memorias repentinas, ataques de pánico o incremento del ritmo cardíaco. Al mismo tiempo, como adultos, todos debemos llegar al punto de tomar la responsabilidad por nuestros patrones dañinos de comportamiento. A menudo, las víctimas de abuso *escogen* reprimirse a sí mismas en respuesta a su dolor, en lugar de volverse a Dios por fortaleza y sanidad. En última instancia, con frecuencia, el abuso provoca que los sobrevivientes confíen en sí mismos y en sus propias defensas, en vez de poner su confianza en Dios. Por consiguiente, las víctimas deben reconocer a tiempo la manera dañina en la cual han aprendido a lidiar con el trauma y permitir que Dios les ayude a cambiar sus respuestas poco saludables.

MUERTOS QUE CAMINAN: IMÁGENES DE LA FALTA DE VIDA

Las siguientes imágenes verbales y visuales son el resultado del trauma del abuso; ilustran, además, los diferentes aspectos de la impotencia y la falta de vida.

Jilian: Impotencia

El pastor del grupo universitario de la iglesia refirió a Jilian a consejería, luego de que ella exhibiera un comportamiento autodestructivo y fuera de control, que había desarrollado justo después de ser abusada. Jilian tenía dificultades al hablar de sus sentimientos con el consejero, sin embargo, tuvo la capacidad de expresarlos, con fuerza, en este autorretrato hecho en terapia (ver ilustración 5).

En su dibujo, los colores reflejaban su estado: Oscuro y decaído (monocromático). En su dibujo, un enorme remolino la succionaba y amenazaba con envolver su débil cuerpo. El remolino era mucho más grande y más fuerte que ella, y esto resaltaba su impotencia. Jilian estaba completamente desnuda, lo cual sugería una gran vulnerabilidad, en el contexto de su impotencia. Su única esperanza eran las cadenas que la rodean. Con más consejería, se aclaró que las cadenas representaban el amor y la fe de sus padres. Esto era lo único que impedía su destrucción total. En el dibujo, el resultado del conflicto era ambiguo, no estaba claro si las cadenas eran lo suficientemente fuertes para evitar su aniquilación.

Abby: La muerte del deseo

Abby nos ilustra la verdad de que el abuso y la impotencia reprimen los deseos. De manera elocuente, esta sobreviviente de negligencia crónica y abuso espiritual, me relató el proceso gradual de la muerte de los deseos:

> Crecí en un ambiente familiar en el que se mezclaban un hermano severamente discapacitado, constantes luchas financieras y frecuentes mudanzas. No hacían falta las desilusiones. Mis padres me decían que se sentían mal y deseaban que las cosas fueran diferentes, sin embargo, el mensaje que no se pronunciaba con palabras era: «pero no es bueno sentirse mal por ello».
>
> Pronto, el mensaje de la vergüenza me enseñó que el deseo era peligroso en sí mismo. Yo era una chica intensa, con mucha energía, gran iniciativa y sueños que llegaban al cielo. Mis sueños servían como un escape de la realidad. No obstante, al final de mi adolescencia, la severidad de mi vida real era más fuerte que mis ilusiones. Los mecanismos de escape solo funcionan por un período de

Ilustración 5

tiempo hasta que, como las drogas, uno necesita algo más fuerte. Cuando ya no pude huir a través de los sueños, experimenté la falta de vida.

Justo después del bachillerato, mis padres me convencieron de renunciar a una beca universitaria y permanecer en casa para apoyar a la familia, de manera física y financiera. Me convencí de que eso era en verdad lo que quería hacer. Al principio, me sentía feliz. Todo se había dado en un contexto espiritual y me sentía la heroína de la familia. Trabajé en varias partes y fui capaz de ganar un poco de dinero. Cada vez que mi familia tenía una crisis financiera, me pedía dinero, lo cual pronto significó muchos miles de dólares. Negarme no era una opción; si lo hacía, recibía una hora de sermón de las Escrituras para decirme cuán tacaña yo era.

Con el tiempo, me deprimí. Dejé de buscar mis objetivos y mis entretenimientos, pues sabía que de todas maneras no podría seguir con ellos. No veía salida alguna y me sentía atrapada para siempre. Después, concluí que el deseo era mi enemigo real y me dije: «*Si no tengo deseos, entonces no me puedo decepcionar*». Me sentía desesperada por escapar de mi miseria y, con claridad, recuerdo que escogí morir al deseo.

Justo hace unos años, comencé a darme cuenta de lo muerta que estaba. Un domingo, después de asistir a la iglesia, vi a una mujer hablar con una joven madre y su bebé. Cuando la mujer se acercó para cargar al bebé, noté en ella un rostro lleno de expresión y deseo. Los pensamientos que tuve a continuación, me impresionaron: «*¿Por qué alguien se sentiría emocionada de cargar a un bebé?*» De inmediato, me retiré. Los intensos deseos me hicieron sentir amenazada. Luego, me sentí asustada. Hasta entonces, la ausencia de vida era una solución atractiva, un lugar de protección en contra del implacable e interminable dolor en mi corazón. Sin embargo, ¿era esta la consecuencia? ¡Siempre había sentido amor por los niños! ¿cómo me podía sentir tan desanimada frente a alguien que tenía gran emoción de cargar un niño? Esa noche, aprendí que mi falta de vida era una elección, pero además era pecado, pues afectaba a otras personas. Chocaba con la naturaleza misma que Dios había diseñado para mí.

Ahora, el conflicto entre el deseo y la falta de vida es todavía una de mis más grandes luchas. A menudo, siento como si los deseos y las pasiones fueran algo peligroso, que debería evitar a cualquier costo. No obstante, Dios sigue su trabajo en mí y me muestra más y más formas de arrepentirme. Sé que él no puede utilizar a una Abby muerta, así que, tengo la voluntad de seguir en este cambio, aun cuando es doloroso.

La historia de Abby nos brinda gran esperanza, por la manera en que reconoció y se arrepintió de su muerte al deseo y por la manera en que experimentó la renovación divina de su corazón. Por desgracia, de forma práctica, esta clase de experiencia no es posible para los niños, que carecen de las habilidades cognitivas para realizar el trabajo de sanidad que Abby llevó a cabo. En lo psicológico, es muy difícil vivir sin esperanza. Como el escritor de proverbios nos advierte: «La esperanza frustrada aflige al corazón; el deseo cumplido es un árbol de vida» (13:12). Por consiguiente, a menudo, las personas que no tienen esperanza se mueren por dentro.

Johnny: La muerte de la esperanza y la muerte de las relaciones

Johnny comenzó a ver a un consejero porque reprobaba en la escuela. No mostraba motivación y evidenciaba señales visibles de depresión[39]. No hace mucho, sus padres se habían divorciado. Johnny experimentaba un considerable estrés traumático, como resultado de la negligencia emocional, así como por los métodos rigurosos y físicamente abusivos de castigo de su padre. En terapia, Johnny elaboró el dibujo de un chico desalentado y solitario con las manos en los bolsillos (ver ilustración 6). Con frecuencia, se dibujaba a sí mismo en soledad, fuera del círculo de amigos y familiares. En la ilustración, el chico no tenía pies, como evidencia de su inhabilidad de actuar. Lo más probable era que reflejaba los sentimientos de impotencia de Johnny. Al pie del dibujo se leía: «Aquí estoy, solo, de pie». Con claridad, este era un chico que había muerto a la esperanza, los sueños y las relaciones.

LA TRAGEDIA DE LA IMPOTENCIA Y LA FALTA DE VIDA

La gran tragedia de la falta de vida es que fuimos creados para la vida (Juan 10:10). La tragedia de no sentir nada es que Dios nos creó para experimentar gozo y deleite en él (Salmos 34:8)[40]. Es un drama no recordar nada, cuando en verdad el Señor es el soberano Señor de la historia. Jesús es la verdad encarnada (Juan 14:6). La muerte viene por esconderse de la verdad, la vida viene por abrazarla (Juan 8:32-45). En última instancia, cuando decidimos morir a la verdad, mostramos que nuestro Dios no es suficientemente grande para el mundo real en el que vivimos[41].

La tragedia de estar muertos a la esperanza es que el Cristianismo se fundamenta en la proclamación de la resurrección de Jesús, la cual brinda esperanza al mundo (Mateo 28:5-10). La tragedia del sentimiento de impotencia es que Dios es el regidor omnipotente del universo: nada es imposible para él (Génesis 18:14). Él se deleita en dar fuerzas al que no tiene nada (Isaías 40:9-31). En pocas palabras, Dios nos creó a su imagen, de manera que pudiéramos deleitarnos en él y vivir en forma total. Además, él también nos hace disfrutar de intimidad con otros humanos. El abuso amenaza con mutilar y destruir los propósitos para los cuales fuimos creados[42].

En este capítulo, me concentré en el impacto interno del abuso. Hemos visto cómo aniquila y destruye las esperanzas, emociones y el sentido de la vida en las personas. No obstante, el abuso tiene un impacto que va más allá de las víctimas. Por consiguiente, en el próximo capítulo, haré una evaluación del efecto del abuso en las relaciones más importantes de la persona.

Ilustración 6

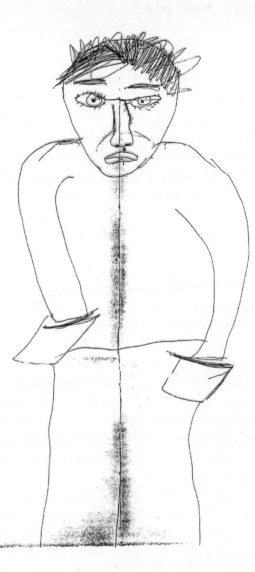

Capítulo 7

✳

El aislamiento

A sus cuarenta años, Ingrid, una mujer muy elocuente, trabaja como contadora en una compañía editorial cristiana, donde obtiene excelentes reportes de desempeño. Sus compañeros la admiran mucho. Aunque trabajar para una organización cristiana es muy beneficioso para ella, aún no puede borrar el impacto dramático del abuso ocurrido en su niñez. La mayoría de sus compañeros se quedaría estupefacta de saber cuánta vergüenza y aislamiento experimenta cada día. Ingrid nunca recibió golpizas ni sufrió negligencia material o violación sexual, pero de una forma sorpredente experimentó abuso destructivo. Cuando me relató su historia, me impresionó cómo el abuso había hecho añicos la mayoría de sus relaciones importantes, lo que la hacía sentir aislada y sin esperanza. Describió el maltrato y su impacto, de la siguiente manera:

Cuando era niña, mi madre era alcohólica e inestable en extremo. No era una bebedora feliz. Era la clase de bebedora que iniciaba una pelea con mi padre, que después terminaba en llanto y en una conversación conmigo sobre su vida sexual. Desde que yo tenía siete años, ella era muy explícita en lo sexual cuando hablaba de mi padre y de los otros hombres que consideraba atractivos. En sus fiestas, había mucha bebida y coqueteaba con todos los hombres, sin vergüenza alguna. Pero, cuando me convertí en adolescente y me empezaron a gustar los chicos, ella me llamaba mujerzuela.

Mi madre tenía necesidades íntimas insaciables y me utilizó para llenarlas a lo largo de mi vida. Hasta que estuve en bachillerato, me hacía dormir con ella en la cama cuando mi padre no se encontraba en casa. Ella me abrazaba por atrás, me besaba en el cuello y frotaba su cuerpo con mi espalda, de arriba hacia abajo. En cualquier momento que podía, me tocaba los senos sobre la ropa (incluso, hasta la pasada Navidad). Desde que cumplí quince años, traté de mantenerme fuera de casa, el mayor tiempo posible. Mi piel se estremecía cada vez que mi madre me tocaba.

Mi papá, por otro lado, era mi padre «seguro». No tenía ningún interés en mí ni en lo que hacía, así que dejaba que mi madre controlara el hogar. Creo que quería ser un buen padre, no obstante, no sabía cómo protegernos de mi mamá. Además, se sentía incómodo de mostrar alguna emoción. Él estaba bien, siempre y cuando tuviéramos una conversación sencilla y actuáramos de manera feliz. Nunca tuve un trauma mayor en mi vida. Mis padres nos cuidaron relativamente bien, nos brindaron una casa bonita, nos llevaban de vacaciones y nos compraban cosas cuando las queríamos. Aun así, el abuso y la negligencia que experimenté me dejaron una vergüenza con raíces profundas, de la cual quizás nunca me recuperaré por completo.

Pero la peor parte es que yo retomé el abuso, justo donde mis padres lo dejaron. He abusado de mí misma en formas mucho peores de las que ellos alguna vez lo hicieron. Porque desde que tengo memoria, he escuchado esa vocecita que me dice: «algo está mal aquí». Tengo un sentimiento de profunda tristeza y de completa falta de valor. Nunca me he sentido como una mujer o una adulta. Mi vida es un error gigante; estoy desperdiciando el oxígeno precioso. Me detesto, y he pensado en el suicidio, al menos una vez al día, durante los últimos veinte años. Creo que sería bueno para todos los que están interesados en que me fuera.

A temprana edad, descubrí cómo ahogar esa vocecita, al mismo tiempo que yo misma me mataba con lentitud de adentro hacia afuera. A los trece, comencé a escabullirme y a beber licor de la alacena donde mi madre lo guardaba. A los quince, me volví sexualmente activa y comencé a utilizar drogas. A los diecinueve, tuve un aborto. Cuando mi madre lo descubrió, me llamo mujerzuela, y cuando le dijo a mi padre, él ni siquiera se molestó en apartar la mirada del televisor. A la edad de veintitrés, me había acostado con muchos chicos, al punto de que no pude contarlos más. Descubrí que era más que emocionante seducir hombres casados y este se volvió un gran entretenimiento. Tuve relaciones sexuales con personas cuyos nombres no puedo recordar y con personas cuyos nombres nunca supe.

Cada minuto del día, siento como si nadie me amara, como si la sociedad, en general, está muy decepcionada con mi sola presencia. Más que cualquier cosa, quisiera ser invisible por completo. Cuando estoy triste, lo cual sucede la mayor parte del tiempo, me encierro en mi habitación y me aíslo de los demás, incluso de mi familia. Cuando lloro, me oculto en mi armario y apago todas las luces, de tal suerte que nadie me pueda ver. Solo el último año, he sido capaz de permitir que Gabriel (mi esposo) me vea llorar y todavía me siento egoísta cuando lo hago. Siento que no debería forzar a las personas a verme, así que cada día de mi vida trato de esconderme tanto como me sea posible. Con frecuencia, uso blusas manga larga para ocultar mis brazos y ando el cabello largo para ocultarme en él. No he logrado ser invisible, pero sigo tratando.

He saboteado la mayoría de mis relaciones personales. Los únicos amigos que aún tengo son los persistentes, aquellos que cuando no los llamo no toman las cosas tan a pecho. Me es casi imposible creer que Dios me ama, aun cuando quiero que lo haga. La mayor parte del tiempo, siento que él no pudo haberme escogido, de ninguna manera posible, para ser una de sus hijas y no me sorprendería si muero y no encuentro mi nombre escrito en el Libro de la Vida. No busco la ayuda de Dios, pues estoy convencida de que no está interesado en mí. Amo a mi familia, más allá de las palabras. No obstante, me es difícil aceptar su amor en respuesta, porque siento que no lo merezco. De hecho, es tan complicado que, hace poco, me sentí furiosa cuando mi hija me tomó la mano y la besó, mientras viajábamos en el automóvil.

Me siento exhausta, mental y físicamente, de batallar en contra de las mentiras que he creído durante mucho tiempo. Ellas se han convertido en mi verdad. Si algo queda de la persona que era, no sé qué es.

EL IMPACTO RELACIONAL DEL PECADO Y DEL ABUSO

Aun teniendo un esposo y una hija amorosos y muchos amigos cercanos, ¿por qué una mujer como Ingrid se alejaría de las personas que considera importantes?, ¿por qué rehuiría de los besos afectuosos de su hija? Después de escuchar, durante muchos años, las enseñanzas y las predicaciones del amor de Dios, ¿por qué seguiría creyendo que él no la amaba y que algún día despertaría en el día del juicio, para descubrir que su nombre no estaba escrito en el Libro de la Vida? ¿Por qué una mujer adulta, brillante y talentosa no tiene un sentido claro de quién es?

Aunque los efectos del abuso en las relaciones varían de acuerdo al tipo y la severidad de este[1], el hecho es que, con frecuencia, produce permanente y profunda discapacidad relacional. Con claridad, la investigación muestra que las víctimas tienen muchas más probabilidades de tener relaciones no saludables, en las cuales vuelven a ser victimizadas; tienen problemas para hacer ajustes sociales, con el fin de experimentar relaciones satisfactorias; y tienen muchas más dificultades para confiar en las relaciones, en comparación con aquellos que no han sufrido un abuso[2]. Los sobrevivientes de abuso también tienen más probabilidades de experimentar un divorcio y una separación[3].

Parece que no solo los adultos sufren las consecuencias debilitantes del abuso en las relaciones, sino también los niños. La investigación muestra que el abuso deja sus marcas, más temprano que tarde, pues los niños o adolescentes que han sido abusados son más desconfiados, aislados y tienen menos relaciones cercanas que el resto de sus compañeros[4].

El aislamiento se acentúa en las víctimas, debido a la incomodidad que sienten las personas que las rodean. A menudo, aquellos que no han sufrido abuso no desean recordar los aspectos desagradables del mundo. Les incomoda enfrentar la maldad abrumadora. No desean lidiar con los efectos dañinos que el maltrato ejerce en los demás. Así que, se distancian de quienes han sido sujetos del mismo.

El impacto relacional del abuso es considerable y constante, a tal punto que uno de los efectos primarios del trauma es desconectarse de las demás personas[5]. Cuando las víctimas se desligan de los demás, los mantienen a una distancia segura y no pueden establecer relaciones cercanas. En el capítulo dos, advertí que uno de los principales aspectos de haber sido hechos a la imagen de Dios es que los humanos fueron creados para las relaciones en intimidad. A diferencia de los animales, las personas no pueden desarrollarse aisladas, Dios las diseñó para vincularse con otras. Ellas anhelan y necesitan relaciones en intimidad; por consiguiente, una de las tragedias más grandes del pecado en general y del abuso, en particular, es que socava y hace añicos las relaciones personales.

En Génesis 3, encontramos el ejemplo más dramático de los efectos destructivos del pecado en la intimidad personal. De manera elocuente, Génesis 2 describe la necesidad humana de intimidad, así como la hermosa manera en que Dios la diseña para ser satisfecha a través de las relaciones personales. Génesis 2:18 dice que no era bueno que Adán estuviera solo, por eso Dios le envió una ayudadora, para complementarse como a iguales[6].

Cuando Dios creó a la mujer que Adán anhelaba, la tomó de su costilla, lo que sugiere un parentesco o conexión íntima entre el hombre y la mujer. Moisés describió la relación entre ellos como la relación de «un solo ser»: Una relación tan íntima, que Adán y Eva se fundieron en una completa unión física y emocional. Ellos estaban desnudos, frente a frente, sin la más mínima pizca de vergüenza (2:25). Sin duda, su desnudez física era un indicativo de la completa apertura y transparencia entre ellos. De manera sorprendente y sin lugar a dudas, este es el único pasaje del Antiguo Testamento en el cual la desnudez física es positiva[7]. El relato de la creación finaliza con una proclamación de deleite, por el regalo divino de la intimidad que disfrutaban Adán y Eva .

En el momento en que pecaron, la celebración se hizo pedazos (3:6-13). Toda la intimidad que con anterioridad experimentaron se deshizo. Por ejemplo, en lugar de disfrutar del cuerpo del otro, en celebración por su amor, cubrieron sus genitales, con vergüenza[8]. En lugar de que el hombre y la mujer fueran aliados íntimos para gobernar la creación, Adán culpó y atacó a Eva por los fracasos de esta. En lugar de experimentar deleite en su intimidad con Dios, se escondieron de él, detrás de los árboles.

El pecado perturba la intimidad y convierte en enemigos a quienes se aman. El abuso, más que cualquier otro tipo de pecado en particular, tiene un efecto amenazante sobre las relaciones. Por definición, el abuso es el mal uso del poder para dañar a otra persona. Es un ataque frontal en contra del valor y la dignidad de otra persona y, por consiguiente, puede paralizar la habilidad de experimentar relaciones saludables.

LAS TRES DINÁMICAS QUE LLEVAN AL AISLAMIENTO

Aunque es predecible que el abuso que se sufrió en el pasado tenga efectos perjudiciales en las relaciones presentes y futuras, vale la pena que exploremos su dinámica. Dado sus efectos abrumadoramente negativos sobre la intimidad humana, ¿en qué forma específica paraliza las relaciones?

El abuso genera muchas dinámicas que fracturan la intimidad relacional. En el capítulo cinco, profundicé en una de las consecuencias más destructivas del abuso, en concreto, la vergüenza. Esta contribuye de manera poderosa al aislamiento, pues hace que la víctima se sienta muy defectuosa y sin valor y la impulsa a esconderse de otros. Al principio de este capítulo, pudimos ver cómo cada declaración de Ingrid estaba impregnada de vergüenza. Ahora, abordaré tres dinámicas adicionales del abuso, las cuales pueden llevar al aislamiento.

Destrucción de las suposiciones

El abuso hace pedazos muchas de las falsas suposiciones que nos dan seguridad (por ejemplo: Las situaciones malas nunca le ocurren a las personas buenas; Dios nunca permitirá que las personas malvadas me hagan daño; si oro, el abuso se detendrá; muchas personas son básicamente buenas). El abuso hace que las personas se sientan inseguras e impotentes. Cada vez más, miran al mundo como hostil y peligroso. Por consiguiente, las víctimas se sienten más seguras y fuertes, si evitan la vulnerabilidad que se deriva de confiar en otros. Además, la destrucción de las suposiciones sobre el mundo causa, a menudo, que los sobrevivientes se sientan desilusionados, lo cual, a su vez, fractura la intimidad y la confianza. Judith Lewis Herman hace la siguiente observación:

> Las personas traumatizadas sienten una soledad y un abandono profundos, se sienten expulsados de los sistemas de cuidado y pro-

tección humanos y divinos que sustentan la vida. Por lo tanto, un sentido de distanciamiento y de desconexión invade cada relación, desde los más íntimos vínculos familiares hasta las más abstractas afirmaciones de comunidad y religión. Cuando se pierde la confianza, las personas traumatizadas sienten que pertenecen más a los muertos que a los vivos[9].

El profeta Jeremías ilustra la forma en que el abuso hace pedazos las suposiciones y crea una desconexión relacional. Jeremías era un profeta piadoso y con una misión de Dios difícil en extremo: Decirle a un pueblo rebelde, que no escuchaba, que estaba a punto de experimentar un juicio divino del cual no escaparía (Jeremías 1:19; 11:6-13). De manera intelectual, Jeremías sabía que Dios es Todopoderoso, justo y digno de alabanza (20:11-13); sin embargo, el profeta experimentó agresión verbal y física por parte del sumo sacerdote y de los demás (20:1-2, 10). Entonces, se alejó de Dios con quejas por haber sido engañado (20:7). El profeta maldijo el día en que nació, así como al hombre que avisó a su padre de su nacimiento (20:14-18). El abuso hace pedazos nuestras suposiciones sobre la vida y nos tienta a asumir la actitud defensiva de alejarnos de Dios y de los demás.

Desconfianza

De manera natural, las suposiciones destruidas llevan al recelo. La desconfianza es una de las consecuencias más comunes del abuso, ya que la confianza es la piedra angular de la intimidad relacional. Todas las formas de abuso crean recelo; pero a menudo, el abuso sexual y, en particular, el incesto, produce los más grandes niveles de desconfianza y de manera significativa, puede incrementar varios efectos del trauma. Es una de las más grandes formas de traición[10].

Con frecuencia, la desconfianza de las víctimas es tan dominante que es mayor que otro tipo de consecuencias. Por ejemplo, con base en su extensa investigación de víctimas infantiles de abuso sexual, David Finkelhor hizo esta observación:

> Las víctimas (de abuso) reportan que el trauma más arraigado no
> es tanto el sexual, como el emocional. La cicatriz que más perdura

es la incapacidad de confiar en otros, en particular, en los hombres. Las víctimas sospechan de las intenciones de los demás y sienten que están siendo utilizados. Tienen dificultades para confiar sus emociones o acercarse demasiado, pues temen que todo lo que los hombres quieren es sexo[11].

Con regularidad, el recelo de las víctimas con traumas va más allá de desconfiar de sus agresores. De hecho, los niños abusados, con frecuencia y de manera significativa, sienten más enojo y desconfianza con el padre no abusivo, que no los protegió del que sí lo era. Por ejemplo, las mujeres que fueron violadas por sus padres cuando niñas reportan sentir mucho más enojo en contra de sus madres, que contra sus padres mismos. También, con frecuencia, reportan buenos recuerdos de sus padres abusivos pero, en la práctica, ninguno bueno de sus madres[12]. Con regularidad, la desconfianza de las víctimas se expande, al punto de infectar y socavar cada relación.

Tineal ilustra esta dinámica. El director del coro infantil había abusado sexualmente de ella durante más de doce meses. En terapia, dibujó dos retratos, en los cuales ella se encontraba enmarcada entre rejas (ver ilustración 7). En el primero, estaba de espaldas y sangraba a causa de un cuchillo clavado en su dorso. Esto simbolizaba la traición horrible que había experimentado por parte del «hombre de Dios», el cual estaba para protegerla, en lugar de violarla. Las manos de Tineal estaban atadas por la espalda y una bola de acero estaba atada a su pie. Esto daba realce a su sentido de impotencia. En el segundo dibujo, de manera estoica, observaba a través de las rejas, en completa soledad.

La traición que ella experimentó por parte de un hombre, y la subsiguiente desconfianza, la había llevado a aislarse de los demás. La triste ironía es que cuando Tineal dibujó estos retratos el agresor estaba, de hecho, en aislamiento tras las rejas de la prisión del estado; no obstante, era ella la que se sentía aislada y encarcelada.

Insensibilidad o represión
Dado que uno de los efectos principales del trauma es la insensibilidad (o represión, ver página 127), es decir, el bloqueo emocional, es fácil entender cómo los sobrevivientes de abuso, a menudo, experimentan poco o nada de intimidad relacional.

Ilustración 7

La insensibilidad quiere decir que las víctimas de abuso no sienten nada, ni dolor ni placer. No son conscientes de sus propios sentimientos, ni pueden reconocer y abrazar los de otros.

Cuando se bloquean para evitar el dolor, los sobrevivientes también se cierran al amor. Así como escribe C.S. Lewis, de manera elocuente, aquellos que bloquean sus emociones para evitar el dolor, pagan un precio astronómico por la seguridad:

> Amar por completo es ser vulnerable. Ama cualquier cosa y con certeza arrancará tu corazón, y es muy posible que se rompa. Si te quieres asegurar de permanecer intacto, no debes dar tu corazón a nadie, ni siquiera a un animal. Con mucho cuidado, envuélvelo con entretenimientos y unos pocos lujos; evita toda clase de enredos, enciérralo a salvo en el cofre o el ataúd de tu egoísmo. No obstante, en ese cofre oscuro, seguro, sin movimiento, sin aire, tu corazón cambiará. No se romperá; se volverá irrompible, impenetrable, irredimible… El único lugar fuera de los cielos donde puedes estar perfectamente seguro, en contra de los peligros y las perturbaciones del amor, es el infierno[13].

La intimidad relacional se construye sobre la conexión y el riesgo. Para formar relaciones cercanas, antes se debe estar al tanto de los sentimientos propios. La represión emocional provoca que las víctimas de trauma se alejen de su propio pasado y sus emociones negativas. Por consiguiente, no pueden entrar en relaciones profundas con otros porque su ser más interno está bloqueado. Además, la represión hace imposible que las víctimas entren en el dolor y los sentimientos de otros. Justo como la intimidad sexual marital requiere desnudez física, la intimidad relacional exige desnudez emocional (franqueza y transparencia).

Muchos pasajes bíblicos llaman a los creyentes a conectarse con otros. Por ejemplo, lo vemos en la amonestación del apóstol Pablo. Pablo tenía una relación muy cercana con sus colegas ministros y con aquellos a quienes pastoreaba. Él amonesta a los creyentes: «Alégrense con los que están alegres; lloren con los que lloran» (Romanos 12:5); «ayúdense unos a otros a llevar sus cargas y, así, cumplirán la ley de Cristo» (Gálatas 6:2); «llénenme de alegría teniendo un mismo parecer, un mismo amor, unidos en alma y pensamiento» (Filipenses 2:2), y «cada uno debe velar […] por los intereses de los demás» (Filipenses 2:4). Mientras los sobrevivientes permanezcan bloqueados, no serán capaces de experimentar una intimidad que satisfaga el alma.

ilustración 8

Ajá, Ajá ¡Cállate! ¡Adiós!

Sandy ilustra las dinámicas y los peligros emocionales de bloquearse. Ella creció en una familia donde había negligencia y abuso emocional. Como rutina, su madre le comentaba detalles gráficos de su vida sexual y problemas maritales. Para Sandy, estas eran conversaciones dolorosas en extremo y paralizantes en lo emocional. Por ende, en consejería, ella dibujó una de estas pláticas que sostenía con su madre (Ver ilustración 8). Sandy se dibujó vestida como un adulto y maquillada, pero mantenía las proporciones de una niña pequeña. Su rostro lucía tenso.

Ella estaba hablando por teléfono con su madre, quien le gritaba. Ella solo asentía verbalmente y decía «ajá», vez tras vez. Pero, en realidad, deseaba decirle dos cosas a su madre: «cállate» y «adiós».

Sandy no tenía permiso para expresar su dolor o decir algo negativo en contra de su madre. No se le permitía establecer límites alrededor de sus necesidades emocionales. Su verdadera voz estaba silenciada. Por consiguiente, había aprendido a bloquear sus sentimientos dolorosos. Ella llegó a tener una gran habilidad para decir «ajá», sin importar en realidad cómo se sintiera. Por desgracia, Sandy permaneció bloqueada y cuando llegó a la adolescencia, se volvió promiscua y diferentes chicos la abusaban. Las víctimas de abuso que están bloqueadas simplemente no pueden experimentar relaciones cercanas y saludables; a menudo, en su lugar, experimentan relaciones destructivas.

En la canción «*Easier to Run*» [Más fácil correr], el grupo Linkin Park describe la manera en que se conectan el abuso, la vergüenza, el bloqueo y el aislamiento. Ellos describen un secreto obscuro, que no le cuentan a nadie. Hablan de heridas tan profundas, que los demás no pueden ver; heridas que causan vergüenza, la cual hace que solo deseen ignorar su pasado. Con tristeza, confiesan: «Es más fácil correr y reemplazar este dolor con insensibilidad; es mucho más fácil marcharse, que enfrentar este dolor aquí en completa soledad».

SABOTAJE DE LAS RELACIONES MÁS IMPORTANTES

Es comprensible que los sobrevivientes del abuso encuentren mucho más fácil correr y reemplazar el dolor con insensibilidad. Pero negar el pasado no lo elimina. En particular, la tendencia de los sobrevivientes de alejarse del pasado y morir al futuro tiene consecuencias destructivas en el presente. Esto sabotea sus relaciones más importantes.

Dios

De manera sorprendente, se han llevado a cabo muy pocos estudios formales sobre el impacto espiritual del abuso; sin embargo, aquellos que se han realizado revelan que este socava la fe religiosa, de forma severa. En Estados Unidos, la primera muestra aleatoria sobre el abuso sexual, a escala nacional, reveló que las víctimas tienen más probabilidades de no practicar la religión, que aquellos que no han sufrido un abuso[14]. Diana Russell, en su estudio a gran escala sobre las personas que han sufrido incesto, encontró que no existía correlación significativa entre la educación religiosa y la victimización incestuosa, pero sí existía una relación sorprendente, entre la victimización incestuosa y la práctica religiosa en la adultez. Russell descubrió que el cincuenta y seis por ciento de las víctimas de incesto, ya sean católicas o protestantes en edad adulta, había desertado de su fe religiosa[15].

El impacto del abuso sobre la relación que una persona establece con Dios se evidencia en tres respuestas típicas: El rechazo, el alejamiento y la cobardía. Aunque estas parecen distintas, el resultado final es bastante similar: La intimidad con Dios se hace pedazos.

El rechazo

Esta es la respuesta de las víctimas de abuso que concluyen que Dios no existe. Debido al duro maltrato que han experimentado, algunas víctimas prefieren rechazar la noción de la existencia de un Dios personal y trascendente, con quien pueden tener una relación íntima. Creo que esta respuesta espiritual es la menos común y, a la vez, la más extrema y la más relevante.

Elie Wiesel, ganador del Premio Nobel de la Paz en literatura por una historia asombrosa y terrífica del holocausto, relata el abuso inimaginable que vivió, y del cual fue testigo, en los campos de concentración nazi en Auschwitz y Buchenwald. Un día, cuando era adolescente, los nazis los forzaron a él y al resto de los prisioneros a presenciar el ahorcamiento nazi de tres de sus compañeros. Una de las víctimas era un pequeño muchacho que, debido a su delgadez, no murió de inmediato cuando le quitaron la silla debajo de los pies. En su lugar, se ahogó con lentitud y tardó más de media hora en morir, mientras los demás prisioneros lo observaban por obligación. Uno de los prisioneros, que se encontraba detrás de Wiesel, seguía preguntando: «¿Dónde está Dios?», «¿dónde está Dios ahora?». Wiesel escuchó una voz interna que respondía: «¿Dónde está él? Él está aquí. Está muriendo en la horca»[16]. Para algunas víctimas del abuso, Dios murió con este.

Para rechazar a Dios, no se necesita experimentar el extremo abuso asesino de los nazis en los campos de concentración. De forma elocuente, el grupo musical Everclear nos habla sobre la manera en que el abuso que no mata también puede causar que las víctimas rechacen creer en Dios. De forma específica, en su canción «*Why I don't Believe in God*» [Por qué no creo en Dios] mencionan el maltrato físico infantil y el abandono de una madre enferma de la mente como la razón por la cual se pierde la fe. Al final de la canción, ellos proclaman: «Desearía creer como tú, en el mito de un dios misericordioso».

El rechazo de Dios, a causa del abuso, no solo es asunto de adultos y adolescentes. El proceso de pérdida de fe puede iniciar en la niñez. Wesley fue violado por otro chico cuando tenía seis años; luego, inició

Ilustración 9

¿Dónde está Dios cuando tengo miedo?

su comportamiento sexual con otros niños. En terapia, hizo un dibujo de cómo se sentía cuando inició su actividad sexual (ver ilustración 9). Wesley expresó que la imagen era de su corazón. Se dibujó a sí mismo como un niño que tenía marcas de lágrimas en sus mejillas. Su corazón era negro. Estaba solo y Dios se había marchado de su corazón. La inscripción decía: «¿Dónde está Dios cuando tengo miedo?».

Como niño, Wesley ya había experimentado un gran dolor por la sensación de que Dios no estaba allí, cuando fue violado. Con el tiempo, un niño que cree que Dios está ausente de su corazón, puede llegar a creer que también está ausente del universo. De manera sorprendente, este era el dolor relacional que Wesley sentía cuando actuaba sexualmente con otros niños.

El alejamiento

Más que el rechazo, las respuestas espirituales más comunes e insidiosas, en relación al abuso, son el alejamiento y el temor. Los sobrevivientes de abuso que optan por distanciarse todavía creen en la existencia de Dios, pero no creen que puedan confiar en él. En su lugar, se alejan de él, de tal manera que se sienten menos vulnerables a ser tratados de forma incorrecta. Las víctimas argumentan que Dios no impidió que los agresores las violaran, a pesar de que la Biblia testifica que Dios protegerá a sus hijos (Salmos 27:1-3; 91:1-14).

Debido a que han experimentado la traición y el daño de parte de aquellos que son más poderosos, Dios, en particular, los atemoriza, pues se dice que él es Todopoderoso. La desconfianza y el alejamiento de Dios son más problemáticos cuando el agresor es el padre o el líder espiritual de la víctima. Las personas, sobre todo los niños, proyectan en Dios, su padre celestial, lo que visualizan en su padre terrenal. Con regularidad concluyen que si abusó de ellos su padre terrenal, que tenía poder limitado, entonces Dios, el omnipotente Padre celestial, bien podría hacer lo mismo. Por ello, la única solución que les parece viable para limitar su vulnerabilidad ante un Dios que no les transmite seguridad, es alejarse y no rendirse por completo a él.

Linda Katherine Cutting, una muy buena pianista y profesora de música, puede hablar de lo que significa crecer en un hogar abusivo y peligroso. Su padre era un ministro que, de continuo, abusaba de sus hijos de manera física, sexual y espiritual, según se reportó. Sus dos hermanos se suicidaron. En su adultez ella sufrió una crisis nerviosa y perdió su habilidad de ejecutar música, por completo. Su padre nunca reconoció su comportamiento malvado y durante muchos años siguió con su servicio ministerial en Nueva Inglaterra.

Linda perdió el sentido de relación con Dios. Se convirtió en una cuáquera y se sintió mucho más cómoda en una iglesia sin púlpito, sin cruz, sin predicador y sin énfasis en la autoridad religiosa humana. Por desgracia, estas eran las cosas que la habían impulsado a alejarse de Dios; todo por el abuso de su padre que era ministro. Linda relata: «En la iglesia de mi padre, él siempre tenía la última palabra. Al final de cada semana, el día después de las palizas, él me ofrecía absolución. Podíamos pedir a nuestro padre en los cielos que nos perdonara por los pecados, a través de nuestro padre terrenal. Empezábamos con "Padre nuestro que estás en los cielos…", pero las palabras parecían contaminadas, porque era nuestro papá el que dirigía la oración»[17].

Lo más difícil de alejarse de Dios es que esto ocurre, a menudo, en el nivel subconsciente. Muchas víctimas de abuso creen en Dios y hacen todas las cosas que se espera que los cristianos hagan. Ellos adoran, dan diezmo, oran y sirven en sus iglesias. No obstante, hacen estas cosas por obligación religiosa, no por un sentido de afecto en el corazón. Su relación con Dios no es íntima, porque se han alejado de él. En realidad, no confían en Dios. De hecho, su servicio cristiano activo es un sustituto hueco de la relación personal con un Dios que los atemoriza.

Cobardía

Una tercera respuesta frente al abuso es la cobardía delante de Dios. Puede que esta reacción involucre desconfianza, pero el énfasis no es que algo esté mal con Dios, más bien, todo está mal con el propio ser. La cobardía es una respuesta que se basa en la vergüenza, por la cual los sobrevivientes se sienten tan defectuosos que creen que en realidad Dios nunca los amará o los aceptará. Piensan que Dios existe y que, muy probablemente, ama a ciertas personas, pero nunca podría amarlos a ellos, porque son de mal gusto.

En cierto sentido, la cobardía es revivir el abuso. De la misma manera en que las víctimas sintieron temor delante de sus agresores y llegaron a creer que merecían el abuso, se sienten atemorizados delante de Dios y creen que merecen su rechazo. Precisamente, esto es lo que Ingrid expresó en su historia cuando confesó: «Para mí, es casi imposible creer que Dios me ama, aun cuando quiero que lo haga. Casi siempre, siento que de ninguna manera posible él pudo escogerme para ser una de sus hijas y no me sorprendería si muero y no encuentro mi nombre escrito en el Libro de la Vida». Así como otros aspectos del abuso, el temor se intensifica si el agresor era el padre de la víctima. Linda Cutting testifica sobre su propia reacción de cobardía al abuso, por parte de su padre ministro:

> Todos estos años, lo que me hizo sentir sola, en el aspecto espiritual, es que de alguna manera comparaba a Dios con la iglesia de mi padre y, sobre todo, con mi padre... En la escuela dominical infantil, solíamos cantar «Jesús ama a los niños pequeños», mencionábamos los colores «rojo y amarillo, blanco y negro». Por alguna razón, nunca me sentí incluida en la lista. Cantaba lo más fuerte que podía, de manera que Dios escuchara mi voz. Volvía mis ojos al mural donde Jesús recibe a los niños en sus brazos amorosos y deseaba ser uno de ellos[18].

El cónyuge

Debido a que Dios tenía la intención de que la relación de esposo y esposa fuera la más íntima de todas (por sí sola, es una relación de «un solo ser»), a menudo, el impacto del abuso se observa con mayor plenitud en el matrimonio. La unión matrimonial debería incluir el más grande nivel de confianza permanente, pues en un matrimonio saludable, las parejas comparten lo más precioso: sus cuerpos, su riqueza, sus hogares, sus hijos y sus sueños. Por desgracia, muchas víctimas de abuso han experimentado una profunda traición que las lleva a la conclusión: «Si no pude confiar en mi familia, ¿en quién puedo confiar? Nadie es digno de confianza»[19]. Con el tiempo, estas palabras se pueden convertir en una profecía de autocumplimiento, cuando los sobrevivientes de abuso rehúsan confiar aun en el cónyuge amoroso y, así, su matrimonio se desmorona.

Existen muchas formas específicas en las cuales el daño del abuso afecta al matrimonio y crea aislamiento de la víctima respecto al cónyuge. El abuso afecta la habilidad de una pareja para comunicarse. En un estudio, veintitrés por ciento de los sobrevivientes de abuso reportó no tener comunicación significativa con sus parejas, mientras que solo seis por ciento de los adultos que nunca experimentaron maltrato expresó lo mismo[20]. A menudo, las víctimas tienen problemas para confiar en otros, incluso en sus propios cónyuges. En parte, esto se debe a que han desarrollado desconfianza, en general, pero también es probable que sea una consecuencia de que las víctimas han estado condicionadas a guardar secretos, cuando niños, y esto se convierte en un patrón arraigado en la adultez.

Con frecuencia, las dificultades que los sobrevivientes de abuso experimentan para comunicarse son resultado de la vergüenza residual. Llenos de vergüenza, desean esconderse; no quieren desnudar sus almas, ni siquiera con sus cónyuges. Un factor determinante que afecta la comunicación marital de los sobrevivientes de agresión física y verbal es que buscan evitar el conflicto. Ellos aprendieron, desde niños, a eludir el conflicto a toda costa, pues este era peligroso de manera inherente. Por ende, se condicionaron a evitar cualquier percepción de problemas, aun en una relación segura. De ahí que, en la realidad, la comunicación verdadera se convierta en algo imposible. Esto, debido a que desde el momento en que se percibe el conflicto (no importa cuán leve sea), el sobreviviente de abuso se bloquea emocional y verbalmente, de tal suerte que la genuina comunicación cesa.

La intimidad sexual es una de las vías más importantes por las que una pareja revive sus votos matrimoniales, expresa y fortalece su intimidad[21]. Por desgracia, los sobrevivientes de abuso, en especial las mujeres que han pasado por abuso sexual tienden a la disfunción sexual en el matrimonio[22]. De manera interesante, el abuso sexual infantil no tiene el mismo impacto sobre los hombres adultos, porque en general, no es un factor que predice con exactitud la disfunción sexual masculina en la adultez[23]. En los hombres adultos, el abuso *emocional* en la niñez parece tener el mayor impacto sobre la salud sexual[24].

En las mujeres, el abuso sexual infantil tiene muchos factores que contribuyen a la disfunción sexual en la adultez. Para comenzar, aun las relaciones sexuales con el amante esposo pueden ser un detonador del trauma, el cual evoca recuerdos y sensaciones del abuso infantil. Un sinnúmero de comportamientos o experiencias en el matrimonio, desde un abrazo a media noche hasta la misma posición para la penetración sexual, pueden activar el trauma del abuso ocurrido en la niñez. También, puesto que el abuso crea desconfianza, a menudo el acto físico más personal, el sexo, es demasiado íntimo para que lo disfruten. Adicionalmente, con frecuencia, la mujer que sufrió abuso sexual desarrolla enorme insatisfacción y antipatía por su cuerpo y las urgencias sexuales. El interés que el agresor tenía sobre su cuerpo se ha convertido en fuente de gran dolor, de manera que su cuerpo se ha convertido en su propio enemigo.

Las víctimas de abuso sexual sin violencia también luchan por aceptar el placer. En el proceso de abuso, ellos pudieron sentir una mezcla de placer sexual, vergüenza y repugnancia. Por consiguiente, la satisfacción que no está relacionada con el abuso se conecta con este y con la vergüenza previa. Así que, el sobreviviente adulto siente repulsión automática y busca bloquear todos los sentimientos de placer sexual. Esta dinámica nos ayuda a explicar porqué, en especial, el abuso sexual que una mujer experimenta se relaciona con la inhabilidad de conseguir un orgasmo en la adultez[25].

Una última forma en la cual el abuso inhibe la cercanía en el matrimonio es que socava el sentido del yo, de modo que hace que las víctimas se sientan desvaloradas, impotentes e inferiores en comparación con otros. A menudo, las mujeres víctimas de abuso sienten esto de forma más profunda, al ser incapaces de establecer límites saludables, hacer peticiones apropiadas a sus parejas o esperar que las traten con respeto. Esto explica porqué las mujeres que experimentaron violencia en la niñez tienen más probabilidades de casarse con hombres violentos[26]. Además, las mujeres que sufrieron violencia en la niñez o en su matrimonio, con frecuencia, desarrollan vínculos traumáticos con hombres violentos. Están muy condicionadas a ser agredidas físicamente y desarrollan tal distorsión cognitiva, que llegan a creer que una relación de abuso es bastante aceptable. Con toda seguridad, debe ser lo que merecen[27].

En pocas palabras, cuando el abuso socava el sentido del yo de una mujer, la mantiene lejos de funcionar como un igual en el matrimonio. Una mujer solo puede ser la ayuda complementaria que Dios diseñó (Génesis 2:18), cuando se percibe a sí misma como un ser completamente igual a su esposo en lo espiritual. Solo entonces, un matrimonio puede experimentar profunda intimidad.

La familia y los amigos

El abuso fractura la intimidad, no solo con una pareja, sino también con los otros miembros de la familia. Los niños que crecen en familias con abuso llegan a traumatizarse y avergonzarse. De manera constante, no reciben cuidado ni amor y no aprenden habilidades de resolución de conflictos. Por ende, en una familia abusiva todas las relaciones se debilitan.

A menudo, las chicas que experimentan incesto por parte de sus padres reportan intenso conflicto con sus madres y sus hermanos, que resienten la atención especial que ellas reciben de su papá[28]. Los chicos abusados tienen la tendencia a externalizar su dolor y, con frecuencia, expresan un deseo de dañar a sus hermanos o compañeros[29]. Por otro lado, las chicas tienen la tendencia a internalizar el daño del abuso. A menudo, esto da como resultado la depresión, la cual también incapacita las relaciones con sus hermanos[30]. En pocas palabras, el abuso aísla a los miembros de la familia.

Kay creció en una familia árida y sufrió negligencia. Su madre no había tratado sus propios dolores de la niñez, de tal manera que estaba desconectada de sus propios sentimientos y de los de sus hijos. Su padre era un buen proveedor, pero también estaba bastante desconectado. Aunque sus necesidades físicas estaban satisfechas, ella estaba hambrienta en lo emocional. En terapia, hizo un dibujo de su familia (ver ilustración 10). Todos estaban en una caja oscura, aislados de los demás miembros de la familia. Kay comentó que la obscuridad venía de su padre. Ella no sentía intimidad con nadie de su familia inmediata. Cada uno de los miembros de su familia se encontraba en su propio mundo, aislado, desconectados unos de los otros en lo emocional.

En particular, el impacto del abuso es evidente en la relación del sobreviviente con sus hijos. La vergüenza es una de las dinámicas de abuso

clave, que afecta de forma negativa la manera de criar a los hijos. Vemos esta dinámica en la confesión de Ingrid (ver al inicio de este capítulo):

> Amo a mi familia, más allá de las palabras. No obstante, me es difícil aceptar su amor en respuesta, porque siento que no lo merezco. De hecho, es tan complicado que, hace poco, me sentí furiosa cuando mi hija me tomó la mano y la besó, mientras viajábamos en el automóvil.

Ingrid se sintió furiosa porque el afecto espontáneo de su hija activó la vergüenza. No se sintió digna, así que, de manera instintiva y agresiva, rechazó el amor de su propia hija.

Esta dinámica de vergüenza y rechazo causa que una madre se sienta culpable por ser terrible y por dañar a su hijo.

A menudo, como resultado de la vergüenza, las madres sobrevivientes de abuso cargan con la culpa y carecen de la habilidad de establecer límites saludables al comportamiento de sus hijos. A causa del impacto emocional de su experiencia, en particular la insensibilidad (represión), con frecuencia, estas madres permanecen distantes y no disponibles en lo emocional, para sus hijos. A veces, la vivencia del abuso tiene un efecto perjudicial en la relación padre e hijo, cuando los progenitores visualizan a sus agresores en sus propios hijos; por ejemplo, cuando la apariencia física, personalidad o comportamiento del hijo se parece al del agresor. Así, una madre puede ser hostil con su propio hijo, cuando este se parece al ex esposo que la golpeaba. Un padre, sin darse cuenta, puede volverse frío y negligente con su hija, pues ve en ella la personalidad de su propia madre abusiva.

El abuso también tiene un impacto dramático en las relaciones con los compañeros. Considere el resultado de investigaciones:

- Los niños que sufren agresión física tienden a ser más violentos, experimentan más conflicto, tienen un estatus inferior entre sus compañeros y muestran menos reciprocidad positiva con otros niños, en comparación con sus compañeros que no han sufrido un abuso. De hecho, una de las más extensas y documentadas consecuencias del maltrato físico infantil es la alta agresividad, en especial hacia los compañeros[31].

- Los niños abusados pueden tener muchos amigos y pueden tener el mismo contacto social que aquellos que no han sufrido abuso, no obstante, experimentan más conflicto, en especial, durante el juego. También disfrutan menos de la cercanía en sus amistades[32].

- Los niños que han soportado negligencia tienden a ser menos agresivos hacia sus compañeros, en comparación con aquellos que han sido abusados física y sexualmente; sin embargo, tienden a ser más pasivos y retraídos y consiguen menos amistades[33].

- Los niños que han sufrido abuso sexual también tienden a ser más agresivos, en comparación con aquellos que no lo han sufrido y, en particular, se caracterizan por presentar un incremento en el comportamiento sexual con o hacia otros niños[34].

A medida que el niño crece a menudo el comportamiento sexual continúa y hasta se incrementa. En relación a las amistades que los sobrevivientes adultos y adolescentes sostienen con el sexo opuesto, una de las características más destacadas es el incremento de la actividad sexual y de la promiscuidad, lo cual, a menudo, los lleva a la revictimización[35]. En términos de relaciones amorosas, los sobrevivientes adolescentes reportan mucha más agresión física y verbal hacia sus parejas, así como de sus parejas hacia ellos[36]. Como resultado de la vergüenza y la auto culpa, los sobrevivientes de abuso sexual también sienten menos confianza de establecer amistades con personas del mismo sexo, las cuales son importantes para desarrollar habilidades generales de establecimiento de relaciones[37].

RECONEXIÓN Y SANIDAD

La mala y la buena noticia de ser humanos hechos a la imagen de Dios es que las relaciones con otros nos afectan profundamente. Cuando las personas utilizan su poder y abusan de otras, se hace un daño enorme y permanente. En particular, el daño que el abuso ocasiona es evidente en las relaciones de las víctimas. El abuso crea vergüenza, desconfianza y represión emocional. Todo esto socava las relaciones de los sobrevivientes. El abuso aísla a las víctimas. Las buenas noticias son que las relaciones *saludables* tienen un enorme poder para nutrir el alma y sanar las heridas del abuso.

El poder de las relaciones humanas para sanar es un concepto completamente bíblico. Después de la muerte de su madre, Isaac recibió consuelo y sanidad a través de la relación amorosa con su esposa (Génesis 24:67). A partir de la relación cercana con su amigo Jonatán, David recibió ayuda para enfrentar la agresión física y los intentos de asesinato del rey Saúl (1 Samuel 19-20). Bernabé y los discípulos de Damasco corrieron el riesgo de amar y de discipular a Saulo, el mismo hombre que había perseguido a los cristianos (Hechos 9:1-30). Justo antes de que ejecutaran al apóstol Pablo (con anterioridad, el hombre llamado Saulo), Timoteo y Lucas le brindaron ayuda y consuelo, mientras otros lo había abandonado (2 Timoteo 4:9-17).

Dios ha diseñado a la iglesia, al cuerpo de Cristo, para ser la matriz en la cual se ejerzan la sanidad y la santificación. Los creyentes están para amar, restaurar y cuidarse unos a otros, pues todos son parte del mismo cuerpo espiritual a través de Cristo[38]. En particular, este principio es poderoso para aquellos que han experimentado abuso de los miembros de la familia, pues a pesar de lo que han sufrido con la familia física, Dios los ha dotado de una familia espiritual de compañeros creyentes que pueden amarlos, nutrirlos y ayudarlos en el proceso de sanidad.

Existen dos principios que vienen a cuenta, cuando animamos a las víctimas de abuso a reconectarse con otros. *Los miembros de la familia y los amigos de las víctimas deben reconocer el rol decisivo que tienen en prevenir y sanar el daño.* La respuesta que tengan hacia el abuso, afectará a largo plazo y de manera extensa el alcance de las consecuencias de este. Por ejemplo, cuando un niño revela que ha sido abusado, puede recibir un daño similar o mayor al del mismo abuso, si las respuestas de los padres o de quienes le brindan cuidado son ásperas, muestran incredulidad o son apáticas. Por el contrario, las respuestas de apoyo pueden mitigar el daño[39].

Este principio también es verdadero para los sobrevivientes adultos. En un estudio a gran escala sobre la sexualidad femenina y el abuso, uno de los descubrimientos más fuertes fue que las mujeres que han sido violadas en la adultez tienen menos probabilidades de buscar el control de sus deseos sexuales de manera destructiva (bloquearse, etc.), si durante su niñez se han sentido muy cercanas a al menos un miembro de la familia inmediata[40]. En otro estudio, llevado a cabo entre mujeres adultas que sobrevivieron a una violación, se reportó que el tiempo necesario para recuperarse estaba directamente relacionado con la calidad de las relaciones cercanas que estas mujeres experimentaban en el presente. Las sobrevivientes que tenían relaciones estables y de apoyo con un esposo o pareja se recuperaban con más rapidez que aquellas que no las tenían[41].

Los miembros de la familia y los amigos de los sobrevivientes deben ser pacientes y reconocer que la confianza destruida se reconstruye con mucha lentitud. Ellos también deben ser fuertes y estar llenos de gracia, pues, a menudo, en las primeras etapas de recuperación, los sobrevivientes arremeten de manera severa en contra de sus aliados cercanos. Es muy útil para los seres queridos darse cuenta de que mucha de la ira de los sobrevivientes es ira hacia los agresores pero se dirige sobre las demás personas.

El segundo principio es este: *Con la fortaleza de Dios, las víctimas de abuso deben aprender a desarrollar relaciones seguras e íntimas.* Deben aprender a resistir la tentación de esconderse y retirarse. Deben aprender a dar una oportunidad de amarlos, tanto a Dios como a las personas saludables que él ha puesto en sus vidas. En respuesta, ellas deben aprender a amar a otros, a pesar de que el mundo no siempre es un lugar seguro. Deben aprender a resistir la desconfianza en Dios y en las personas buenas y seguras, a causa de lo que una persona malvada e insegura les hizo.

Lori Tapia ilustra este principio, cuando hace un resumen de las lecciones que aprendió en su viaje a la sanidad del incesto. En particular, realza la manera en que Dios la sanó en lo sexual así como en su vida matrimonial, después de muchos años de aislamiento, ira y bloqueo completo:

> Todo nuestro trabajo arduo y perseverancia, de seguir el fluir de la presencia de Dios, había dado resultado. Los frutos son un profundo gozo, esperanza, verdadera fe y sí, ¡excelentes relaciones sexuales! La genuina intimidad no solo se convirtió en algo posible para mí, sino también en algo que disfruto... Aprender a confiar ha sido el paso más importante. No sabía cómo. En un terrible paso a paso, aprendí a confiar (en mi esposo), cada vez más... El proceso me ha convencido de la capacidad del corazón humano de responder al amor persistente. Creo que, con intensidad, deseamos creer que el amor es real y sentirnos amados. Quizás nunca lo hemos visto cobrar vida. O quizás sí, pero nuestras almas estaban tan heridas que no pudimos recibirlo. En algún momento, tuve que escoger creer. El pago ha valido la pena[42].

Los comentarios de Lori establecen el escenario de la siguiente y última sección de *Cómo comprender y sanar el abuso*. Ahora que hemos examinado el profundo daño que el abuso crea en el alma, necesitamos descubrir el proceso de sanidad. En los siguientes tres capítulos, haré un mapa del camino, de manera que aquellos que han sido devastados por el abuso puedan experimentar sanidad emocional, espiritual y relacional.

TERCERA PARTE

EL CAMINO A LA SANIDAD

Capítulo 8

✳

Enfrentar la ruina

En las primeras dos secciones de *Cómo comprender y sanar el abuso*, evaluamos la naturaleza y el impacto de este. En particular, observamos que el abuso corre galopante por toda la sociedad, como resultado de la depravación humana y la estrategia satánica. También vimos que pervierte varios aspectos de la imagen de Dios en los hombres y, por consiguiente, daña el alma a largo plazo. Por todo esto, es importante que en esta última sección, en particular, diagramemos un plan para la sanidad.

Una pequeña niña, llamada Latisha, ilustró de manera hermosa la necesidad espiritual de sanar las heridas del abuso. En su primera sesión de consejería, Latisha dibujó un corazón en acuarela (ver ilustración 11). La imagen se corrió sobre el papel, en representación del profundo pesar y vergüenza de su alma. El dibujo del corazón estaba marcado con puntos negros y grises, lo que permitía visualizar el dolor y el daño que le había causado el abuso sexual perpetrado en su contra, así como el manoseo sexual que ella les había hecho a otros niños. Latisha era un dulce niña cristiana, que sentía una enorme culpabilidad por sus acciones. «Por favor», suplicó, mientras intentaba alcanzar la cinta adhesiva, «¡ayúdeme a cubrir los agujeros, sino el Diablo se meterá!». De manera intuitiva, esta pequeña sabía que era necesario curar las heridas causadas por el abuso y que, además, Satanás lo utilizaría para hacerle más daño a ella y a los otros. Veamos qué se necesita para desarrollar un camino a la sanidad de los agujeros del alma. Comencemos con el daño emocional que necesita sanidad.

LA HISTORIA DE LANCE

Conocí a Lance en la iglesia, mientras hacía mi trabajo de graduación en Europa, y me sorprendió su confianza, impulso y experiencia de vida. Disfrutaba pasar tiempo con él. Su padre era un oficial militar de carrera, que había estado en varias bases militares alrededor del mundo. Lance nos entretenía con vívidas historias de aventura infantil. Hablaba de sus padres, en especial de su papá, con palabras maravillosas.

Nos contó que sus padres habían vivido en Asia, pues su papá dejó el ejército y durante los últimos doce años se dedicó a ser piloto para una agencia de ayuda cristiana. Lance daba una clara impresión de que su padre era una combinación de Hudson Taylor, Chuck Yeager y John Wayne.

Tuve el placer de conocer a los padres de Lance, Don y Mindy, cuando llegaron para asistir a una conferencia en la localidad. Me sorprendió ver que Don estaba nervioso y apartado. Con Mindy, me sentí aun más confundido. Era obvio que ella era una voluntaria talentosa y dedicada. Hacía poco, había sido nombrada como la directora femenil para toda la región. Escuché que en la agencia la apreciaban por su

Ilustración 11

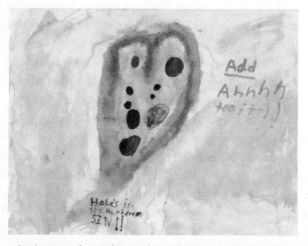

¡Agujeros en el corazón por el pecado! ¡Agrega ahhhh a esto!

eficiencia y habilidades organizativas, por consiguiente, me inquietó que durante la conversación estuviera tan fría y desconectada, en el sentido emocional. Era desagradable sostener una plática de cinco minutos con ella.

La siguiente vez que vi a la madre de Lance fue en el funeral de Don. La familia dijo a los asistentes que Don había sufrido una reacción alérgica fatal a unos medicamentos que su doctor le había prescrito. De manera elocuente, el vicario que ofició el funeral habló sobre el servicio fiel de Don al Señor. Mindy parecía ser la Roca de Gibraltar. Ella nos aseguró a todos que Dios era bueno, que tenía el control y que estaría bien. Pero de alguna manera, eso me pareció surrealista.

Lance y Mindy no contaron la verdadera historia sobre la muerte de Don. Poco tiempo después del funeral, recibí uno de los más grandes impactos de mi vida, cuando un amigo, que era uno de los administradores en la misma agencia de ayuda de los padres de Lance, me contó lo que en realidad ocurrió. Don no murió en su habitación a causa de una reacción alérgica. Lo asesinaron en la celda de una prisión, un día después de que lo habían encarcelado por violar al hijo, de cuatro años de edad, de una autoridad política local.

Todavía peor, una investigación reveló que durante años Don había acosado a chicos. La agencia de ayuda había recibido numerosos reportes de que él acosaba a hijos de misioneros y chicos del área local y solo lo había reubicado, con nuevos equipos, en otros lugares. Además, se descubrió que durante años Mindy estuvo enterada de la situación. Don le decía que lo sentía y prometía no hacerlo de nuevo y ella aceptaba sus compromisos y rechazaba pensar en el pasado.

Mindy también rehusaba revelar su enojo, su dolor y terror por la conducta de Don. Mucho antes de conocerlo, ella había aprendido esta estrategia para enfrentar el sufrimiento. Su propio padre fue alcohólico y murió cuando ella era pequeña. A temprana edad, Mindy aprendió cómo morir a la verdad y a la pena. Ella le había enseñado esta estrategia a su hijo, quien, a su vez, quizás la pasaría a su descendencia.

La respuesta de Lance frente al asesinato de su padre fue increíble. Seguía diciendo que Don había sido un gran padre. Al igual que su madre, decía que confiaba en el Señor y que él estaba obrando. De hecho, Lance volvió al trabajo dos horas después del funeral. Lo último que me dijo, cuando terminó el entierro, fue que su padre era un gran hombre.

Lance no pudo enfrentar la verdad y el dolor del pecado de su papá, así que adaptó sus sentimientos a una postura más saludable y fácil de manejar. Por desgracia, la manera en que la madre de Lance y la agencia de ayuda lidiaron con el horror del pecado de Don representa, exactamente, el rechazo diligente a enfrentar lo que está arruinado. No se erradicó la fea verdad, solo se puso bajo tierra, donde creció en la oscuridad.

ENFRENTAR LO ARRUINADO: RAZONES PARA VER EL PASADO PERSONAL

Algunos cristianos argumentan que no necesitamos entender nuestro doloroso pasado para avanzar de manera victoriosa hacia el futuro. Piensan que examinar el sufrimiento del pasado es un poco más de echarle la culpa a otros, lo que solo crea amargura destructiva[1]. Otros sugieren que revisar las heridas solo sirve para perpetuarlas: «Lo que está hecho, hecho está. ¿Por qué revolver el pasado? No se puede cambiar. Solo enfócate en obedecer a Dios en el presente». Muchas veces, he escuchado a líderes cristianos utilizar Filipenses 3:13, para apoyar sus puntos («Y esforzándome por alcanzar lo que está delante»). Rechazar por completo el abuso y la ruina del pasado es una gran equivocación. Además de un trauma profundo, los incidentes dolorosos del ayer crean vergüenza y distorsión negativa, las cuales le dan forma aciaga a nuestro presente, a menos que las expongamos y las desafiemos.

En Filipenses 3:13, está implícito el hecho de que debemos enfrentar el impacto y la realidad de nuestro pasado. Cuando Pablo le dice a los filipenses que los creyentes deben olvidar lo que queda atrás, no dice que solo se trata de dejar el pasado a nuestras espaldas, olvidarnos de él y enfocarnos en el futuro. Pablo no podría sostener eso, ya que unos cuantos versículos antes, él mismo ha dado un detallado relato de su pasado (3:1-7), incluso, de su previo abuso en contra de los cristianos (3:6). Aunque debió ser muy doloroso para él reflexionar sobre cómo antes agredió a los cristianos, no se acobardó de tal retrospectiva y confesión[2].

Está claro que Pablo había reflexionado de manera profunda y suficiente sobre su pasado, de tal suerte que había identificado cuáles respuestas emocionales y cuáles creencias dañinas y no saludables necesitaba cambiar. De manera específica, se había dado cuenta de que su conducta previa a la conversión, incluso su agresión en contra de los cristianos, tenía por fundamento la creencia equivocada de que él podía ganarse el favor de Dios a través de la adherencia estricta a la ley. Este horrible y mal enfocado intento de Pablo por la autojusticia, independiente de Cristo, nos provee el contexto inmediato para «Olvidando lo que queda atrás», en Filipenses 3:13[3]. Pablo tenía claro conocimiento del panorama de su pasado pecaminoso, así como de las mentiras que lo habían impulsado. Con exactitud y con la ayuda de Dios, esto era lo que necesitaba transformar. En otras palabras, no podemos dejar nuestro pasado doloroso atrás hasta que lidiemos con él, por completo.

En la búsqueda de la salud espiritual y emocional, existen cuatro razones principales por las cuales los creyentes deben enfrentar lo destruido y echarle una mirada franca a su pasado de abuso y dolor.

Una forma de expresar la fe

Enfrentar nuestra ruina permite que nuestra fe tome un respiro en el Dios viviente; pero rehusarnos a encarar el daño es una negación trágica de la bondad, el poder y la existencia de Dios.

Debido a que negar la realidad dolorosa es algo natural, raras veces se etiqueta como pecado y tampoco se reconoce cuánto esto deshonra al Dios que nos ama. La Biblia dice que Dios es un Dios de verdad (Juan 14:6). Dios es el Señor de la historia, quien en última instancia triunfará sobre toda la maldad humana (1 Corintios 15:25-26; Apocalipsis 20:7-15). Las Escrituras declaran que nada, ningún desastre natural, abuso o poder demoníaco puede separarnos del amor de Dios (Romanos 8:38-39). Por consiguiente, el rechazo a enfrentar la verdad sobre lo arruinado no es un asunto trivial. De manera breve, Dan Allender, lo describe: «La negación es una afrenta a Dios. Da por sentado que una realidad falsa es mejor que la verdad. Da por sentado que Dios no tiene la bondad ni el poder suficiente para brindar ayuda, durante el proceso de recordar. En última instancia, decidirse a enfrentar las memorias (abuso) del pasado es negarse a vivir una mentira»[4].

Dicho de manera positiva, cuando rechazamos morir a la verdad y al dolor del abuso del pasado, nos lanzamos a los brazos del único que puede curarnos. Esta es la razón por la cual Jesucristo bendijo a los que están dispuestos a llorar (y seguir llorando)[5], pues ellos serán consolados (Mateo 5:4). Mientras minimicemos lo feo de nuestra vida, los medios de la gracia, ordenados de forma divina, sufrirán un corto circuito. También la experiencia de un Dios suficiente y poderoso hará corto circuito. Solo si nos ponemos de pie delante de Dios, desnudos y arruinados, y nos negamos a aliviar el dolor a través de la automentira, probaremos por completo la dulzura divina.

Vez tras vez, el salmista nos amonesta a clamar al Señor en nuestra ruina, de tal manera que podamos probar el poder y la belleza de Dios: «El Señor está cerca de los quebrantados de corazón y salva a los de espíritu abatido» (Salmos 34:18). «Este pobre clamó, y el Señor le oyó y lo libró de todas sus angustias» (34:6). «Vuelve a mí tu rostro y tenme compasión, pues me encuentro solo y afligido. Crecen las angustias de mi corazón; líbrame de mis tribulaciones» (25:16-17). «¿Hasta cuándo he de estar angustiado y he de sufrir cada día en mi corazón?», «Pero yo confío en tu gran amor». «Canto salmos al Señor. ¡El Señor ha sido bueno conmigo!» (13:2, 5, 6). «Pero Dios es mi socorro; el Señor es quien me sostiene», «y hará recaer el mal sobre mis adversarios. Por tu fidelidad, Señor, ¡destrúyelos!» (54:4-5). Cuando estemos dispuestos a enfrentar y a asumir nuestra propia ruina, seremos capaces de sentir el sustentador poder de Dios.

Una forma de vivir en la verdad

Enfrentar la ruina nos impulsa a vivir en la verdad y nos ayuda a identificar y a extinguir las mentiras destructivas, generadas por la vergüenza del abuso. Por eso, es necesario volver nuestra mirada al pasado doloroso y corregir las consecuencias tergiversadas de la vergüenza. Anna Salter establece muy bien este punto: «Esas partes negativas del Yo, que en su totalidad se encuentran escondidas, permanecerán fundamentadas por completo en la vergüenza. La oscuridad produce buenos hongos, pero pobres flores»[6].

En particular, la mayoría de las víctimas se culpa por el abuso inadecuadamente, y esto le crea numerosos problemas emocionales y relacionales[7]. A menudo, esta dinámica inicia en la niñez, porque los pequeños abusados son dependientes de sus padres y desean una relación cercana con ellos. Así que, de manera instintiva, minimizan y toman la responsabilidad por la maldad de sus padres abusivos[8]. El pensamiento de que el niño tiene la responsabilidad del abuso de sus padres se refuerza, de manera perpetua, cuando los progenitores abusivos rechazan asumir la responsabilidad.

Esta distorsión destructiva de la realidad continúa en la adultez. Por eso, a menudo, escucho a los adultos que han sobrevivido a un abuso decir frases como: «Mi padre en realidad no abusó de mí; a veces, solo me tocaba de manera inapropiada». «En general y en verdad, mis padres me cuidaban muy bien». «Mi hogar no era tan malo como otros». «No me sorprende que mis padres se enojaran tanto conmigo; yo era un niño difícil de criar». Estas declaraciones de autoprotección sirven para disminuir el dolor de reconocer que sus padres no los amaron como debieron. También sirven para perpetuar la vergüenza destructiva, pues minimizan la realidad del comportamiento malvado de sus padres y hacen que los sobrevivientes tomen la responsabilidad. Dios nos llama a caminar en la verdad (Juan 8:31-32; Efesios 4:25; Tito 1:1). Cuando enfrentamos la realidad de nuestra ruina, podemos abrazar la verdad y rechazar las mentiras.

Una forma de sanar

Es necesario enfrentar la verdad del daño y del abuso ocurrido en el pasado para mitigar y sanar los efectos del trauma en el presente. En el capítulo seis, mencioné cómo un trauma sin resolver a menudo se introduce en el presente a través de la hiperactivación, la intrusión y la insensibilidad. Estas consecuencias son complejas e involucran respuestas, amplias e involuntarias, estímulos conscientes y subconscientes. Los síntomas postraumáticos pueden permanecer durante años, y aun décadas, hasta que se enfrenten el trauma y la ruina. En el caso del trauma, solo porque no se ve, no quiere decir que no se sienta. Solo porque una persona haya sido capaz de suprimirlo, no quiere decir que ya no esté incrustado en el cerebro y ya no tenga un impacto importante.

Tal como lo expresa un experto en el tema: «El trauma (sin resolver) sigue entrometiéndose en la vida de sus víctimas, a través de realidades visuales y audibles, o de alguna otra realidad somática. Vez tras vez, las víctimas reviven las experiencias que amenazaron sus vidas y reaccionan, en cuerpo y alma, como si estos incidentes todavía ocurrieran[9].

Uno de los axiomas de la terapia en contra del trauma dice que la recuperación de los efectos permanentes demanda que los sobrevivientes enfrenten la realidad y la forma en que este los afectó (la destrucción)[10]. Por ende, el objetivo de confrontar nuestras heridas no es revolcarse en el pasado, sino recuperarlo para que pierda influencia sobre el presente. En resumen, los síntomas del trauma no sanan al ignorarlo sino al enfrentarlo, tratarlo y reinterpretarlo.

Una forma de experimentar relaciones saludables

También se necesita enfrentar la verdad y el dolor del ayer , con el propósito de experimentar relaciones apropiadas y saludables. En otras palabras, debemos ser francos con el pecado que otros cometieron en contra nuestra para experimentar relaciones apropiadas en el presente. Cuando nos relacionamos de manera acertada con personas abusivas (establecemos límites, nos reconciliamos solo cuando ellos se arrepienten y cosas por el estilo), minimizamos el riesgo de abuso adicional en contra nuestra y en contra de otros y, además, incrementamos la posibilidad de que se sientan condenados pos sus pecados. Al contrario, cuando Mindy insistía en negar la realidad del abuso sexual por parte de Don, así como el dolor y la pérdida que ella sentía, facilitaba que él siguiera acosando niños.

¡VÍCTIMAS, UNA VEZ MÁS!

Una de las realidades más duras sobre el abuso es que los sobrevivientes tienen más probabilidades de ser victimizados de nuevo, en comparación con aquellos que nunca antes han sufrido abuso[11]. Existen muchas dinámicas que provocan que las víctimas de abuso sean más vulnerables. Entre estas encontramos la vergüenza, la cual hace que las víctimas se sientan sin valor para establecer límites o para entablar relaciones con personas saludables; el sentido de impotencia, el cual hace que las víctimas se sientan incapaces de desafiar el comportamiento dañino de los demás; la insensibilidad emocional o represión, que dificulta que la víctimas reconozcan las señales internas que les advierten que una persona es peligrosa. Sanar todas estas dinámicas poco saludables demanda que las víctimas enfrenten su ruina, pues solo entonces comenzarán a revivir, a vencer la vergüenza, a escuchar y a responder de manera apropiada a sus sentimientos.

Hace poco tiempo, tuvimos un trágico ejemplo de estas dinámicas en nuestra comunidad[12]. Una pareja estaba de luna de miel en un lujoso hotel en Scottsdale. Se reportó que en medio de la noche, la pareja se peleó y el esposo estranguló a su esposa hasta matarla con sus propias manos. Él huyó a Las Vegas y dejó el cuerpo de su mujer en la habitación. Al siguiente día, la policía lo rastreó y lo acusó por asesinato en segundo grado. La ironía de este horrible crimen es que el día que la pareja se fue a Arizona para su luna de miel, el esposo debía estar compareciendo en la corte de Michigan por cargos de violencia intrafamiliar, justo en contra de la mujer con quien se acababa de casar. Aunque es inconcebible que una mujer se case con un hombre que fue arrestado por atacarla en el apartamento de ella tan solo un mes antes, es coherente con el hecho de que las mujeres que no han enfrentado la ruina del abuso del pasado, a menudo, no son capaces de pensar o sentir de manera saludable y, por consiguiente, terminan por exponerse a sí mismas a un grave peligro.

Además, los padres que también fueron víctimas de abuso infantil ponen en riesgo sus habilidades para proteger a sus propios hijos, a menos que hayan tratado con franqueza el maltrato que sufrieron[13]. Debemos tener cuidado de no culpar a las madres por el comportamiento abusivo de sus esposos, pero muchos investigadores observan que las hijas víctimas de incesto, a menudo, describen a sus madres como débiles y enfermizas, sin ningún sentido de poder o habilidad para establecer límites en torno a sus esposos abusivos. Con frecuencia y en alguna medida, esto se debe a que ellas no han superado o enfrentado por completo sus propias historias de victimización física o sexual[14].

En esencia, las mujeres que sufrieron abuso en la niñez pueden quedar atrapadas en el rol de víctima permanente. Esto puede evitar que tengan el coraje, la fortaleza y la perspicacia para proteger a sus propios hijos. Por desgracia, la negación de nuestro propia victimización incrementa la probabilidad de victimización en la próxima generación. De manera brillante, Anna Salter describe las formas en que la negación de la madre puede poner en riesgo a su propio hijo:

> A menudo, el impacto de la negación no solo afecta la vida de la sobreviviente, sino su actitud hacia cualquier niño con quien entra en contacto o que haya sido violado. En particular, sus propios hijos están en peligro, pues es muy probable que se identifique con ellos y proyecte sus defensas en la situación de estos. Si se disoció durante el abuso, ella puede disociarse ante la evidencia del abuso de su hijo. Si no reportó el abuso que sufrió, de igual manera puede pensar que reportar es una vergüenza pública y puede enfurecerse con su hijo si este lo denuncia. Si ella insistió en que el abuso que experimentó no era abuso y que el perpetrador en verdad no era un ofensor, ella puede valorar de manera equivocada el abuso de su hijo y racionalizarlo. Si negó el impacto de su propio abuso, puede hacer lo mismo con la siguiente generación[15].

En resumen, a menos que enfrentemos el dolor y la verdad de nuestra victimización del pasado, no seremos capaces de experimentar relaciones saludables en el presente.

ENFRENTAR LA RUINA: EJEMPLOS BÍBLICOS

De manera poderosa, la historia de José modela la importancia que tiene enfrentar la ruina, tanto para la salud personal como para la relacional. José no ignoró su terrible pasado después de que Dios lo libró de prisión y le dio de manera milagrosa una posición reconocida en el gobierno egipcio; más bien, enfrentó el abuso del pasado, con franqueza, pese a que lo había sufrido quince años antes. Él no negó ni reprimió su dolor emocional, sino que entró en la herida que sus hermanos le habían causado en el pasado, y en la desconfianza del presente, a través del llanto amargo (Génesis 45:2; 50:15-19).

Además, José planificó varios incidentes para presionar a sus hermanos a que reconocieran su abuso (Génesis 42:14-20; 44:1-5). Ejecutó su plan, no solo para atormentarlos (esconder una copa en el saco de granos de Benjamín y acusar a sus hermanos de robo, para hacer que dejaran a Benjamín); sino que, en todo caso, para forzarlos a reconocer la realidad de su comportamiento abusivo, una realidad que él mismo no había reprimido ni minimizado. La audacia de José para enfrentar la verdad del abuso y su impacto personal provocó que sus hermanos hicieran lo mismo, es decir, causó que se arrepintieran.

De manera similar, el apóstol Pablo no negó o reprimió la forma en que un hombre llamado Alejandro le había hecho daño. Por el contrario, fue franco sobre cómo este lo había lastimado. Él advirtió a Timoteo: «Alejandro, el herrero, me ha hecho mucho daño […] Tú también cuídate de él» (2 Timoteo 4:14-15). Pablo era capaz de proteger a Timoteo, al referirse con claridad a la forma en que lo habían maltratado. La piedad exige enfrentar la verdad sobre el abuso ocurrido en el pasado. Solo así, se puede sanar la vergüenza y la distorsión y, además, se pueden establecer relaciones apropiadas.

NEGACIÓN: SU DINÁMICA

Tenemos la tendencia de idear diferentes maneras de evitar enfrentar la verdad del abuso y el daño que este genera.. Ya que necesitamos enfrentar nuestra ruina para obtener sanidad espiritual, emocional y relacional, debemos identificar y extraer de raíz cualquier técnica que usemos consciente o inconscientemente para evadir la realidad del maltrato. Anna Salter brinda un esquema de progresión para explicar las técnicas de negación del abuso más comunes entre las víctimas (ver abajo)[16]. El esquema se mueve de izquierda a derecha, de niveles mayores a menores de negación.

La amnesia traumática está al extremo del esquema de negación, donde las víctimas no tienen memoria consciente del abuso[17]. Aunque para algunos el bloqueo de la memoria es un concepto difícil de aceptar, es un fenómeno real que se ha documentado de manera irrefutable, como lo expuse en el capítulo seis.

Amnesia	No se admite el incidente	El incidente no era abuso	El incidente no era importante	El incidente no es importante

La amnesia traumática es más común en las víctimas abusadas en la niñez, que siguen experimentando abuso en la actualidad; no obstante, también puede ocurrir en adultos víctimas de trauma, incluso en aquellos que viven la guerra, el internamiento en prisiones, accidentes y desastres naturales[18]. Desde un punto de vista estricto, la amnesia traumática no es una técnica de negación, pues, de manera típica, una «técnica» denota una estrategia deliberada y consciente. Por definición, la amnesia no puede tener esas características ya que esta es la falta de memoria. Sin embargo, es una forma de negación, dado que incluye experiencias tan traumáticas como para desear no recordarlas[19].

En el siguiente punto del esquema se encuentra recordar, pero no admitir el incidente; es un estado de enorme negación, pero menor que la amnesia. Las víctimas que emplean esta técnica tienen recuerdos del abuso, no obstante, rehúsan admitirlos en su mundo; ellos los repelen y fingen que los incidentes le sucedieron a alguien más. También los repudian a través de separar las experiencias del abuso como si les hubiesen sucedido en otra vida[20].

La siguiente técnica es admitir que el incidente sucedió en su mundo, pero calificarlo como no abusivo. Los sobrevivientes que emplean esta forma de evasión dicen muchas cosas como: «Mi papá no me abusó, en ocasiones, solo reaccionaba físicamente conmigo» o «mi tío no me violó, solo me manoseo sexualmente». Negar que un incidente en realidad es abuso es tan común, que los consejeros en el tema reciben la indicación de no preguntar a su pacientes si fueron abusados en la niñez, sino hacer preguntas como: «Cuando niña, ¿alguna vez te tocaron de tal manera que te sentiste incomoda?», «cuando niña, ¿alguna vez alguien te pidió hacer algo sexual como (identificar una acción específica)?»[21].

La siguiente técnica implica menos negación. Se admite que el incidente sucedió y que era abuso, pero se cree que no tuvo gran importancia. A menudo, los sobrevivientes de abuso que admiten que fueron lastimados se distanciarán del dolor y, con seguridad, sostendrán que la situación no les afectó, en realidad; ellos se ven a sí mismos como personas que se recuperan con rapidez. He escuchado como muchos sobrevivientes emplean esta técnica de negación. Reconocen como sus hogares abusivos crearon un daño permanente en sus hermanos, pero niegan que tuviera un impacto negativo en ellos.

El último punto del esquema es que la persona admite que sufrió abuso y que este tuvo un impacto en el pasado, pero niega su importancia en el presente. Con frecuencia, las personas que experimentan abuso crónico en la niñez reconocen que tuvieron una infancia horrible y dolorosa, pero afirman que en la actualidad ese incidente tiene poco impacto en su vida interpersonal.

Todas estas técnicas de negación propician que las víctimas de abuso rechacen la realidad dolorosa de este, por completo y, por consiguiente, impiden la sanidad y el crecimiento[22].

UN MODELO PARA SANAR

En el resto de *Cómo comprender y sanar el abuso,* utilizaré el siguiente modelo (ver página 180) para estructurar el camino a la sanidad. En este modelo, la sección de abajo representa el estado más destructivo e insalubre. Aquí encontramos los mayores niveles de ocultamiento. En este dominio, uno se encuentra muy desconectado de todas las relaciones (de Dios, de uno mismo y de los otros), lo cual, a menudo, se refleja en comportamientos adictivos y abusivos.

La salud se incrementa a medida que uno sube en el modelo. La sección de arriba representa un estado de gran madurez y salud. Allí encontramos la reconexión con Dios, con el yo y con los demás. Esto se refleja en una intimidad saludable y satisfactoria. He trazado esta progresión en tres dominios importantes de la vida: emocional, espiritual y relacional. En este capítulo, me concentraré en el mundo emocional. En el capítulo nueve, me concentraré en la reconexión con Dios (el mundo espiritual) y en el capítulo diez, en la reconexión con otros (el mundo relacional).

En el mundo emocional, el estado menos saludable es el de profunda negación y se caracteriza por la represión emocional. A menudo, este estado insalubre se evidencia en la falta de pasión y comportamiento robótico de los creyentes, que están condicionados a «hacer lo correcto» y «se dejan llevar por el movimiento» para cumplir con sus responsabilidades espirituales y domésticas, pero carecen de entusiasmo y gozo. A medida que uno enfrenta la ruina del abuso y crece en salud emocional, la represión emocional se retira y la vitalidad toma

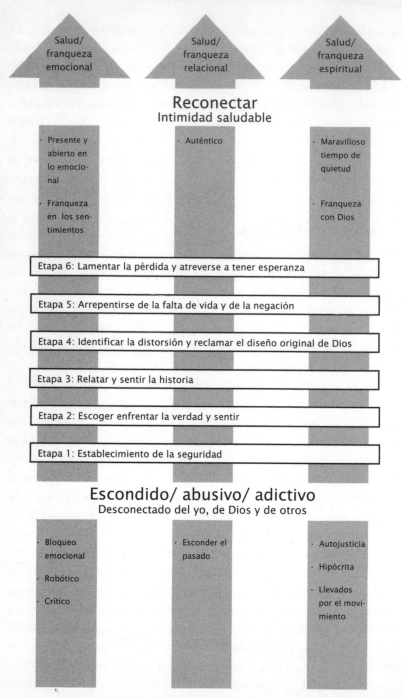

Salud/ franqueza emocional

Salud/ franqueza relacional

Salud/ franqueza espiritual

Reconectar
Intimidad saludable

· Presente y
abierto en
lo emocio-
nal

· Franqueza
en los sen-
timientos

· Auténtico

· Maravilloso
tiempo de
quietud

· Franqueza
con Dios

Etapa 6: Lamentar la pérdida y atreverse a tener esperanza

Etapa 5: Arrepentirse de la falta de vida y de la negación

Etapa 4: Identificar la distorsión y reclamar el diseño original de Dios

Etapa 3: Relatar y sentir la historia

Etapa 2: Escoger enfrentar la verdad y sentir

Etapa 1: Establecimiento de la seguridad

Escondido/ abusivo/ adictivo
Desconectado del yo, de Dios y de otros

· Bloqueo
emocional

· Robótico

· Crítico

· Esconder el
pasado

· Autojusticia

· Hipócrita

· Llevados
por el movi-
miento

su lugar. Entre más saludables seamos y más experimentemos la sanidad, más sentiremos el rango completo de emociones. El creyente saludable es capaz de reconocer y responder a los sentimientos de su corazón. En última instancia, como portadores de la imagen de Dios, respondemos a todas nuestras emociones porque Dios mismo muestra un rango amplio de sentimientos.

Esto no quiere decir que el objetivo de la consejería es solo sentir. De hecho, ese es solo el objetivo inicial. A medida que crezcamos en salud emocional, *sentiremos* más y, cuando esto suceda, incrementaremos nuestra capacidad de reconocer lo que las emociones nos dicen sobre el estado de nuestras almas. De forma específica, veremos lo que las emociones nos dicen sobre nuestra relación con Dios y con los demás[23]. Las personas saludables escuchan sus emociones y aprenden a responder de manera apropiada a ese entendimiento.

La historia de Manuel

Manuel nos ofrece un ejemplo útil de la progresión que existe entre la falta de vida y la salud emocional. Manuel era un doctor exitoso, que vino a verme después de que le descubrieron un amorío con una enfermera, en su clínica. Él había tenido amoríos en repetidas ocasiones y se sentía avergonzado, pero no tenía idea de porqué seguía enredándose en ellos. Durante las primeras sesiones de consejería, Manuel permanecía insensible y casi no mostraba emociones. Tenía poca motivación, no estaba seguro de intentar seguir con su matrimonio.

Poco a poco, comenzó a enfrentar la realidad de su conducta y su propio pasado doloroso. De forma gradual, empezó a sentir y a escuchar a su corazón. En su momento, lloró, no solo por estar separado de su esposa y de sus tres hijos, sino porque nunca se había sentido como un verdadero hombre en sus quince años de matrimonio. También comenzó a darse cuenta de que el maltrato físico y la agresión verbal por parte de su padre habían creado profundas inseguridades en relación a su masculinidad, y que ponerse borracho y tener amoríos era el intento subconsciente de reafirmar su frágil ego masculino. Además, de manera gradual, comenzó a sentir cuánto había dejado de confiar en Dios, quien parecía caprichoso e inseguro, tal como el padre de Manuel lo había sido.

A medida que Manuel comenzó a enfrentar el impacto que la agresión física de su padre tenía en su visión de Dios y de sí mismo, la luz comenzó a venir. Él aceptó cuánto se había alejado de Dios y de su esposa. Por primera vez, reconoció que cuando sentía desprecio por los demás, en última instancia, estaba demostrando sus propias inseguridades en su desempeño y valor. Él aprendió a llevar estas inseguridades a su Padre celestial y a pedir perdón por su cruel pecado hacia otros.

Manuel aprendió a reconocer los sentimientos de temor y desconfianza hacia Dios y se arrepintió de sus intentos de «regatear con Dios». Con el tiempo, aprendió a mostrar su verdadero yo, incluso sus inseguridades, con un pequeño círculo de amigos confiables. Él descubrió que esto le daba sentido de conexión, ese que siempre había añorado pero nunca había encontrado en el alcohol, la pornografía o los amoríos.

En su momento, Manuel aprendió a escuchar lo que decían las apenas audibles voces de su corazón. Cuando observó una pareja de ancianos que compartía una galleta en el parque, experimentó un gran avance. Entre lágrimas, me contó que ver como esa pareja compartía tan simple placer, en el ocaso de su vida, había movido, en su corazón, el deseo de experimentar más de los regalos de Dios. Esto también le ayudó a percatarse de cuánto había perdido solo por reprimir sus emociones.

Ese año, Manuel experimentó más gozo e intimidad de lo que había experimentado durante los últimos cuarenta años de su vida. Aunque no se extinguió el pesar, su dolor emocional ya no lo impulsó a las adicciones destructivas, al contrario, lo llevó hacia su Padre celestial y hacia sus amigos, a quienes debía rendir cuentas. Manuel aún lamenta las pérdidas a causa del abuso de su padre, pero al enfrentar su ruina y volver a la vida, ya no se deja impulsar por el impacto del trauma. En su lugar, se deja dirigir por la gracia de Dios. Él utilizó el dolor de su abuso para alcanzar nuevos niveles de intimidad y vida emocional.

Caminar en la verdad: Etapas de sanidad

Caminar en la verdad es mucho más fácil de decir que de hacer; así que detallar algunos aspectos será de gran ayuda. A continuación, estructuro la forma de caminar en la verdad en seis etapas específicas, que pueden seguir una secuencia, pero no de manera estricta. A menudo, cuando se inicia en una etapa en particular, la o las etapas previas deben solidificarse.

Etapa uno: Establecimiento de la seguridad

Las víctimas de abuso sienten que es demasiado difícil renunciar a sus mecanismos de defensa y revivir a una intimidad saludable, cuando todavía existe una amenaza a su seguridad. La impotencia hace que la falta de vida y la negación sean atractivas en extremo, en particular para quienes han sufrido abuso crónico[24].

Es muy difícil que quienes no han vivido con un padre o cónyuge agresor entiendan las consecuencias emocionales y psicológicas del abuso crónico. Imagina a la niña que va a la cama, cada noche, con la duda de si su padre la acariciará. Imagina a la esposa que nunca sabe cuándo su esposo volverá del trabajo con una ira descomunal. Imagina a la familia que nunca se relaja durante los fines de semana o días festivos, porque ese es el día en que el padre y la madre se ponen borrachos y abusivos. Aun si el abuso sucede solo en una fracción de tiempo, el niño abusado o la esposa maltratada se encuentran en alerta, de manera constante, nunca saben cuando sucederá la próxima erupción. Por consiguiente, los padres y los líderes deben ser sensibles a las necesidades de las víctimas de abuso, en particular, con el fin de tener un ambiente seguro en el cual ellas puedan comenzar a sanar; un ambiente donde puedan recuperar el sentido crucial de poder y control sobre sus vidas que el abuso les arrebató[25].

Si bien Dios puede utilizar y utiliza el sufrimiento para construir carácter, no hay virtud en soportar el sufrimiento que se puede evitar. De hecho, la Biblia enseña que deberíamos evitar el abuso y buscar la seguridad, siempre que sea posible. Muchas veces, Jesús evitó el ataque físico y se escondió para estar seguro (Juan 8:59), se mantuvo separado de sus agresores (Mateo 12:14-15; Juan 11:53-54) y los eludió (Juan 10:31,39). Otros justos de la Biblia, como David y Pablo, huyeron de los agresores físicos en repetidas ocasiones (1 Samuel 19:12; 27:1; Hechos 9; 22-25; 14:5-6; 17:8-10, 14). La creación de seguridad para quienes están traumatizados por el abuso tiene bases bíblicas sólidas. Con frecuencia, la Biblia instruye a quienes están en posiciones de poder para que procuren la seguridad y la protección de aquellos que son vulnerables (Salmos 82:3-4; Proverbios 24:11-12; Isaías 1:17).

Mary, la hija de misioneros cuya historia relaté al inicio del capítulo uno, escribió un poema, dos años después de la revelación inicial del abuso. En ese momento, Mary solo empezaba a sanar, pero el poema muestra la importancia de la seguridad en este viaje a la sanidad. Ella escribió versos de agradecimiento para los miembros de su familia inmediata y amigos cercanos, quienes muchas veces la protegieron de aquellos miembros de la familia que negaban la agresión sexual del primo.

El lugar de inicio

Al fin encontré un lugar para empezar otra vez,
Cuando pensé que no existía una forma
Y que nadie me amaría una vez más
Por lo que yo había hecho
Y lo que él me hizo.
Lo encontré.
Todavía no soy hermosa,
Todavía no soy lista,
Todavía no sé cómo confiar en ti o cómo amarte,
Sin embargo, tú me has dado la oportunidad que deseaba,
La oportunidad que necesitaba,
Cuando a nadie más le importaba,
Para dejarme comenzar otra vez.
Me viste y me amaste
Tal como soy.
Encontré refugio en ti.
Encontré a mi mejor amigo en ti.
Encontré esperanza en ti.
Encontré amor en ti.
Gracias por darme un lugar para comenzar otra vez.

Cuando escribió este poema, Mary aún tenía muchas cosas que poner en orden. Todavía no se sentía hermosa o lista. No sabía cómo confiar en otros, pero la seguridad de sus seres queridos le abrió el camino para comenzar a sanar y a crecer.

Etapa dos: Enfrentar la verdad y sentir

Después de establecer la seguridad, una de las primeras cosas que las víctimas de abuso deben hacer para comenzar a sanar es decidir, con base en las Escrituras, que es mejor enfrentar el dolor, en lugar de reprimirlo y que es mejor enfrentar la verdad, en lugar de distorsionar la realidad.

Esta es la etapa preliminar a la activación emocional y a la salud cognitiva.

Con pura voluntad, las víctimas de abuso no pueden erradicar de inmediato la insensibilidad o la distorsión emocional. Aun si se sienten culpables y necesitan detener el sopor y la negación, no pueden sacar emociones de la nada o así por así establecer percepciones claras de la realidad. Raras veces, en las primeras etapas de sanidad, las víctimas comprenden cuán profundo el abuso ha influido en sus percepciones y sentimientos. Por consiguiente, esta etapa consiste en *tomar la decisión de empezar el viaje* a la vida emocional y a la verdad. Involucra la selección deliberada de ya no suprimir más la verdad y, además, requiere la voluntad de entrar en cualquiera de los sentimientos superficiales, mientras se abandona la negación y el abuso del pasado. Para muchos sobrevivientes, este es el paso más terrorífico que se pueden imaginar, ya que han invertido la vida entera, así como enormes cantidades de energía psicológica, en mantener la verdad recalcitrante y los sentimientos de dolor a una distancia segura. Temen que, una vez que comiencen a tratar y a experimentar los sentimientos de dolor, se libere una avalancha emocional que nunca se detendrá.

Por consiguiente, escoger sentir y enfrentar la verdad es un acto deliberado de alabanza, con base en la confiabilidad de Dios y en el reconocimiento de que nuestros propios recursos humanos son completamente insuficientes para sanarnos. Vemos esto en Proverbios 3:5-6, donde el escritor nos amonesta: «Confía en el Señor de todo corazón, y no en tu propia inteligencia. Reconócelo en todos tus caminos, y él allanará tus sendas». A medida que nos apoyamos en Dios y no en nosotros mismos, él promete «Salud a tu cuerpo y fortalecerá tu ser». (Proverbios 3:8). La palabra hebrea para «confía» (*bāṭaḥ*), en Proverbios 3:5, indica confiabilidad completa, que es el resultado de la seguridad y la confianza[26]. A menudo, esto contrasta con la falsa seguridad que viene de confiar en los humanos, las riquezas, los ídolos, los poderes militares, la religión o la propia justicia[27].

Un chico adolescente hizo el siguiente dibujo y describió su condición emocional y espiritual, después de estar expuesto al abuso sexual en la iglesia (ver ilustración 12). Por un lado y de manera vívida, ilustró la tendencia de las víctimas de abuso a depender de ellos mismos para la sanidad y, por el otro, lo insuficiente e inútil que es dicha estrategia. El dibujo se titula «Desgastado y agotado». En el rostro y en la cara del chico se leen varias expresiones que expresan radical confianza en el yo, para lograr sanidad y protección: «*Debo* contener la oscuridad», «debo soportar», «tengo que ser fuerte», «debo resistir», «no puedo fallar». Alrededor de su corazón se lee: «Has que el dolor se detenga». Por desgracia, no importa cuanta energía él invierta en este esfuerzo, él no puede soportar, no puede ser lo suficientemente fuerte, no puede contener la oscuridad y no puede sanar su herido corazón. ¡Solo Dios puede! La negación y la falta de vida pueden ofrecer alivio temporal, pero nunca pueden sanarnos o hacer que nos sintamos seguros. Estas son débiles sustitutas, que solo nos harán estar más cansados y más desconectados de Dios y de los demás. La sanidad requiere que dejemos de confiar en las estrategias humanas y, en un acto de fe, nos volvamos a Dios y escojamos enfrentar la verdad y sentir.

Etapa tres: Relatar y sentir la historia

Esta etapa es uno de los aspectos más extensos y demandantes de caminar en la verdad. Por lo general, los sobrevivientes han refinado sus habilidades para evitar la verdad dolorosa sobre el abuso. Por ende, poner la realidad en su lugar es difícil, porque la historia de vida de un sobreviviente tiende más a «parecerse a un cuento de hadas, en lugar de a una historia», como lo expone un experto en el tema[28].

Con frecuencia, el proceso para llegar a la verdad es multifacético. Una de las mejores formas de iniciar ese viaje es empezar a construir y relatar el abuso propio. A menudo, se hace en un ambiente clínico y con un consejero profesional[29], no obstante, también puede ser beneficioso relatar nuestra historia a personas maduras y seguras, que no son consejeros. Gálatas 6:2 confirma esto, pues dice que en el cuerpo de Cristo estamos para «ayudarnos unos a otros a llevar las cargas». Si volver a visitar nuestro incidente es demasiado abrumador y activa inimaginables síntomas del trauma, la consejería profesional es apropiada.

No existe una única forma de reconstruir la historia de abuso de una persona. Una buena manera de comenzar es crear una línea de tiempo para los incidentes, hacer un recuento de lo que sucedió, a qué edad y quién fue el agresor. Luego, esta lista se debe desarrollar con las respuestas al abuso que dieron los miembros de la familia y aquellos encargados de proteger, ya que este es un elemento crucial

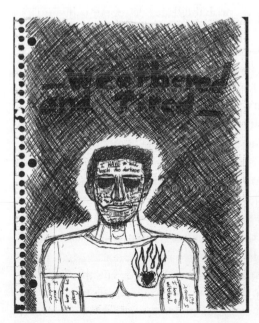

Ilustración 12

Desgastado y agotado
debo contener la oscuridad
debo soportar
tengo que ser fuerte
debo resistir
no puedo fallar

para la historia personal. Si los miembros de la familia perpetraron o contribuyeron al daño (lo que sucede, a menudo), entonces una gran parte de la reconstrucción se concentra en recrear el historial familiar. No solo se escribe la participación de los miembros del hogar en el abuso, sino también otros patrones de comportamiento destructivo en los cuales se involucraron.

Con frecuencia y tenacidad, los sobrevivientes de abuso se resisten a reconstruir el historial familiar; después de todo, las familias abusivas adoctrinan e intimidan enérgicamente a las víctimas para que guarden los secretos. Además, a menudo, los cristianos sienten que hacer una crónica de la disfunción familiar y el pecado es algo irrespetuoso y malo. Pero clarificar la verdad sobre el hogar de alguien no es ni irrespetuoso ni malo en sí. Solo cuando los sobrevivientes ven la verdad, pueden rechazar la vergüenza y la culpa injustificadas, reconocer la realidad, despertar en lo emocional y tomar la responsabilidad por el comportamiento propio.

Si no reflexionamos en oración sobre la verdad y sobre nuestras propias familias, tenemos más probabilidades de repetir la disfunción. Este principio se encuentra en la investigación reflejada en la literatura de psicología, pero, más importante, se encuentra en la Biblia. El ejemplo más claro está en los reyes hebreos, de los cuales la mayoría era impía y dirigió a Israel y Judá a la idolatría y a la maldad. Ellos no solo tenían una gran mala influencia social sino que también una influencia sobre la familia inmediata. Por ejemplo, leemos: «Abías cometió todos los pecados que, antes de él, había cometido su padre» (1 Reyes 15:3). «Amón hizo lo que ofende al Señor, como lo había hecho su padre Manasés. En todo siguió el mal ejemplo de su padre» (2 Reyes 21:20-21). Otros pasajes resaltan la naturaleza intergeneracional de los pecados familiares y destacan que los reyes hicieron lo malo en concordancia con todo lo que sus padres (en plural) habían hecho (2 Reyes 23:32, 37).

Como excepción, los reyes que se separaron de la impiedad de sus padres tuvieron que evaluar la historia, el pecado y la disfunción familiar conscientemente y, con la ayuda de Dios, escoger ir en contra de las tradiciones e influencias familiares. El padre del rey Ezequías era Acaz, un hombre muy malvado. Ezequías se alejó de los patrones de comportamiento familiar que había visto e instó a la nación a hacer lo mismo: «No sean como sus antepasados, ni como sus hermanos, que se rebelaron contra el Señor, Dios de sus antepasados» (2 Crónicas 30:7). De hecho, el piadoso rey Asa depuso a su propia madre de la posición de reina porque practicaba la idolatría, un ejercicio que había aprendido de sus ancestros (1 Reyes 15:12-13). En pocas palabras, no es malo ni infame evaluar por completo la verdad sobre nuestra propia familia[30]. Es necesario para la salud emocional y espiritual.

Los sobrevivientes de abuso requieren más que solo hablar sobre los hechos de la historia, ellos también necesitan sentir las emociones correctas. Esto se logra de mejor manera con la ayuda de alguien seguro, que escuche y pueda reflejar la respuesta emocional adecuada a la historia de abuso. Para el sobreviviente, al principio, la asimilación de los recuerdos del abuso tiende a enfocarse más sobre hechos que sobre emociones, al menos en parte, debido a que el maltrato constriñe y distorsiona los sentimientos que, en su momento, fueron terribles y abrumadores. En las primeras etapas, a menudo, se escucha a los sobrevivientes relatar sus trágicas historias de abuso, con poca o ninguna emoción. Además, hacen un recuento de los hechos como si estuvieran leyendo el reporte del tiempo. A veces, las víctimas también sonríen o ríen, con libertad, mientras relatan la violación o la golpiza.

Hablar de los hechos es el primer paso esencial, pero la sanidad viene cuando uno cuenta los incidentes y, luego, combina la verdad con la respuesta emocional apropiada[31]. Una de las mejores formas de hacer esto es mantener un diario del o los incidentes de abuso, con el propósito de entrar en los sentimientos asociados con el abuso del pasado. En otras palabras, los sobrevivientes necesitan reflexionar sobre la situación de maltrato y sobre lo que estaban sintiendo cuando sucedió.

En el momento del abuso, puede que la disociación y la represión emocional hayan ocurrido tan rápido, que identificar las emociones del pasado parezca casi imposible para el sobreviviente. En este caso, una técnica útil puede ser dibujar a un niño de la misma edad que él o ella tenía cuando ocurrió el abuso, imaginar lo que el niño sentiría si experimentara el mismo maltrato y compartir las reflexiones con alguien seguro, que escuche con empatía.

Samantha era una artista de la música profesional, de cuarenta y cinco años, que entró a consejería por luchas emocionales y sexuales que la habían perseguido durante años. Con desesperación, quiso encontrar la victoria sobre sus pecados vergonzosos, que parecían ser intratables. A pesar de su belleza natural y del alto valor de su personalidad, ella nunca había experimentado relaciones cercanas y saludables; además, nunca había podido aceptar la feminidad dada por Dios, a causa de una abrumadora vergüenza.

Samantha experimentó dificultad para procesar sus sentimientos sobre la historia de su familia. Al fin, ella fue capaz de relatar el abuso al que su padre los había sometido, pero seguía desconectada de su respuesta emocional. Cuando su consejero le pidió conseguir fotografías de su niñez, ella experimentó un enorme avance. Luego, le pidió reflexionar sobre lo que sentía al ver las fotografías de su infancia y sobre lo que esa niña vivió. Cuando vio una fotografía cómica de ella misma, a los tres años de edad, Samantha comenzó a sentir una emoción profunda por la pequeña y linda niña, que subsecuentemente sufrió abuso. Esto le permitió iniciar su camino de regreso a la vida emocional e identificar la vergüenza que se había endurecido, como cemento, dentro de su corazón, como resultado del abuso.

Samantha prosiguió en tratar su historia de abuso, desde el ángulo emocional, y escribió el siguiente poema, sobre la pequeña niña que vio en el retrato. Ella lo tituló «Alcanzar», porque cuando comenzó a conectarse con los sentimientos que rodeaban el abuso de su niñez, se dio cuenta de que había sido una pequeña vulnerable, con necesidades emocionales. Se dio cuenta de que el abuso le había provocado sentimientos de vergüenza y autoaberración en torno a las mismas necesidades que se derivan de ser hechos a la imagen de Dios.

Alcanzar

¿Quién llorará por esta pequeña niña?
¿Quién acallará sus lágrimas de dolor?
¿Quién tomará a esta pequeña niña?
¿Quién la protegerá de la lluvia?
Por favor, ¿no me sostendrás? o ¿me dejarás llorar?

¿Me dirás palabras de consuelo y limpiarás mis ojos tristes?
Por favor, ¿no jugarás o solo pasarás tiempo conmigo? Porque estar
conmigo estaría bien.
Escucho palabras de ira e intento formas de esconderme,
Pero las palabras son muy hirientes y dañan lo profundo de mi ser.
Añoro atención y alguien a quien le importe,
Siento que eso es malo, así que me escondo lejos en desesperación.
He aprendido a ser fuerte, pero me siento muy débil.
Oh Señor, ayúdame a encontrar la plenitud que busco.

Cuando escribió este poema, Samantha validó los sentimientos dolorosos del abuso que había bloqueado. También comenzó a validar su propia falta de valor y a liberarse de la vergüenza tóxica que el abuso provocó. En este punto, Samantha pudo avanzar a la siguiente etapa de enfrentar la ruina, la cual involucra corregir las distorsiones que el abuso crea.

Etapa cuatro: Identificar la distorsión y reclamar el diseño original de Dios

Satanás utiliza el abuso para crear espantosas distorsiones en nuestros corazones y mentes. Es comprensible que los niños sean incapaces de discernir la verdad acerca del abuso, pues no tienen los recursos mentales ni emocionales para hacerlo. Pero Dios llama a sus hijos adultos a que con audacia identifiquen las mentiras y no permitan que ellos mismos se desvíen (Marcos 13:5; Tito 3:3; 1 Juan 3:7). Para las víctimas de abuso es complicado descubrir las mentiras que tienen como base la vergüenza, porque están arraigadas con profundidad; a menudo, han estado presentes durante años y raras veces operan en el nivel de conciencia[32]. Estas mentiras son difíciles de identificar, sin mencionar lo problemático que es combatirlas. A menudo, las víctimas necesitan la ayuda de pastores, cristianos maduros con experiencia en el tratamiento del abuso, o aun consejeros profesionales cristianos, para identificar las mentiras y distorsiones que se fundamentan en la vergüenza.

La mayoría de los sobrevivientes llega a creer numerosas falsedades sobre Dios, sobre ellos mismos y los demás, las cuales están basadas en la vergüenza[33]. Las mentiras sobre Dios incluyen: «No puedo confiar en Dios, porque él no detuvo el abuso»; «Dios me odia»; «Dios está disgustado conmigo»; «Dios me está castigando por ser una persona horrible». Las mentiras comunes en relación a otros incluyen: «Si los demás en realidad supieran quién soy, me rechazarían»; «tú no puedes confiar en nadie, las personas solo te harán daño»; «todos los hombres son iguales, todo lo que ellos quieren es utilizar a las mujeres»; «ningún hombre decente me querrá alguna vez». A menudo, las víctimas de abuso creen las mentiras acerca de ellas mismas, mentiras como: «El abuso debe haber sido mi culpa, debe ser mi merecido»; «soy defectuoso, de manera permanente»; «mis urgencias sexuales muestran que soy una persona desagradable y pervertida»; «no merezco un hombre decente, yo solo arruinaría la relación». Tales mentiras son dañinas. Una vez que el sobreviviente comienza a identificar las falsedades causadas por su propio abuso, se puede utilizar la Biblia para desafiarlas[34].

Es importante reconocer que Satanás genera distorsiones a partir del abuso, las cuales giran en torno a nuestro diseño original (imagen de Dios). A menudo, estas distorsiones se identifican a través de la vergüenza y el autodesprecio. En el capítulo dos, observamos que ser hechos a la imagen de Dios crea deseos poderosos, porque uno de los aspectos de la imagen de Dios es la capacidad de tener relaciones de intimidad que reflejan la relación de la Trinidad. Cuando el abuso fractura la intimidad relacional, con frecuencia, los anhelos de las víctimas hacen que concluyan que *ellas* son el problema, que hay algo defectuoso en ellos que debe haber sido la causa del abuso.

Nuestra sexualidad masculina y femenina está integrada al aspecto relacional de la imagen de Dios. De manera horrible, el abuso sexual distorsiona nuestra sexualidad y las necesidades sexuales naturales reciben una interpretación vergonzosa. A menudo, las víctimas de abuso perciben que las relaciones sexuales en el matrimonio crean vergüenza. Con regularidad, experimentan desprecio por sus cuerpos, rechazan el mismísimo cuerpo que Dios les dio. Las sensaciones físicas son inseguras y sucias, así que, rechazan todos los placeres corporales. Puede que hasta se vuelvan destructivos con sus propios cuerpos, a través de pasar hambre y hacerse daño a sí mismos. Las víctimas de abuso deben llegar al punto en el que puedan aceptar que sus anhelos de relaciones y amor, su sexualidad, sus cuerpos y sus deseos de contacto afectuoso, son todos aspectos del diseño original de Dios. Bajo el señorío de Cristo, cada uno de ellos se santifica y está para ser aceptado.

En los últimos trece años, Celestia ha ministrado a cientos de hombres y mujeres como consejera profesional. Con frecuencia, observa que cuando anima a sus clientes a que revelen las mentiras fundamentadas en la vergüenza, con las cuales han batallado, ellos descubren que son perversiones directas de lo mejor de su diseño original, de las personas que Dios había diseñado que fueran. Por ejemplo, una mujer soltera profesional, de treinta años, describió muchos recuerdos vergonzosos de su infancia, los cuales involucraban humillación pública y ataque verbal por parte de su padre, cuando ella «lo dramatizó» para la cámara. Cuando era niña, tenía una personalidad efervescente y vivaz, que se identifica con facilidad en las fotografías de su infancia que llevó a la sesión de consejería. A los trece años, todo eso había cambiado. Ella se había vuelto recluida, ya no hacía audiciones para los equipos de porristas o para deportes en la escuela. A la edad de veintiséis, tenía cien libras de sobrepeso y lucía apagada, por completo. No podía mantener un trabajo, debido a sus incontrolables arrebatos de ira. Nunca había tenido novio y odiaba su feminidad, un hecho que ocultaba con éxito. Lo que más impresionó a Celestia sobre esta mujer fue su belleza subyacente, su sentido del humor y amor por la acción.

Celestia describe sus sesiones de consejería como un trabajo de «buscar el tesoro enterrado». Bajo las capas de vergüenza, había una mina de oro. A medida que esta mujer comenzó a crecer y a reclamar el diseño original de Dios, tomó clases de baile y se ofreció como voluntaria para dirigir los juegos de la iglesia, comenzó a quitarle el candado a la puerta que había estado cerrada durante muchos años. Ella se estaba comprometiendo con un proceso para abrazar esos aspectos de su personalidad y darlos a otros. Antes, sentía vergüenza por estos aspectos. Ella estaba descubriendo lo mejor de su yo, el cual fue creado por Dios para su gloria y para el gozo de esta mujer.

Etapa cinco: Arrepentirse de la falta de vida y la negación

En el capítulo 6, vimos como algunos efectos del estrés traumático se perciben en acciones automáticas, no conscientes, en especial, en las primeras etapas después del abuso. Sin embargo, a medida que un niño abusado crece y se convierte en adulto, los mecanismos de defensa psicológicos que empleó se convierten en patrones destructivos por los cuales debe tomar responsabilidad moral. Dan Allender clarifica esta progresión que va desde la autoprotección infantil hasta la falta de vida en la adultez; también clarifica la necesidad de arrepentimiento.

La función de la autoprotección debe verse a la luz de la dignidad y la perversión. A la víctima de nueve años que aprendió a no prestarle atención a su abuso por mirar fijamente a una mancha en la pared, no se le debe decir, de manera insensible, que su decisión de autoprotección fue equivocada. Yo aplaudo su decisión de sobrevivir. Estoy orgulloso de que encontrara una manera de minimizar su daño y sobrevivir el próximo día. Sin embargo, con franqueza, hay que reconocer que en la adultez, la adaptación de los patrones de la niñez es una defensa de su corrupción. De adulta, cuando ella se protege en una relación a través de ignorar, endurecerse, separarse o huir de la conexión entre ella y la otra persona (conexión que incrementa el potencial de gozo intenso y, por ende, la vulnerabilidad), ella no solo asegura su propia sobrevivencia. Ella peca en contra de la otra persona y desecha el derecho de Dios a utilizarla como su instrumento de amor y gracia en el mundo[35].

Las víctimas de abuso sienten la tentación de negar y reprimir la verdad, en lugar de llevarla a Dios; sienten la tentación de separarse de los demás, aun cuando Dios ha ordenado que el cuerpo de Cristo sea un lugar de sanidad; sienten la tentación de bloquear sus sentimientos y esperanzas, en lugar de adorar a Dios y confiar en que él sostiene el futuro. Con regularidad, la falta de vida se transforma en patrones de comportamiento arraigados. Las víctimas de abuso deben reflexionar, con mucho cuidado y en oración, sobre la manera en que han intentado manejar sus vidas bajo sus propios términos. Con franqueza, deben evaluar cómo han elegido negar la verdad y la muerte de forma pecaminosa, y luego, decidir arrepentirse.

Cuando afirmo que el arrepentimiento es parte importante del proceso de sanidad, no estoy diciendo que el cien por ciento de la insensibilidad emocional y la negación es pecaminoso. Estos son mecanismos de defensa innatos y muy dominantes, que, en raras ocasiones, se desarrollan de forma consciente. Con frecuencia, desde muy temprano, brindan una defensa necesaria en contra de la maldad abrumadora que hemos experimentado. Las doctoras Katherine Steele y Joanna Colrain, explican cómo sucede esto en términos de disociación (bloqueo emocional):

> La disociación es una respuesta de sobrevivencia universal. Cuando una experiencia es más fuerte de lo que la mente de un niño puede tolerar, él o ella deben escapar. El instinto humano por sobrevivir es primordial. Cuando un ser es pequeño en tamaño, dependiente de los demás para la crianza, la protección y la conexión con el mundo; y, además, no está equipado para integrar las experiencias traumáticas de abuso (a causa de la falta de experiencia y de una estructura cognitiva inadecuada), él o ella no tienen más alternativa que disociarse. Para los sobrevivientes, la disociación es una manera de sobrevivir a lo intolerable[36].

Sin embargo, lo que comienza como un mecanismo de defensa necesario, con el tiempo se convierte en una muleta; una muleta que, con rapidez, se transforma en un ídolo pecaminoso: Cualquier cosa a la que le damos nuestra confianza y lealtad, aparte de Dios, el Señor. Aunque solo Dios sabe con precisión dónde descansan los límites para cada ser humano y dónde están las líneas divisorias que separan un mecanismo de defensa necesario de una muleta o ídolo, lo importante es reconocer que tales límites existen. La Biblia afirma que todos los humanos son pecadores y tienen una inclinación natural a confiar en sí mismos, no en Dios. Por ende, debemos pedirle a Dios que nos muestre cómo hemos fallado al no confiar en él, debido a nuestro dolor, y cómo arreglar la falta de vida y la negación. A medida que Dios nos revela estos patrones, debemos arrepentirnos, confesarlos como pecado y escoger abrazar la verdad.

Una de las grandes ironías del cristianismo es que el camino a la vida es el camino a la muerte del yo (Mateo 16:24-25). La única forma de salvar la vida, es perderla (Mateo 10:39). En Jeremías 17:5-8, se pronuncia el juicio sobre aquellos que ponen su confianza en los humanos en lugar de ponerla en Dios. El profeta advierte que los que confían en la fuerza humana, en el día del problema, serán como una débil zarza en el desierto árido; cuando la prosperidad llegue, no se darán cuenta. Puede que sean capaces de sobrevivir, pero solo apenas. No experimentarán la vida, la vitalidad y lo fructífero. Qué descripción más exacta de aquellos que, en medio del sufrimiento, deciden manejarlo bajo sus propios términos, en lugar de ¡volverse a su Creador! En el esfuerzo de cuidarnos del dolor, terminamos por guardarnos a nosotros mismos de la vida, del gozo y de la intimidad con Dios y con los demás. En nuestro intento por hacer funcionar nuestro universo, no somos capaces de reconocer la prosperidad cuando se posa sobre nuestros pies. La falta de vida, que sirve como autoprotección, nos mantiene lejos de disfrutar la suficiencia y la bondad de Dios.

El camino para vencer la falta de vida es reconocer nuestra completa impotencia espiritual. La falta de vida es reacción al trauma que se siente de manera agobiante. La única forma que conocemos para lidiar con esto es retirarnos, alejarnos de nosotros mismos y de nuestros anhelos. La negación es la reacción a un mundo que es muy oscuro y doloroso como para enfrentarlo. Así que, a través del rechazo, creamos un seudomundo, una seudohistoria y una seudofamilia con la cual podemos vivir.

En realidad, *enfrentamos* fuerzas abrumadoras. La maldad *es* demasiado grande para nosotros, tanto la maldad alrededor nuestro como el pecado en nuestro interior. Pero esta es la manera en que la fe entra. En lugar de intentar manejar bajo nuestros propios términos un mundo que se siente fuera de control debemos volvernos a Dios con fe. A través del reconocimiento de nuestra pobreza espiritual, nos aferramos a Jesús como nuestra única esperanza de vida y salud (Juan 6:68); nos aferramos a la promesa de que él es el libertador y redentor (Colosenses 1:13-14); nos aferramos a la seguridad de que él terminará la buena obra que empezó en nosotros (Filipenses 1:6). En resumen, los sobrevivientes deben atreverse a tener esperanza, con base en la pura fe en Jesucristo, quien murió y dio a los muertos vida abundante (Juan 10:10).

Etapa seis: Lamentar la pérdida y atreverse a tener esperanza

Una de las señales más seguras de que una víctima está sanando y volviendo a la vida es que puede lamentarse de las pérdidas después de ver, con fuerza, el horrible torbellino del trauma y dolor del pasado, pero luego, puede ver hacia el futuro con esperanza. Lamentarse por el pasado es un fenómeno que se da a lo largo del proceso de sanidad, así como al final del mismo[37]. Sin embargo, el atreverse a tener esperanza es característico de las últimas etapas del proceso. A medida que las víctimas de abuso crecen, vuelven a la vida y evitan la negación, tienen un sentido cada vez más exacto de sus pérdidas. Por otro lado, el rechazo de la verdad causa que las víctimas minimicen la naturaleza y el daño del abuso.

Lamentarse por la pérdida es una respuesta franca a lo que en verdad sucedió y también es necesario para una completa sanidad. Solo cuando admitimos y nos lamentamos de nuestro dolor es que podemos seguir en el camino a la verdad. Al principio de este capítulo, vimos que debido a que Lance y Mindy no reconocieron ni lamentaron las muchas pérdidas que la pedofilia de Don había creado, siguieron con la negación y la falta de vida, año tras año.

Dado que el abuso crea heridas tan profundas en muchas áreas de la vida, existen muchas pérdidas que los sobrevivientes necesitan reconocer y lamentar. Por ejemplo, con frecuencia, necesitan lamentar la pérdida de su inocencia, su virginidad, el amor de sus padres, su niñez, el amor y fidelidad de sus cónyuges y su reputación.

En ningún otro lugar, más que en el libro de Lamentaciones, se puede ver con mayor claridad lo correcto que es lamentarse por las pérdidas del abuso. Esta es una de las más oscuras y crudas reflexiones sobre la pena de las Escrituras. Este pequeño libro tiene cinco poemas de lamentaciones, en forma de cantos fúnebres. Comienza con una expresión enfática de la pena («¡Ay, cuán desolada se encuentra la que fue ciudad populosa!»), y termina con una pregunta implícita, sin respuesta, sobre si Dios de manera permanente ha rechazado a su pueblo («Devuélvenos la gloria de antaño [...] nos has rechazado y te has excedido en tu enojo contra nosotros»).

Mientras que, para muchos cristianos, Lamentaciones es un pequeño libro confuso del Antiguo Testamento, sin ninguna relevancia actual, este tiene un importante rol en la práctica religiosa judía. En particular, ha ayudado a las personas a lidiar con las pérdidas abrumadoras a causa de la maldad y el abuso. En la tradición judía, desde los tiempos ancestrales hasta el presente, Lamentaciones se lee en Tishá B'Av, el día anual de ayuno que conmemora la destrucción del templo a manos de los babilonios en 586 a.C. De hecho, muy bien pudo ser que Jeremías escribiera este pequeño libro, específicamente, para este día anual de ayuno y lamentación[38].

Es difícil para los gentiles modernos apreciar la profunda pérdida que Jeremías experimentó cuando los brutales babilonios sitiaron Jerusalén; hicieron pasar hambre a sus habitantes, de forma que los padres se redujeron a comer a sus hijos; derribaron los muros de la ciudad, demolieron el templo, violaron a las mujeres, ejecutaron a los líderes civiles en público y deportaron a la mayoría de los judíos que quedaban a Mesopotamia, ubicada a cientos de millas de distancia[39]. De forma literal, los judíos perdieron todo lo que tenían por querido y sagrado. Frente a la devastadora e incalculable pérdida personal y nacional a causa de los malvados victimarios, la respuesta piadosa no fue negar sino reconocer la pena y lamentarse de ella[40]. Esta es la razón, precisamente, por la que Dios inspiró Lamentaciones como escritura sagrada. Nos enseña cómo lamentar una pérdida abrumadora y todavía encontrar esperanza en Dios[41].

A lo largo de este pequeño libro, Jeremías no se avergüenza de su dolor y angustia: «El llanto me consume los ojos; siento una profunda agonía. Estoy con el ánimo por los suelos porque mi pueblo ha sido destruido. Niños e infantes desfallecen por las calles de la ciudad» (2:11). Él es muy específico al relatar y lamentar la muchas pérdidas de Israel, incluso la pérdida de su capacidad de adorar, de la dignidad delante de sus enemigos, de los niños que se quedaron sin padres, de la ciudad y de la tierra, de la libertad, de la virginidad, de la paz y la felicidad, de la salud y de la vida[42].

Sin embargo, es interesante que después de algunas de las más fieras lamentaciones en contra de Dios («Me ha estrellado contra el suelo; me ha hecho morder el polvo», Lamentaciones 3:16), Jeremías encuentra esperanza. En medio de enfrentar su dolor y lamentar sus pérdidas, de pronto Jeremías declara: «Pero algo más me viene a la memoria, lo cual me llena de esperanza: El gran amor del Señor nunca se acaba, y su compasión jamás se agota. Cada mañana se renuevan sus bondades; ¡muy grande es su fidelidad!» (3:21-23).

Solo cuando en verdad tenemos el valor de enfrentar el dolor, la decepción y la pérdida a causa del abuso, somos capaces de encontrarnos con Dios cara a cara. De manera irónica, lamentar las pérdidas del abuso del pasado nos permite conocer a Dios en el presente y nos brinda esperanza para el futuro[43]. A medida que los sobrevivientes aprenden a enfrentar su ruina, pueden conocer a Dios en medio de su dolor y pérdida y, al conocerlo, pueden encontrar de manera milagrosa esperanza para el futuro.

Capítulo 9

✳

La reconstrucción de la intimidad
con Dios

En 1880, el inmortal novelista ruso, Fyodor Dostoyevsky, escribió *Los hermanos Karamazov*, una obra maestra de la literatura descrita como la mejor novela de todos los tiempos. Es una historia compleja sobre una familia en conflicto, con un padre «miserable y depravado», a quien uno de sus hijos asesina. Dostoyevsky utiliza esta novela para examinar a fondo algunas de las interrogantes más exasperantes de la vida, en particular, la pregunta de cómo un Dios bueno y Todopoderoso pudo permitir un abuso infantil abominable y ampliamente generalizado.

En esta novela, Dostoyevsky plasma muchas de sus propias batallas espirituales. Su padre fue un cirujano alcohólico y abusivo, tan cruel, que sus siervos lo asesinaron. En ese contexto, no es sorprendente que el escritor no entendiera cómo alguien que ha presenciado o experimentado el abuso infantil puede llegar a tener intimidad con Dios.

Para articular este dilema, Dostoyevsky usa a dos de sus personajes principales: Iván, el escéptico y racionalista, y Alyosha, su hermano religioso e idealista. En el capítulo titulado «Rebelión», Iván, sin compasión alguna, presiona a Alyosha con el horror del abuso incontrolado. Primero narra cómo las desoladas poblaciones turcas violaban a las mujeres y mataban a espada a los recién nacidos, ante la mirada horrorizada de sus madres. Luego, cuenta la historia de un «caballero (europeo) culto, bien educado», que golpeaba a su hija de siete años con la vara de un árbol, en forma sádica. El hombre disfrutaba de que la vara todavía tuviera nudos. Con orgullo, declaraba que los nudos «añadirían un efecto más doloroso» y procedía a golpear a la pequeña niña, uno… cinco… diez minutos, sin parar. La pobre niña gritaba y gritaba, hasta que se quedaba sin aire y solo podía susurrar: «Ah, papá, papá, querido papá». Este padre fue procesado por agresión, pero fue absuelto por un jurado, que declaró que azotar a un hijo es un asunto de naturaleza privada.

Posteriormente, Iván narra la historia de un niño ruso de ocho años de edad, que, mientras jugaba en el patio, golpeó con una piedra al perro de un general accidentalmente y le lastimó la pierna. Como respuesta, el general soltó a sus perros de caza para que persiguieran al muchacho y estos lo mataron frente a su propia madre. Iván termina su discurso y declara, de manera atrevida, que si el sufrimiento de niños inocentes es el precio o el «boleto de entrada» para una relación con Dios, entonces él prefiere renunciar a ella. Él emite esta protesta:

> No podemos pagar tanto por un boleto (para ser admitidos en el cielo). Por eso, me apresuro a devolver el tiquete que se me ha enviado. Para ser franco, es mi deber regresarlo lo más pronto posible, antes de que la función comience. Eso es justo lo que estoy tratando de hacer, Alyosha. No es que rechace a Dios: solo le devuelvo, de la manera más respetuosa, el precio del boleto que me daría derecho a un asiento[1].

Muy pocas víctimas de abuso son tan osadas como para declarar su falta de voluntad para relacionarse con Dios, como lo hace Iván Karamazov. Como especifiqué en el capítulo anterior, las víctimas de abuso tienden a responder a Dios en tres diferentes formas (rechazo, alejamiento y cobardía), pero el resultado final es bastante similar: su intimidad con Dios se destruye.

Sin embargo, esta separación de Dios que las víctimas experimentan no necesita ser definitiva. A la larga, con la misma pasión con que Dostoyevsky protestó contra la injusticia del abuso infantil y de forma tan gráfica como lo plasmó en sus horrores, él superó este obstáculo para su fe. De hecho, según narra uno de sus biógrafos, mientras el escritor sufría exilio y encarcelamiento abusivo en Siberia, tuvo un encuentro íntimo y dramático con Cristo que perduró para el resto de su vida.

Dostoyevsky fue arrestado, condenado y sentenciado a muerte por cargos políticos. Lo obligaron a cavar su propia tumba y lo llevaron al lugar de su ejecución. Segundos antes, cambiaron su sentencia y lo enviaron a prisión en Siberia. Allí, presenció y experimentó la miseria humana, en toda su amplitud. Dostoyevsky estuvo preso casi una década, y luego, en el exilio. En lugar de que estas experiencias lo alejaran de Dios, lo condujeron hacia él. Su biógrafo resume el resultado espiritual de sus vivencias en Siberia: «En medio del sufrimiento inhumano, en una batalla contra la duda y la negación, la fe en Dios venció»[2].

Fyodor Dostoyevsky demuestra que aunque, a menudo, el abuso quebranta la intimidad con Dios, sus efectos no tienen porque ser permanentes. Incluso, las víctimas de abuso crónico y severo pueden reconstruir su intimidad con Dios.

LA ESTRATEGIA DE SATANÁS

De manera usual, la reconexión espiritual es un proceso que consume mucho tiempo y energía. Quiero recalcar cuatro actividades fundamentales para que los sobrevivientes de abuso se reconecten con Dios. Pero para colocarlas en el contexto adecuado, debo reflexionar sobre la estrategia de Satanás, de forma breve. En el capítulo uno, vimos que a través de la historia el abuso ha sido desenfrenado, en gran medida porque Satanás es el ser maligno más poderoso en el universo. Él no tiene el poder de crear, pero disfruta de destruir y pervertir todas las cosas buenas que Dios crea. En particular, se regocija de distorsionar y destruir la fe en Dios. Esto se observa en el pecado original que se registra en Génesis 3:1-5.

Esta es la astuta y triple estrategia de tentaciones de Satanás:

La táctica	Diálogo bíblico
Cuestionar la Palabra de Dios	«¿Es verdad que Dios les dijo...?»
Desacreditar la Palabra de Dios	«¡No es cierto, no van a morir!»
Difamar el carácter de Dios	«Dios sabe muy bien que cuando coman de ese árbol seréis como él».

Adán y Eva mordieron el anzuelo, desconfiaron de Dios y desbarataron su relación con su amoroso Creador. En el caso de las víctimas de abuso, Satanás busca corroer la intimidad espiritual aplicando de continuo esta triple estrategia:

Táctica	Diálogo interno
Utiliza el daño del abuso para provocar que las víctimas comiencen a dudar de la Palabra de Dios.	«Con seguridad, la Biblia no te enseña que no puedes tener relaciones sexuales con tu novio. Después de todo, solo para eso eres buena».
Juega con los efectos del trauma, para desacreditar la Palabra de Dios.	«Juan 3:16 no es una verdad para ti. Eres demasiado despreciable para que Dios te ame».
Disfruta cuando utiliza la maldad que los sobrevivientes del abuso han experimentado, para difamar el carácter de Dios.	«No puedes confiar en Dios. Él es impotente o malo, o probablemente ambos. Después de todo, no evitó que tu padre te violara. Quizás Dios ni siquiera existe».

Satanás usa los efectos específicos del trauma para facilitar su triple estrategia de rompimiento espiritual. De manera especial, él utiliza la insensibilidad emocional (represión), la impotencia, la vergüenza y el sentimiento de traición, como medios para que los sobrevivientes se separen de Dios[3]. Las personas que están limitadas, en el sentido emocional, tienen grandes dificultades para intimar con Dios (o con otros seres humanos), debido a su bloqueo. Con frecuencia, aquellos que tienen un gran sentido de impotencia se sienten atemorizados por Dios y sienten que no pueden confiar en él; los que están llenos de vergüenza tienen una visión tan distorsionada del carácter de Dios, que se esconden y no pueden tener intimidad con él; aquellos que se sienten profundamente traicionados tienden a protegerse a sí mismos y se apartan, no confían ni se abren a los demás. Por eso, Satanás utiliza todos estos efectos del trauma para mantener a las personas alejadas del entendimiento, del amor y de la confianza en su Padre celestial.

Las siguientes cuatro actividades son esenciales, en vista de la estrategia de Satanás y los efectos específicos del abuso.

ACTIVIDADES ESENCIALES PARA RECONECTARSE CON DIOS
Luchar con Dios

Como pastor, y más recientemente como profesor de seminario, he pasado la mayor parte de mi vida adulta intentando ayudar a otras personas a profundizar su caminar con Dios. En mis primeros años de ministerio, creía que el proceso de crecimiento espiritual era bastante simple: Enseñar a las personas a tener devocionales regulares, orar, construir la responsabilidad espiritual y la comunión cristiana, y ¡listo! Pronto, ellos crecerían en amor y confianza en Dios. Así como cuando se plantan semillas en primavera, pensaba que siempre y cuando se tuviera agua, sol y los nutrientes adecuados (las Escrituras, la oración y la comunión cristiana), el crecimiento espiritual sería predecible e inminente. Mi fórmula era franca y a toda prueba. Si no funcionaba y la persona a quien se la daban todos los ingredientes no experimentaba pronto «la vida espiritual abundante», sino que seguía con sus dudas y batallas, la única conclusión lógica era que se trataba de un rebelde o pecador.

Pero eso pensaba antes. Dos décadas más de vida me han despojado de fórmulas convenientes y respuestas fáciles. He enterrado a demasiadas personas de Dios, que oraban por sanidad; he aconsejado a demasiados sobrevivientes devastados por el abuso, que sufrieron horrores abominables; y he observado a muchos agresores malvados escapar de la justicia terrenal; por lo que no puedo aceptar una fórmula fácil e indolora para el crecimiento espiritual.

Hace más de veinte años, en mi último semestre en el seminario, Celestia sufrió una lesión catastrófica mientras esquiaba. Esto nos condujo, a ambos, a las profundidades de la depresión. Desde entonces, ella se ha sometido a diecisiete cirugías principales y vive con un desorden genético incurable y crónico (producto de la lesión). A menudo, le ruego a Dios que sane a mi querida esposa. He agonizado por el dolor físico de Celestia, así como por el dolor emocional de mis seres amados que han sufrido abuso, mientras me cuestiono por qué muchos agresores golpean y acosan, durante décadas, y parece que aún permanecen en la impunidad.

Ahora me doy cuenta de que el crecimiento espiritual es a menudo un proceso muy desordenado. Desde una perspectiva humana, Dios puede ser confuso, en extremo, e hiriente, de forma categórica. Sus acciones pueden infundir temor e ira, así como pueden hacer surgir el amor y la confianza, con seguridad. Pero él es un buen Dios, que no quiere nada más que bendecir a sus hijos. A través de los años, he observado como Dios destruye mis expectativas y mi comodidad, pero también he saboreado su bondad y dulzura, más de lo que imaginé que fuera posible. Con frecuencia, nuestro caminar espiritual nos guiará a través de valles de sombra, duda y frustración; en particular, esto es cierto para los sobrevivientes del abuso. De hecho, a menudo, cuando ellos empiezan a crecer y a sanar, descubren que sus dudas, frustraciones y enojo hacia Dios se intensifican. Por el contrario, los sobrevivientes que aún no comienzan a sanar tienen tal insensibilidad emocional, que no experimentan sentimientos negativos, en general, o sentimientos negativos hacia Dios, en particular.

Estoy consciente de que el párrafo que acabo de escribir pondrá nerviosos a algunos lectores. ¿Solo estoy proyectando mis propias experiencias negativas? ¿He sido influido por la literatura secular sobre el abuso, de manera indebida? Aunque no sería franco decir que soy objetivo, por completo, y que mis experiencias personales sobre el sufrimiento, el abuso y la maldad no me han influido (por supuesto que lo han hecho), ahora me doy cuenta de que mi fórmula perfecta de crecimiento espiritual no era muy bíblica. Si en mis intentos por tener intimidad con Dios ha habido desorden debido a que el abuso y el sufrimiento han generado dudas dolorosas acerca de Dios, entonces estoy en buena compañía. David, Jeremías, Job y Habacuc están entre los hombres más fieles a Dios que la Biblia describe[4]. Padecieron intolerable abuso espiritual, agresión física y verbal. Caminaron e intimaron con Dios. Pero su camino hacia la intimidad espiritual los llevó a través de valles oscuros, de duda y batallas. Fyodor Dostoyevsky articuló un caminar espiritual similar, y afirmó que su fe no era ingenua o infantil, sino más bien el resultado de «atravesar un infierno de dudas»[5].

Nota los siguientes enunciados, inspiración de creyentes piadosos que manifestaron profunda frustración, desilusión y confusión hacia Dios:

¿Hasta cuándo, Señor, me seguirás olvidando?
¿Hasta cuándo esconderás de mí tu rostro?
¿Hasta cuándo he de estar angustiado y he de sufrir cada día en mi corazón?
¿Hasta cuándo el enemigo me seguirá dominando?

Salmo 13:1-2

Dios mío, Dios mío,
¿Por qué me has abandonado?
Lejos estás para salvarme,
Lejos de mis palabras de lamento.
Dios mío, clamo de día y no me respondes
Clamo de noche y no hallo reposo.

Salmo 22:1-2

Dios me ha entregado en manos de gente inicua;
me ha arrojado en las garras de los malvados. Yo vivía tranquilo,
pero él me destrozó; me agarró por el cuello y me hizo pedazos,

Job 16:11-12

Fíjense ustedes, los que pasan por el camino:
¿Acaso no les importa?
  ¿Dónde hay un sufrimiento como el mío,
como el que el SEÑOR *me ha hecho padecer,*
    como el que el SEÑOR *lanzó sobre mí*
en el día de su furor?...
    Sin compasión el Señor ha destruido todas las moradas de Jacob...
Como enemigo [Dios], tensó el arco;
    lista estaba su mano derecha.
Como enemigo, eliminó
    a nuestros seres queridos...
Me vigila como oso agazapado;
    me acecha como león.
[Dios] Me aparta del camino para despedazarme;
  ¡Me deja del todo desvalido!

Lamentaciones 1:12; 2:2, 4; 3:10-11

Estos son pasajes originales, que tienden a recibir poca atención en muchas tradiciones cristianas. Es difícil reconocer que los creyentes en Dios puedan tener tales sentimientos oscuros. La verdad de que, a menudo, el camino hacia la intimidad espiritual involucra profunda desilusión, dolor y frustración, es ajena al cristianismo moderno que se fija en una religión más agradable, centrada en sentirse bien y no en convertirse en verdaderos fieles.

Una de las dificultades emocionales más grandes que enfrentan los sobrevivientes del abuso es hacerle frente a las expectativas y suposiciones destruidas[6]. Los sobrevivientes, que creen en un Dios bueno y amoroso afrontan luchas agonizantes para comprender por qué Dios permitió su abuso, por qué no intervino y por qué en su justicia no exterminó a los malvados agresores. Aquellos que no creen en Dios no experimentan tal conflicto espiritual.

Vemos esta batalla agonizante cuando David, Job y Jeremías sufrieron la maldad y el abuso. Ellos se sintieron devastados y frustrados porque Dios no actuó de acuerdo a sus expectativas; pero se lamentaron en su presencia, en lugar de retirarse y darse por vencidos. En resumen, lucharon con Dios.

De manera sabia, se ha declarado que lo opuesto al amor no es el odio, sino la apatía. Asimismo, cuando las víctimas de abuso rehúsan bloquearse en lo emocional y no ignoran su ira y frustración con Dios, sino que insisten en luchar contra Dios hasta que él les responda, están en el camino hacia la reconstrucción de la intimidad espiritual. Un paradigma maravilloso que los sobrevivientes de abuso pueden seguir es la negación de Jacob de dejar ir al ángel hasta que Dios lo bendijera, aun cuando eso significó luchar, durante toda la noche, y terminar con la coyuntura de la cadera dislocada (Génesis 32:23-32)[7].

Debemos continuar en la lucha con Dios y no conformarnos con una relación superficial. Por supuesto, esto no significa que la persona espere luchar con Dios hasta que todas sus interrogantes le sean contestadas y todos sus problemas le sean resueltos a su completa satisfacción. No funciona así. El Señor del universo no responde a su creación; si él nos diera muchas respuestas, tampoco las entenderíamos. Pero él es un Dios que desea ser buscado y que desea una relación íntima con cada uno de nosotros.

Así, luchar con Dios significa que no renunciamos a él. Esto fue lo que la esposa de Job le sugirió que hiciera: «¡Maldice a Dios y muérete!» (Job 2:9). En lugar de eso, acudimos a Dios, una y otra vez, expresamos nuestro dolor y frustración, nos esforzamos por escuchar su respuesta y nos rehusamos a dejar de pelear hasta que él nos responda. Esto conlleva el riesgo de que su respuesta genere nuevas interrogantes y frustraciones.

Cuando valoramos mucho nuestra relación con Dios, al punto de que nos negamos a fingir que todo está bien cuando no lo está, preparamos el camino para reconectarnos con él. Nos negamos a fingir que confiamos en él, cuando no confiamos. Nos negamos a fingir que somos felices con él, cuando estamos enfurecidos por sus acciones. El autor Philip Yancey describe el proceso de luchar contra Dios, en particular como Job lo presenta:

> En el libro de Job, un mensaje contundente es que tú puedes decirle cualquier cosa a Dios. Puedes lanzarle tu amargura, tu ira, tu duda, tu resentimiento, tu traición y tu desilusión: él puede absorberlo todo. En la mayoría de casos, los gigantes espirituales de la Biblia se muestran en *contención* con Dios. Prefieren retirarse cojeando, como Jacob, en lugar de prohibirle la entrada a Dios... Dios puede manejar toda respuesta humana, a excepción de una. Él no puede tolerar la respuesta en la que yo reincido de manera instintiva: un intento de ignorarlo o tratarlo como si no existiese. A Job no se le ocurrió responder de esta manera, ni una tan sola vez[8].

Cuando los sobrevivientes del abuso expresan sentimientos negativos (en especial, acerca del Dios a quien quieren amar y en quien quieren confiar pero son incapaces de hacerlo), a menudo, se les avergüenza y se les dice: «No deberías sentirte de esa manera». Nada puede estar más alejado de la verdad. Estos ejemplos bíblicos de personas de Dios que luchan con él, nos enseñan que no debemos ignorarlo en nuestra frustración. Luchar con Dios es un intento expreso para reconectarnos con él, con sinceridad, en cuanto a nuestros sentimientos y percepciones: no culpar a Dios (lo cual sería pecado), sino comprometernos y comunicarnos con él de la manera más franca, con el propósito de restablecer la confianza y la intimidad.

Asimismo, Job, en repetidas ocasiones, afirmó que deseaba presentar su caso ante Dios (Job 13:3, 15; 16:21; 23:3-4). A pesar de que Dios parecía guardar silencio, de manera extraña, Job se comprometió a seguir con la lucha, a no dejarse silenciar por la oscuridad y a hablar lo que él pensaba que era la verdad, mientras tuviera aliento divino en su nariz (23:17; 27:3-6). ¿Cuál fue el resultado de ese proceso agonizante de lucha con Dios? Job mismo reconoció que la intimidad con Dios fue restaurada por la gracia, al final de su dolorosa prueba: «Reconozco que he hablado de cosas que no alcanzo a comprender, de cosas demasiado maravillosas que me son desconocidas […] De oídas había oído hablar de ti, pero ahora te veo con mis propios ojos» (42:3,5). En otras palabras, el pasó de conocer a Dios de manera intelectual a conocerlo y experimentarlo de forma personal.

De manera similar, el profeta hebreo Habacuc nos da un ejemplo bíblico específico del proceso de la lucha con Dios. Habacuc quedó horrorizado e impactado por la fuerte iniquidad y la incontrolada violencia abusiva en su sociedad. En lugar de simplemente renunciar a Dios, a quien parecía no importarle el abuso y las víctimas de este, Habacuc clamó «¿Hasta cuándo, Señor, he de pedirte ayuda sin que tú me escuches? ¿Hasta cuándo he de quejarme de la violencia sin que tú nos salves […] Por lo tanto, se entorpece la ley y no se da curso a la justicia» (Habacuc 1:2,4).

La respuesta de Dios a este clamor por justicia pareciese, incluso, crear más injusticia (Habacuc 1:5-11), porque Dios le dijo al profeta que juzgaría a los judíos impíos, al permitirles a los babilonios (que eran incluso más brutales e impíos) que invadieran y conquistaran Judá. Después de escuchar la confusa respuesta de Dios a su demanda de justicia, Habacuc se rehusó a volver atrás y a insensibilizar sus sentimientos. Él persistió en presentar su confusión y dolor a Dios, en su máxima expresión: «Son tan puros tus ojos que no puedes ver el mal […] ¿Por qué entonces toleras a los traidores? ¿Por qué guardas silencio mientras los impíos se tragan a los justos?» (1:13).

Al final de su breve libro profético, Habacuc experimenta un dolor emocional profundo ante el inminente juicio, sin vergüenza alguna: «Al oírlo, se estremecieron mis entrañas; a su voz, me temblaron los labios; la carcoma me caló en los huesos y se me aflojaron las piernas» (3:16). Pero, en medio de su batalla, se niega a volver atrás; es sincero acerca de sus sentimientos oscuros, tiene un encuentro con Dios y este le da esperanza: «Pero yo espero con paciencia el día en que la calamidad vendrá sobre la nación que nos invade. Aunque la higuera no dé renuevos, ni haya frutos en las vides; aunque falle la cosecha del olivo, y los campos no produzcan alimentos; aunque en el aprisco no haya ovejas, ni ganado alguno en los establos; aun así, yo me regocijaré en el Señor, ¡me alegraré en Dios, mi libertador! El Señor Omnipotente es mi fuerza» (3:16-19).

Habacuc no estaba construyendo una religiosidad irreal con castillos en el aire. De forma directa, él había enfrentado sus miedos y su dolor emocional, y Dios lo había encontrado en el crisol. Muy parecido a Dostoyevsky, Habacuc llegó a desarrollar una profunda fe y una intimidad vehemente con Dios, no al ignorar su dolor y frustración, sino al luchar con Dios de manera activa. A fin de cuentas, la lucha con Dios se predica sobre la convicción de que él es un Dios viviente y personal, que habla a sus hijos (Juan 10:3-4, 14-16, 27). De la misma manera en que los sobrevivientes de abuso luchan con Dios para reconstruir su intimidad con él, deben pedirle persistente y específicamente que se comunique con ellos para que puedan reconstruir su quebrantada fe.

La historia de Elenore nos brinda un excelente ejemplo de este proceso. Elenore sufrió un abuso infantil crónico y horrible, que resultó en relaciones adultas inestables con familiares, amigos y con Dios. Su progreso durante la consejería había sido muy lento, debido a que su abuso había creado algunas de las más intensas vergüenzas y auto aversión que su terapeuta jamás había presenciado. En las terapias se desafió a Elenore para que le pidiera a Dios de manera específica que se comunicara con ella. Así lo hizo y, un par de noches después, tuvo un sueño dramático que probó ser el momento decisivo en su sanidad. Ella registró su experiencia de la siguiente manera:

> Eran las tres de la madrugada y estaba despierta, por completo; pensaba en todas las cosas que me habían sucedido. Mis pensamientos se interrumpieron por algo que solo puedo describir como una visión de Dios. Dios con sus brazos extendidos atrayéndome hacia él. Al principio dudé, me sentí insuficiente e insignificante. Pero Dios seguía con su llamado. Mi corazón se derritió y al final me rendí ante él. Fui atraída hacia Dios de manera irresistible: corrí hacia él. Dios se abalanzó y me sentó en su regazo y me abrazó.
>
> No podía ver el rostro de Dios; sin embargo, él seguía abrazándome y sosteniéndome, y sentí la calidez de su amor y compasión. Lloré, lloré por primera vez, y le pedí perdón a Dios por estar

tan enojada con él, por dudar de él y por mantenerlo fuera de mi vida. Dios seguía abrazándome, sin dejarme ir. Para mi sorpresa, Dios comenzó a llorar. Estaba llorando conmigo. Sus lágrimas eran enormes y, a medida que caían sobre mí, me aliviaban y consolaban. Sus lágrimas decían mucho, pero sobre todo me sanaban.

Por primera vez, tuve esperanza. Supe que todo se iba a resolver. El camino sería largo, pero Dios me aseguró que nunca me soltaría. Yo me aferré a sus palabras. Solo quería estar sentada en su regazo, para que me reconfortara y me amara. Con seguridad, me quedé dormida, porque me desperté en la mañana y sentí que podía enfrentar el futuro con Dios a mi lado.

Ciertamente, la experiencia de Elenore es única, en cuanto a que Dios trata con sus hijos de manera individual. No obstante, ofrece un ejemplo íntimo de la lucha de un sobreviviente con Dios, que está esperando y pidiéndole que le hable y que luego experimenta su respuesta personal y amorosa.

Cambiar la imagen sobre la paternidad de Dios

La historia de Elenore también ilustra una segunda actividad esencial para los sobrevivientes del abuso en su travesía hacia la reconexión con Dios: el cambio de imagen sobre la paternidad de Dios[9]. Hasta que Elenore tuvo este sueño, ella se había resistido de manera intensa a tener intimidad con Dios y con los hombres. Era una mujer profesional, con un alto nivel educativo, que siempre mantuvo el control. Dios siempre le había parecido tan peligroso como su abusivo padre. Por primera vez, su sueño le dejó entrever a Dios como un Padre celestial seguro y amoroso. Un cambio en la imagen que ella tenía de Dios marcó el inicio de su sanidad espiritual.

De manera peligrosa, el abuso distorsiona las percepciones que las víctimas tienen sobre el carácter de Dios. Como veremos más adelante en este capítulo, en efecto, el abuso pervierte y desvirtúa todo aspecto del carácter de Dios, de manera que los sobrevivientes no logran reconocer, ni mucho menos aceptar, a su amoroso y maravilloso Creador. Con frecuencia, estas distorsiones se centran alrededor de la paternidad de Dios, lo que constituye una dinámica lógica. En el centro de todo abuso se encuentra el mal uso de nuestro poder, con el cual podemos manipular, dominar y dañar a otros seres humanos. Debido a que Dios es la autoridad y poder máximo en el universo, representa los más grandes temores de las víctimas del abuso.

Si la figura de autoridad humana (a menudo hombres) utiliza su poder limitado para dañar a otros, las víctimas de abuso sentirán, de manera instintiva, que Dios (representado como hombre) también usará su poder ilimitado para dañarlos. En el mejor de los casos, ellos sienten que no deben entregarse a Dios; él no les brinda seguridad, así como las otras autoridades en su vida tampoco lo hicieron.

Para los hombres y las mujeres que sufrieron abuso de parte de sus padres o figuras paternas, el problema se magnifica en gran manera. Los niños desarrollan un sentido de Dios como un Padre celestial, a partir de su experiencia con sus padres mortales. La Biblia se refiere a Dios como nuestro Padre celestial (Mateo 6:9, 32). Escuchar esto es atemorizante para las personas que vivieron abuso a manos de sus padres terrenales. De forma similar, la paternidad de Dios también puede ser problemática, si las agresoras fueron las madres. . En ese caso, los sobrevivientes no temen que su Padre celestial los dañe *de manera activa,* pero sí, que lo haga de manera *pasiva.* De nuevo, esto es lógico. Si los padres terrenales no detuvieron el abuso, sino que permitieron que continuara, entonces, las víctimas pueden intuir que el Padre celestial, en su pasividad, también es peligroso. Él no interviene para ofrecer protección y al final no se puede confiar en él.

En el capítulo siete, menciono a Linda Cutting, quien sufrió abuso crónico, sexual y físico por parte de su padre, lo cual dañó doblemente su concepto de Dios, de doble manera, porque su padre era un ministro. Ella nos cuenta sobre su caída espiritual, durante la cual perdió su conexión con Dios, a causa de su padre. Ella comienza con una reflexión acerca de su niñez:

> Estoy pensando en Dios: en cómo solía orar. Tengo claro este recuerdo de cómo solía creer en Dios, incluso, cuando era niña y sucedían todas estas cosas malas con mi padre. Por muchos años oré… Dejé de orar cuando Paul murió (su hermano abusado que se suicidó), luego de escuchar a mi padre decir en su funeral: «el Señor dio y el Señor quitó»… Todos estos años, lo que me mantuvo espi-

ritualmente sola fue que, de alguna manera, comparé a Dios con la iglesia de mi padre y, sobre todo, con mi padre[10].

¿Cómo pueden los sobrevivientes de abuso cambiar la imagen que tienen de Dios como un padre que no da seguridad? El primer paso es reflexionar sobre las lecciones negativas que sus agresores les enseñaron acerca de la paternidad, la autoridad y las relaciones. La mejor manera de hacerlo es a través de un diario de reflexión. Al identificar algunos de estos mensajes negativos, un sobreviviente de abuso puede aceptar de manera consciente y deliberada el hecho de que Dios no es su padre agresor. Dios aborrece el abuso y promete juzgar con dureza a los agresores.

Para Linda Cutting, esta distinción entre Dios y su padre terrenal ocurrió, de manera dramática, cuando por fin tuvo el valor de contactar a la denominación que había ordenado a su padre e informar que él era un incorregible abusador de menores. A pesar de la considerable evidencia que se pudo evaluar, un oficial de la denominación le informó que no había nada que pudieran hacer. Además, le contó a Linda acerca de un caso similar, en el cual dos hijas adultas habían reportado que su padre, que también era ministro, las había violado durante años y, a pesar de la evidencia de esas acusaciones, la congregación se rehusó a destituir al ministro, hasta que él perdió un juicio civil que sus hijas entablaron.

Linda se sintió devastada cuando se dio cuenta de que la denominación de su padre no haría nada para destituirlo del ministerio; sin embargo, eso mismo precipitó un avance espiritual: «Después de escuchar cómo la iglesia respondió a las hijas del ministro que habían sido violadas, me doy cuenta de que Dios no es la iglesia, Dios no es la Asociación Nacional de Iglesias Congregacionalista y, sin duda, Dios no es mi padre. Por lo menos, no es mi padre biológico»[11]. La manera en que estos líderes cristianos evitaron confrontar a un agresor obligó a Linda a reconocer que ellos en realidad no reflejaban a Dios. Y, lo más importante de todo, la obligó a reconocer que su padre terrenal no reflejaba a Dios. A medida que fue capaz de separar a su padre agresor y terrenal de su Padre celestial, ella comenzó a reconectarse con Dios.

Para que los sobrevivientes de abuso puedan comenzar a diferenciar a Dios de sus agresores terrenales, una de las vías más útiles es clarificar su entendimiento sobre la paternidad de Dios desde el punto de vista bíblico. La Biblia nos enseña que Dios es un Padre celestial amoroso, cuya paternidad se expresa al usar sus poderes para amar y alimentar y no para oprimir y abusar con brutalidad. De manera específica, Dios es un Padre celestial cuya paternidad se describe por medio de las siguientes acciones:

- Él alimenta y cuida a las aves del cielo, pero, de manera infinita, tiene más amor y cuidado de sus hijos que de las aves (véase Mateo 6:26).

- Él se complace en dar buenas dádivas a sus hijos, muchos más que los padres terrenales (véase Mateo 7:11):

- Él conoce y se da cuenta cuando un pequeño gorrioncillo cae del cielo. Él sabe y cuida de sus hijos que sufren (véase Mateo 10:29).

- Él ama a sus hijos de forma activa y apasionada, no ignora ni pasa por alto ningún detalle trivial de sus vidas. Hasta les tiene contados los cabellos de la cabeza (véase Mateo 10:30).

- Él ama a los impotentes y vulnerables, con ternura. Él se complace en esconder la verdad de los sabios e instruidos y en revelársela, por gracia, a los que son como niños (véase Mateo 11:25-26).

- En especial, se regocija en ser Padre de los huérfanos y defensor de las madres solteras (véase Salmo 68:5).

De esta manera, Dios como Padre celestial es una imagen bíblica importante, la cual se debe clarificar y no se debe rechazar a la ligera[12]. John Cooper reconoce que Dios como Padre puede ser un concepto difícil para quienes han sufrido abuso o han sido rechazados por sus padres terrenales, pero argumenta que no debemos eliminar esta imagen de Dios. Él advierte la importancia de la paternidad divina para toda la humanidad, incluso para los sobrevivientes del abuso:

> También es cierto que muchas personas en nuestra cultura (y en otras) tienen dificultades para relacionarse con un Dios Padre, si carecen de la experiencia de un buen padre… Pero la mayoría de las personas todavía tiene una fuerte necesidad, deseo y habilidad de

relacionarse con una figura paterna. Muchas personas que carecen de buenos padres terrenales reciben a Dios el Padre, con alegría y disposición, como su máxima seguridad y fuente de sanidad. Eliminar al Padre celestial no los ayuda ni beneficia cuando se enfrentan con los pecados de sus padres terrenales[13].

Aunque la paternidad de Dios es bíblica y práctica[14], hay que resaltar que no es la única imagen de Dios que la Biblia utiliza. Por eso, los sobrevivientes del abuso necesitan ampliar su entendimiento del Creador. En las primeras etapas de la sanidad, un sobreviviente puede ser incapaz de enfocarse en Dios como Padre sin imaginar a su padre agresor. Por lo tanto, es importante ver que la Biblia utiliza muchas otras imágenes para describir a Dios, incluso algunas que son femeninas por naturaleza[15]. A medida que los sobrevivientes se identifican con estas imágenes, van aclarando y corrigiendo las distorsiones acerca del carácter de Dios y pueden aceptarlo, a su vez, como su tierno y amoroso Padre celestial.

Por ejemplo, la ternura, el amor y el poder creativo de Dios se ilustran al vincularlo con las imágenes en el cuadro de abajo:

Imagen	Pasaje de las Escrituras
Una madre que dio a luz al mundo	Salmo 90:2
El que cargó y amamantó a Israel	Números 11:12; Deuteronomio 32:18
Una madre cuyo niño recién amamantado descansa en ella para recibir consuelo	Salmo 131:2; cf. Isaías 66:13
Una madre que amamanta y tiene compasión por su hijo	Isaías 49:15
Una madre que con ternura y gracia amamanta a su hijo con leche nutritiva	1 Pedro 2:2-3
Una osa que celosamente protege a sus cachorros	Oseas 13:8
Una gallina que protege a sus pollitos del peligro bajo sus alas	Lucas 13:34; cf. Deuteronomio 32:11

Finalmente, los sobrevivientes del abuso deben enfocarse en el carácter de Jesús, porque él revela al Padre. Jesús dijo que quien lo ha visto a él, ha visto a su Padre (Juan 14:6-11; cf. Juan 1:18). Si los sobrevivientes de abuso quieren corregir y ampliar su entendimiento sobre Dios, el Padre, deben ver las palabras y los hechos de Jesús. Más aun, aunque Dios no es un ser sexual, Jesús, en su humanidad, se encarnó en un hombre. Asimismo, enfocarse en los hechos y en el carácter de Jesús puede llevarlos a sanar, en gran manera, las imágenes distorsionadas, tanto de Dios como de la masculinidad humana. Por ejemplo, al ver cómo Jesús trataba a las mujeres, a los niños, a los marginados de la sociedad y a sus poderosos agresores masculinos, las víctimas de abuso observan cómo debe ser en realidad el poder divino y humano.

Jesús mostró amor y compasión desmedidos hacia las mujeres, los niños y los marginados de la sociedad. Jesús amó a los niños. Él los sostuvo, oró por ellos y les dijo que el reino de los cielos es de quienes son como niños (Mateo 19:13-15). Jesús estuvo dispuesto a que los líderes religiosos lo criticaran por comer con los recaudadores de impuestos y con los pecadores inmorales; de hecho, afirmó que había venido para sanar a los pecadores (Mateo 9:9-13; cf. Lucas 19:1-10)[16]. Esa era la esencia de su misión.

Cuando Jesús vio a las multitudes necesitadas que lo seguían, vio más allá de sus pecados pasados y «sintió compasión de ellas, porque estaban agobiadas y desamparadas, como ovejas sin pastor» (Mateo 9:36). Mientras Jesús cenaba en la casa de un líder religioso, una mujer pecadora muy conocida, que muy posible era una prostituta, entró sin ser invitada. Jesús permitió que besara sus pies, los ungiera con un costoso aceite y los enjugara con sus cabellos, mientras otros se escandalizaban. Cuando Simón, el fariseo, criticó a Jesús por permitir ese vergonzoso contacto con la mujer pecadora, él lo reprendió y alabó a la mujer, en público, por su fe y amor apasionado (Lucas 7:36-50).

Una y otra vez, Jesús mostró compasión por los quebrantados y los necesitados, sanó al inválido, al ciego y al mudo (Mateo 14:14; 15:30-31). En una cultura en extremo machista, que minimizaba a las mujeres, Jesús las trataba con increíble respeto y dignidad. Les permitía sentarse a sus pies, recibir sus enseñanzas y viajar con él en el ministerio público; incluso, escogió a las mujeres para ser las primeras testigos de su resurrección (en una cultura judía, que no permitía que las mujeres testificaran en la corte)[17].

Respecto a cómo Jesús usó el poder y cuál fue su postura hacia los hombres que abusaban del poder, el registro del evangelio es inequívoco. Jesús usó su propio poder para sanar y liberar al necesitado y para reprender a los arrogantes agentes del poder. En una o dos diferentes ocasiones, de manera física, Jesús echó del templo a los cambistas porque desacreditaban la casa de Dios y se enriquecían a partir de los pobres que buscaban alabarle. (Mateo 21:12; Juan 2:13 16). En repetidas ocasiones, Jesús sanó enfermos el día sábado y, de forma verbal, azotó a los fariseos por su hipocresía y falta de compasión (Lucas 6:6-11). Cuando los discípulos discutieron sobre quién era el más grande, Jesús llamó a un niño y dijo que la grandeza no se trata del poder, sino de llegar a ser como niños (Mateo 18:1-4). Más aun, Jesús prometió utilizar sus poderes para juzgar a todos los que dañaran a los niños; afirmó que «cualquiera que haga tropezar a uno de estos pequeños que creen en mí, más le valdría que le colgaran al cuello una piedra de molino y lo hundiesen en lo profundo del mar», en comparación con lo que Jesús le haría en el día del juicio (Mateo 18:6-10).

La postura de Jesús hacia los vulnerables, los marginados y los quebrantados contrasta en gran manera con el comportamiento de los agresores. También, está en contraposición con las actitudes de muchos líderes de la iglesia contemporánea, que obtienen el poder y el prestigio para complacer los deseos de los ricos y hermosos y que no aman ni protegen a los marginados. De esta manera, las imágenes bíblicas de la naturaleza amorosa de Dios como Padre; de su ternura, protección y amor, como el de una madre; del amor de Jesús por los pecadores quebrantados, y del juicio de Dios para los agresores permite que las víctimas vean cuán diferente es su Padre celestial de los abusadores. Este conocimiento los guía hacia Dios y les permite verlo, aun en medio de su sufrimiento.

De joven, durante muchos años, Jessie sufrió abuso sexual por parte de uno de los pastores de su iglesia. Cuando se sometió a consejería, le pidieron que se dibujara a sí misma como una flor (ver ilustración 13). La imagen que dibujó sorprendió y asombró a su terapeuta. Jessie levantó su brocha y pintó un pequeño rosal «sin espinas», en medio de una pradera. La sombra del pie de un gigante suspendido en el aire se proyectaba sobre el rosal, por encima de la flor, listo para aplastarla en cualquier momento. Un vehículo estaba estacionado cerca de allí y una bicicleta se apoyaba contra el rosal.

Al final, con curiosidad, el terapeuta de Jessie logró descifrar el significado de la ilustración. Jessie era el rosal. Tenía flores hermosas, pero era muy vulnerable. No tenía espinas, aun cuando se encontraba en medio de un campo abierto. Sin previo aviso, una sombra emergía cerca del rosal, y Jessie sería aplastada por un gigantesco pie. Este era su pastor de jóvenes, quien la aislaría y la abusaría de repente. Quienes estaban dentro del vehículo y en la bicicleta venían cada día a visitar y a jugar con el rosal; estos eran sus padres y un amigo, que la amaban y se preocupaban por ella, pero que no podían eliminar esa sombra.

De forma intensa, la acuarela representaba el temor, la tristeza y la vulnerabilidad de Jessie. Sin embargo, describía mucho más que eso.

Ilustración 13

«Jesús lloró»

Cuando el terapeuta le pidió que redactara un título para su pintura, ella respondió sin vacilar: «Jesús lloró». En medio del abuso, esta pequeña niña tenía un profundo entendimiento del carácter de Dios. Mientras estaba allí, lista para ser abusada en cualquier momento, se dio cuenta de que su Padre celestial lloraba a causa de su abuso. Él lo detestaba, porque Dios ama a los niños pequeños, tanto como ama a todos los que son vulnerables.

Comprender y abrazar al Dios de las Escrituras

Debido a que Satanás busca alejarnos de Dios y distorsiona todos sus maravillosos atributos, es esencial que los sobrevivientes de abuso tengan claro quién es Dios en realidad[18]. En un mundo de abuso, maldad y crueldad horribles, existen muy pocas esperanzas, aparte de las promesas y del carácter de Dios. Gary Haugen, un devoto cristiano que trabajó en la división de derechos civiles del Departamento de Justicia de Estados Unidos, dirigió la investigación de las Naciones Unidas sobre el genocidio en Ruanda. Él ha sido testigo y ha investigado los incalculables incidentes de abuso alrededor del mundo. Sus experiencias no han destruido su fe en Dios, sino que lo han obligado a clarificar sus convicciones. Después de experimentar las putrefactas profundidades de la depravación y crueldad humanas, declara que aún hay esperanza, pero que solo se encuentra en el Dios justo y compasivo que las Escrituras revelan. Haugen observa lo siguiente:

> Como alguien que, con sus propias manos, ha examinado entre los restos de miles de cadáveres tutsis masacrados; como alguien que ha escuchado con sus propios oídos los gritos de los niños golpeados, como perros, por la policía sudafricana; como uno que ha visto, con sus propios ojos, las miradas en blanco de las niñas asiáticas abusadas de manera infrahumana… espero en la Palabra de Dios. Porque en las Escrituras y en la vida de Jesucristo, he llegado a conocer a Dios: mi Hacedor, el Creador de los cielos y la tierra, el Señor soberano de las naciones. Es a través de su Palabra que Dios revela su carácter; y es ese carácter de Dios, y solo su carácter, el que me da esperanza para buscar la justicia, en medio de la crueldad de la cual he sido testigo[19].

Los sobrevivientes de abuso, que han sufrido la depravación y la maldad humana y cuya esperanza ha sido arrebatada, necesitan redescubrir el carácter de Dios. A medida que descubran lo que la Biblia dice acerca de sus diferentes atributos, podrán elegir, de manera consciente, rechazar las imágenes distorsionadas de Dios que el abuso ha creado y que sus agresores perpetuaron. La siguiente tabla nos ayuda a tener claros algunos atributos de Dios.

Abrazar la cruz

Las preguntas más dolorosas y desconcertantes que he tenido que responder como pastor espiritual, son aquellas que provienen de hombres y mujeres quebrantados en lo físico o en lo emocional por el sufrimiento y la maldad. Ningún ser humano tendrá una respuesta satisfactoria para esa joven mujer que pregunta por qué Dios permitió que ella fuera abusada sexualmente. Es simple, esa pregunta no se puede contestar a satisfacción de nadie.

Dios no decidió explicar al justo Job el misterio del sufrimiento y la maldad, y tampoco ha optado por explicárnoslo a nosotros. Sin embargo, no nos ha dejado solos para caminar a tientas en la oscuridad. Cuanto más estudio sobre el abuso y ministro a las víctimas, más con-

Atributo	Definición y descripción	Apoyo bíblico	Distorsiones comunes a causa del abuso	La verdad acerca de este atributo
Amor	El amor de Dios es la suma total de su bondad hacia su creación. Incluye la compasión: su misericordia demostrada para aquellos que sufren.	Éxodo 3:7; Deuteronomio 7:7-8; Salmos 136; 145:8-9, 14-17, Oseas 11:9; Mateo 9:36; Romanos 5:8; 8:31-39; 1 Juan 4:8-10	Dios ama a las demás personas, pero no puede amarme a mí. El amor de Dios debe ganarse. El amor de Dios es inconstante y efímero. Si no doy resultados, ni llego a la medida, Dios ya no me amará. A Dios no le importa el sufrimiento humano.	Dios ama a sus hijos de manera incondicional y eterna. Dios no ama a los pecadores porque sean hermosos; ellos son hermosos, porque son amados[20]. Dios se entristece profundamente por el sufrimiento humano.
Omnisciencia y sabiduría	Dios conoce todas as cosas existentes o posibles: Pasadas, presentes y futuras.	1 Samuel 16:7; Salmos 37:18; 139:1-6; Isaías 40:12-14, 27; 42:9; Jeremías 1:5; Efesios 3:9-11	No puedo ser franco con Dios o con su pueblo. Dios está disgustado conmigo, porque él conoce todos mis pecados ocultos. Mi agresor nunca dará cuentas de su maldad. Ninguno cree mi historia; la verdad nunca saldrá a la luz.	Dios me ama, a pesar de saber todo sobre mí. El conoce y tiene cuidado de todas mis batallas ocultas. Ningún abuso pasa desapercibido a los ojos de Dios o escapa de su justicia.
Soberanía y omnipotencia	Dios domina de manera absoluta y sin obstáculos sobre toda su creación. La soberanía de Dios está regida solo por su buen carácter.	Génesis 50:20; Salmos 103:19; Isaías 40:26; Jeremías 29:11; 32:27; Romanos 8:28; Apocalipsis 19:11-21	Dios es un déspota celestial en quien no se puede confiar. Dios solo espera el momento para destruirme. Dios no es bueno, debido a que él no previno mi abuso.	Dios puede extraer lo bueno de la maldad humana y satánica. Puedo confiar en la obra de Dios en mi vida. Dios es más grande que mis agresores; y que el daño que me causaron; él puede sanarme. Al final, Dios triunfará sobre el mal.

Atributo	Definición y descripción	Apoyo bíblico	Distorsiones comunes a causa del abuso	La verdad acerca de este atributo
Santidad	Dios es diferente y apartado del mundo creado. Es moralmente puro (separado del pecado).	Levítico 20:23, 26; Isaías 6:1-7; 40:18-22; Habacuc 1:13; 2 Corintios 6:16-17; 1 Pedro 1:15-16; Apocalipsis 4:8	Dios es demasiado puro para querer que alguien como yo sea su hija. Solo soy una prostituta. Dios es como mi padre terrenal abusivo y no puedo confiar en él.	Dios es diferente y más grande de que cualquier cosa de la creación. Dios no tiene nada en común con un padre terrenal abusivo. Él es amoroso y demasiado puro, como para permitir que los agresores no arrepentidos queden impunes.
Rectitud y justicia	La moral de Dios es perfecta. Él siempre hace lo correcto (con base a su carácter perfecto).	Salmos 58:10-11; 119:137; 145:17; Romanos 2:9; Hebreos 10:1-18; Apocalipsis 16:5	No hay justicia en el universo. Mis agresores se salieron con la suya. Los más poderosos siempre ganan y aplastan a los débiles. Dios en algún momento va a aplastarme. Merezco arder en el infierno.	Nadie puede condenar a los hijos de Dios, porque el sacrificio perfecto de Cristo satisfizo la justicia divina. Dios es juez justo; nunca permitirá que los malvados no arrepentidos queden impunes.
Fidelidad	La fidelidad y confiabilidad de Dios son absolutas. Él cumple el cien por ciento de sus promesas.	Salmos 25:10; 119:89-91; Oseas 11: 8-9; Filipenses 1:6; 1 Tesalonicenses 5:14; 24; 2 Tesalonicenses 3:2-3; Hebreos 10:23	No se puede confiar en nadie, ni siquiera en Dios. Todos mienten. La Biblia funciona para algunas personas, pero no para mí. Dios ya no tendrá paciencia conmigo. Con el tiempo me abandonará, como todos los demás lo han hecho.	Dios *nunca* abandonará a sus hijos. Sin importar cuantas personas me traicionen, me abusen o no me crean, puedo confiar en Dios. Dios *siempre* hace lo que dice; puedo confiar en sus promesas.

Atributo	Definición y descripción	Apoyo bíblico	Distorsiones comunes a causa del abuso	La verdad acerca de este atributo
Eternidad	Dios no está sujeto Dios no está sujeto al paso del tiempo. Él ve el presente, el pasado y el futuro con perfecta claridad. Él no tiene principio ni fin.	Éxodo 3:14; Salmos 90:2; 102:12; Isaías 46:10; 2 Pedro 3:8; Apocalipsis 4:8; 22: 13	No hay esperanza. Nunca podría haber previsto este horrible abuso y no puedo lidiar con él. Nunca sanaré No puedo confiar en las promesas de Dios, porque no han obrado todavía y nunca lo hará'n.	Puedo confiar en Dios porque él siempre ve el panorama completo. Puedo confiar que Dios cumplirá sus promesas de acuerdo a su tiempo y no al mío. Ninguna prueba en mi vida toma a Dios desprevenido. Él tiene un plan perfecto para mi sanidad.

vencido estoy de que la respuesta divina más completa al sufrimiento y a la maldad es la cruz de Cristo.

A medida que los sobrevivientes aprenden a apreciar y a abrazar la cruz, se acercan a un Dios amoroso. La vida del apóstol Pablo nos presenta un gran ejemplo. A pesar de la intensa y continua persecución a lo largo de su ministerio y del abuso físico que al final le costó su vida, Pablo se aferró a la cruz y, así, obtuvo la fuerza y el equilibrio espiritual[21]. Como él dice: «Me propuse más bien, estando entre ustedes, no saber de cosa alguna, excepto de Jesucristo, y de éste crucificado» (1 Corintios 2:2), y «El mensaje de la cruz es una locura para los que se pierden; en cambio, para los que se salvan, es decir, para nosotros, este mensaje es el poder de Dios» (1 Corintios 1:18).

Existen tres razones por las cuales abrazar la cruz ayuda a los sobrevivientes de abuso a reconectarse con Dios.

La cruz declara la compasión de Dios por los que padecen

Cuando los sobrevivientes de abuso se preguntan si Dios es indiferente al sufrimiento y a la miseria humana, solo tienen que ver la cruz. Esta declara, de hecho proclama, la compasión de Dios en acción. En la cruz, Cristo sufrió la más terrible tortura física, emocional y espiritual para librarnos de la maldición del pecado. Como Pablo señala: «Cristo nos rescató de la maldición de la Ley, al hacerse maldición por nosotros: pues está escrito, "MALDITO TODO EL QUE ES COLGADO DE UN MADERO"» (Gálatas 3:13).

A diferencia de los dioses griegos de la antigüedad, de quienes se dice que retozaban en el Monte Olimpo sin pasión alguna, sin ser afectados por la miseria humana, Dios respondió al sufrimiento de las personas de la manera más dramática posible. Él permitió que su propio Hijo viniera al mundo como humano, solo a sufrir y morir. Por lo tanto, ahora tenemos una respuesta a la inquietante pregunta que Elie Wiesel se planteó mientras veía cómo el joven muchacho se asfixiaba con lentitud, hasta morir, en un campo de concentración nazi: «¿Dónde está Dios ahora?» La respuesta es que Dios está en la cruz[22].

La cruz no responde a todas nuestras preguntas sobre el sufrimiento humano, pero sí nos asegura la compasión de Dios ante la miseria. Así como el pastor alemán Dietrich Bonhoeffer, quien fue asesinado por los nazis, escribió desde su celda en la prisión: «Únicamente el Dios que padeció puede ayudar»[23]. En la cruz de Cristo vemos a un Dios que sufrió, que puede ayudar a quienes padecen la maldad y el abuso.

La cruz vincula a Jesús con nuestro sufrimiento

A menudo, aquellos que sufren se sienten aislados y desconectados de los demás. Con frecuencia, sienten que nadie entiende por lo que están pasando. Esta es una verdad para muchos de los sobrevivientes del abuso. La belleza de la cruz es que vincula a Jesús con nuestro padecimiento, sobre todo con aquel que el abuso produce.

El escritor de Hebreos nos dice que Jesús es nuestro gran sumo sacerdote y nos insta a llegar a él, en oración, a fin de recibir misericordia y gracia. Nuestra motivación es que Jesús se relacione con lo que nosotros padecemos, como resultado de sus experiencias en la Tierra. El escritor de Hebreos declara: «Porque no tenemos un sumo sacerdote incapaz de compadecerse de nuestras debilidades, sino uno que ha sido tentado en todo de la misma manera que nosotros, aunque sin pecado» (Hebreos 4:15). El profeta Isaías declaró que el Mesías sería un varón de dolores que conocería el sufrimiento, debido a sus experiencias de abuso (Isaías 53:3-5).

Por lo tanto, Jesús entiende en forma personal el horror del abuso. Él recibió insultos, se burlaron de él, lo abofetearon, lo golpearon, lo escupieron, lo violaron (despojado de sus vestiduras en público y colgado desnudo), lo avergonzaron, lo torturaron hasta la muerte y experimentó una sensación espantosa por la separación de Dios Padre. Jesús entiende el abuso que las víctimas sufren, porque él también fue víctima de abuso. En forma sorprendente, lo hizo de manera voluntaria, a fin de liberar a los pecadores de la muerte. Es así como los sobrevivientes del abuso pueden buscar a Jesús para obtener misericordia y gracia. Él entiende, se relaciona con el dolor del abuso y toma control. Con frecuencia, los sobrevivientes pasan por alto esta verdad, aun cuando es de mucha utilidad.

Corrie ten Boom fue una joven cristiana holandesa. Los nazis la encarcelaron porque su familia les dio refugio a judíos. Con el tiempo, la enviaron a ella y a su hermana, Betsy, al campo de concentración Ravensbruck. Corrie narró la humillación de los «controles médicos» regulares, en los cuales obligaban a todos los prisioneros, como ella, a desnudarse y a caminar en fila india frente a una «falange de guardias que se reía y se burlaba». En medio de una de estas experiencias horrorosas de abuso, Dios trajo a su mente la preciosa verdad de que el Salvador había sido crucificado desnudo. De manera personal, él entendía el abuso que ella estaba padeciendo[24]. Esto la fortaleció y la reconfortó en gran manera.

La cruz quebranta el poder del mal y sella el destino de Satanás

Las víctimas de abuso sienten como si el mal hubiera triunfado sobre la esperanza. Sin embargo, la Biblia declara que Jesús quebrantó la deuda con Satanás y triunfó sobre el mal a través de su muerte en la cruz. En relación con la crucifixión de Jesucristo, Pablo les dice a los creyentes de Colosas que Dios «Desarmó a los poderes y a las potestades (espíritus demoníacos), y por medio de Cristo los humilló en público al exhibirlos en su desfile triunfal» (Colosenses 2:15). Este es el lenguaje de una procesión militar triunfal, en la cual se obliga al enemigo derrotado a marchar en las calles[25]. En otras palabras, las fuerzas demoníacas son vencidas y derrotadas, en público, gracias a la cruz.

Juan afirma algo similar del poder que tiene la cruz sobre Satanás: «El Hijo de Dios fue enviado precisamente para destruir las obras del diablo» (1 Juan 3:8). Por lo tanto, los redactores de las Escrituras, sobre todo Pablo, enseñan que la caída del mal y la redención ya comenzaron, a través de la cruz[26]. Sin embargo, nuestro reto es que aunque la cruz marca el principio del fin de Satanás y sus legiones demoníacas, desde la perspectiva del Nuevo Testamento, el triunfo final de Dios sobre el mal está por venir. La crucifixión y resurrección de Jesucristo nos aseguran que el triunfo final sobre el mal *vendrá*. Ya comenzó, a través de la cruz. Por lo tanto, no es extraño que más de la mitad de las veces en que aparece la palabra griega que se usa para «victoria», en el Nuevo Testamento, aparece en Apocalipsis, un libro que habla del fin de los tiempos y de la batalla final entre las fuerzas de Dios y Satanás[27].

Lo más sorprendente es que Dios utilizó el mal en sí mismo (el abuso del Hijo de Dios mediante la crucifixión) para triunfar sobre el mal. El teólogo Henri Blocher, comenta lo siguiente:

> El mal es vencido como el mal, porque Dios utiliza el mismo mal para quebrantarlo. Él comete el crimen supremo, el asesinato de la única persona justa; esta misma operación elimina el pecado. Esta maniobra no tiene precedente alguno. No hay victoria más completa que uno se pueda imaginar. Dios responde de manera indirecta, la cual se adapta perfectamente a la ambigüedad del mal. Él le pone una trampa al engañador en sus propias artimañas. El mal, como un yudoca, se aprovecha del poder del bien, el cual pervierte; el Señor, como un campeón supremo, responde con la misma empuñadura del oponente… Es exactamente eso, el pecado de los pecados, el asesinato del Hijo, quien completa su obra[28].

Así, en la mayor reversión de la historia del mundo, en la cruz de Jesucristo, la maldad y el abuso fueron utilizados para asegurar la derrota total del mal y del abuso. Ahora podemos ver por qué la cruz era de singular importancia para el apóstol Pablo. La cruz demuestra la misericordia de Dios; vincula a Jesús con el sufrimiento humano; quebranta la deuda con Satanás; marca la derrota eterna del mal. Por todas estas razones, la cruz debe ser el centro de nuestra vida. Para aquellos que han sobrevivido al abuso, abrazar la cruz es una de las formas más importantes de comenzar su reconexión con Dios.

LA HISTORIA DE SONIA

Hace poco tuve el privilegio de entrevistar a Sonia, una persona que, al igual que Fyodor Dostoyevsky, desarrolló una profunda intimidad con Dios, a pesar de haber sufrido un abuso tan horrible que amenazó con aniquilar su fe. Sonia es una mujer de mediana edad, muy segura, que destila amor para su familia, su iglesia y, lo más importante de todo, para su Salvador. Sin embargo, las dos primeras décadas de su vida fueron tan oscuras, que resulta difícil comprender su fe y su confianza.

Sonia tuvo un padre pedófilo enfermizo y una madre débil, impotente y sin la voluntad de protegerla. Cuando tenía solo tres años, su padre comenzó a abusarla sexualmente y lo hizo durante los siguientes diez años. Luego, cuando Sonia cumplió trece, comenzó a venderla como prostituta a sus amigos. Esto continuó durante varios años. Hasta el día de su muerte, el padre de Sonia sostuvo su inocencia. Como un fariseo, proclamaba que el abuso era bueno para ella; afirmaba que era una educación sexual sana. Por otra parte, su padre decía ser cristiano y expresaba su fe en Jesucristo como su Salvador.

Cuando se dan cuenta del sufrimiento de Sonia, muchas personas dan por sentado que ella nunca podría confiar en un Padre celestial. Sin embargo, este no es el caso. De hecho, el profundo amor de Sonia por Dios es inconfundible. Ella no puede dar una fórmula de cómo desarrolló su fe, pero sí nos comparte varias cosas que fueron las más importantes en este proceso:

- En primer lugar, cuando era una adolescente, escuchó el evangelio por primera vez, abrazó las verdades bíblicas de que Dios ama a los pecadores, quiere ayudarnos en medio de nuestro dolor y que Jesús nunca dejará a sus hijos. Ella se aferró a estas verdades bíblicas en esos oscuros días por venir.

- En segundo lugar, clamaba a Dios, incluso mientras seguía siendo objeto de abuso. Aunque parecía que él no contestaba sus oraciones de manera inmediata, ni cesaba el abuso, él comenzó a obrar. Con el tiempo, le dio la fortaleza para confrontar a su padre, y el abuso cesó.

- En tercer lugar, Sonia trabajó muy duro para no permitir que su malvado padre provocara que ella condenara a Dios o a otros hombres. Reflexionó en el hecho de que Dios usó a otros hombres buenos y puros en su vida, como su querido esposo y su tío.

- Por último, con la ayuda de su amoroso esposo y de un pastor devoto, con el tiempo aprendió a olvidar a su abusivo padre: se liberó del odio que sentía hacia él y lo entregó en las manos de Dios. Sonia dice que este fue el aspecto más importante de su sanidad espiritual. Una vez que ella perdonó a su padre terrenal, llegó a tener mayor intimidad con su Padre celestial.

✳

Ya que perdonar a los agresores, en especial a los no arrepentidos, es muy complejo y difícil, he dedicado el capítulo final a este importante tema.

Capítulo 10

✳

El perdón

La profesional bien vestida, sentada frente a mí, había solicitado una cita para conversar sobre su matrimonio. Hacía poco se había separado de su esposo, pero estaba preocupada por la inmoralidad de su decisión. Como pastor, con frecuencia se me pedía que ayudara a matrimonios con problemas difíciles.

Esta mujer había venido a verme porque su terapeuta se lo había sugerido. Tenía preguntas específicas sobre la Biblia y el terapeuta sentía que un pastor con preparación podría responderlas de mejor manera. Como sabía que venía a hablar sobre la doctrina bíblica del matrimonio y el divorcio; comencé preguntándole sobre su matrimonio. Sin embargo, la situación de esta mujer había dado un giro no muy agradable. A medida que indagaba en su caso, ella reconoció, sin inmutarse, que su esposo abusador la había contagiado de numerosas enfermedades de transmisión sexual a lo largo de los años y había continuado con su comportamiento libertino hasta ese momento.

La infidelidad de su marido era algo bien sabido por todos. De hecho, él ostentaba a su amante sin esconderla, pero lo que era sorprendente es que quería seguir casado con su esposa. Aunque se negaba a dejar a su amante ilícita, luchaba con desesperación porque su esposa no se divorciara de él. Con frecuencia, le lanzaba lo que sabía que era el peor de los comentarios mordaces: si de verdad era cristiana, tenía la obligación de perdonarlo y volverlo a aceptar, puesto que Jesús dijo que debemos perdonar setenta y siete veces (Mateo 18:21-22).

Esa pobre mujer tenía un gran deseo de obedecer a Dios, pero reconciliarse con un esposo abusador, no arrepentido, no le parecía sano. Agonizaba al pensar en lo que le exigían el amor y el perdón cristianos. ¿Significaba que solo tenía que orar por su esposo y hacerse de la vista gorda ante su inmoralidad? ¿Significaba que tenía que volver a aceptarlo, con amor, incluso ante el riesgo de contraer una enfermedad de transmisión sexual que podría poner su vida en peligro? Para colmo, la única familia de esta mujer y sus amigos de la iglesia estaban del lado del marido inmoral, en cuanto a que rechazaban el divorcio por motivos morales. Le recordaban que era su obligación perdonar y reconciliarse.

En años subsiguientes, he oído a víctimas de abuso contar historias similares una y otra vez, lo que refleja la confusión general que existe en la comunidad cristiana sobre la relación entre el perdón y el abuso. Los líderes religiosos e incluso los familiares no dudan a la hora de decirles a las víctimas que tienen que perdonar, sean cuales sean las circunstancias del abuso o la posición en la que se encuentra el agresor[1]. Es una pena, pero con frecuencia, la insensibilidad a la compleja doctrina bíblica del perdón y la ignorancia de la dinámica del abuso hacen que los líderes cristianos causen mucho daño adicional a los sobrevivientes del abuso[2].

Las víctimas necesitan pautas claras sobre la doctrina bíblica del perdón y lo que implica para la sanación de sus relaciones. En concreto, necesitan aprender lo que significa el perdón cristiano ante la relación que tienen con sus agresores, sobre todo si la persona que cometió el abuso no está arrepentida. Esto es lo que quiero tratar en este capítulo.

En vista de las ideas falsas comunes y de la complejidad del tema, la mejor manera de comenzar es esclareciendo la naturaleza del perdón bíblico. Uno de los primeros problemas que percibimos, al comenzar a investigar este tema, es que gran parte de la literatura religiosa aboga por el perdón, pero nunca lo define con claridad. Se sabe bien que el principal verbo griego que se usa en el Nuevo Testamento para indicar «perdonar» es αφιημι, que en términos generales expresa la idea de «desprenderse». Es lamentable, pero muchos líderes cristianos que

Este capítulo es una modificación de un artículo que se publicó antes con el título: «Sexual Abuse and Forgiveness» [El abuso sexual y el perdón], Journal of Psychology and Theology 27, 1999, pp. 219-29.

hablan del perdón caen en la trampa de la sobre simplificación y solo definen el perdón como «desprenderse».

¿Qué significa esto para la niñita que me reveló que su primo adolescente había abusado de ella, junto con otros niños del barrio, a lo largo del último año? ¿Significa (como proclamaban los padres del abusador) que la niña y sus padres simplemente deberían «dejarlo atrás» y no notificar a las autoridades? ¿Significa que esta familia tiene que «desprenderse» de su rabia hacia el depredador sexual adolescente que hace alarde del número de niños que ha violado? ¿Significa (como insisten los parientes lejanos) que los padres tienen que «desprenderse» de su deseo de no llevar a su hija a eventos familiares, si el agresor adolescente estará presente? Si el perdón no siempre significa que tenemos que soltarlo todo, ¿qué es lo que tenemos que soltar?

MODELOS DAÑINOS DEL PERDÓN

Antes de pasar a una explicación del perdón, señalaremos algunos de los modelos más inexactos y dañinos. Para los sobrevivientes del abuso, las definiciones más dañinas del perdón son las que mezclan el perdón, la confianza y la reconciliación, y eliminan la posibilidad de que haya consecuencias negativas para el ofensor. Es triste, pero este es un error frecuente. Por ejemplo, en un libro de dos volúmenes que fue premiado como «Book of the Year» [Libro del año], un evangélico respetado dice que, por definición, el perdón involucra una restauración de la confianza y soltar toda emoción negativa, incluidos miedo, ira, sospecha, alienación y desconfianza[3]. Como si esta definición no fuera de por sí muy difícil para las víctimas de abuso, que tienen más de mil razones para temer a sus agresores no arrepentidos y desconfiar de ellos, el autor nos recuerda, una y otra vez que si no perdonamos a los demás, Dios no nos perdonará a nosotros. Según esta lógica, casi todas las víctimas de abuso están condenadas, porque son incapaces de confiar en sus agresores.

Aunque algunas personas podrían afirmar que esas opiniones son inexactas, debido a que se trata de literatura práctica y no académica, otros escritores académicos hacen aseveraciones similares. Uno de los diccionarios de la Biblia más respetados define el perdón como «borrar de la memoria una ofensa», de manera que, una vez que se erradique, «da ofensa ya no condicione la relación entre el ofensor y el atacado, y se restaure la armonía entre los dos»[4]. Una vez más, según esta definición, la mayoría de las víctimas de abuso no sería capaz de perdonar.

Los modelos inexactos y dañinos del perdón pueden explicar, en parte, la antipatía extrema que muchos terapeutas en temas de abuso le tienen al perdón. Un manual secular de sanidad después del abuso afirma este sentimiento con claridad:

> Nunca digan o impliquen que el cliente debería perdonar al agresor. El perdón no es esencial para la sanidad. Este hecho molesta a muchos terapeutas, ministros y personas en general, pero es pura verdad. Si creen que los sobrevivientes tienen que perdonar al agresor para ser sanados, no deberían trabajar con ellos[5].

EL PERDÓN Y SUS CONSECUENCIAS

Dadas las reacciones tan fuertes en contra de perdonar a los agresores, es prioritario dejar claro qué es el perdón bíblico. Una de las observaciones más importantes que se debe hacer es que, mientras la Biblia describe el perdón como la eliminación o condonación de una deuda (Mateo 6:12), el perdón no siempre elimina las consecuencias negativas para el perdonado, ni proporciona confianza, ni permite la reconciliación.

Uno de los ejemplos más claros de esto lo encontramos en Números 14:20-23, cuando Dios declara que perdonará a los Israelitas por su rebelión, pero que ninguno de los adultos entrará en la tierra que les ha prometido. Algo más relevante para el abuso es la violación sexual del rey David a Betsabé y el asesinato de su esposo. Una vez que David se arrepintió, Natán declaró que Dios lo había perdonado y que le había quitado su pecado, sin embargo, Dios lo hizo enfrentarse a una serie de duras consecuencias («Yo haré que el desastre que mereces surja de tu propia familia» [2 Samuel 12:11]). De manera parecida, cuando el profeta Oseas volvió a aceptar a su esposa adúltera, Gómer, la perdonó como Dios pedía, pero ella viviría aislada por dos meses y ya no podría mantener relaciones sexuales con su marido (Oseas 3: 1-5). La confianza se gana. Perdonar el mal que se ha hecho *no* elimina todas las consecuencias negativas.

LA NATURALEZA BÍBLICA DEL PERDÓN

Con frecuencia y de forma generalizada, en griego clásico, αφιημι se usa con el significado de «soltar». Este significado entra en el Nuevo Testamento, donde aparece la palabra αφιημι más de 125 veces y adquiere diferentes matices. Se utiliza con el sentido de «desprenderse, enviar» (Mateo 13:36; Marcos 4:36); «cancelar, condonar» (Mateo 18:27; Marcos 2:5); «dejar» (Mateo 4:11; Juan 10:12); «renunciar, abandonar» (Romanos 1:27; Apocalipsis 2:4); e incluso «tolerar, permitir» (Hechos 5:38; Apocalipsis 2:20).

Es claro que al definir el perdón, no podemos solo referirnos al significado original de αφιημι como «desprenderse». La única manera en la que podemos determinar, con exactitud, el significado bíblico del perdón en relación al abuso, es al estudiar una amplia gama de pasajes bíblicos que tienen que ver con el perdón y la maldad y sacar de ellos principios pertinentes. Al hacer esto, no tardamos en comprender que las enseñanzas bíblicas sobre este tema son muy complejas y que mucha de la retórica evangélica sobre el perdón es inapropiada.

LA COMPLEJIDAD DEL PERDÓN BÍBLICO

Es sorprendente ver cuán compleja es la doctrina bíblica del perdón y esto es algo de lo que muchos líderes cristianos parecen no darse cuenta. A primera vista, muchos pasajes que tienen que ver con el perdón parecen muy contradictorios:

* En Colosenses 3:13 y Marcos 11:25 parece ser que se les ordena a los creyentes que perdonen a los demás sin condiciones, mientras que en Lucas 17:3 (y por inferencia, en 2 Corintios 2:7), el perdón se supedita siempre al arrepentimiento del ofensor.

* En Efesios 4:32, se les ordena a los creyentes que perdonen sin condiciones basándose en el perdón de Dios; sin embargo, en Oseas 1:6 y Deuteronomio 29:20 (también Josué 24:19; 2 Reyes 24:4), el mismo Dios se niega, con firmeza, a perdonar.

* Jesús y Esteban le oraron a Dios para que perdonara a sus asesinos (Lucas 23:34; Hechos 7:60); sin embargo, Nehemías e Isaías oraron con el propósito específico de que Dios no perdonara a los malvados (Nehemías 4:5; Isaías 2:9).

- En Mateo 18:21-35, se les enseña a los discípulos a que perdonen de manera ilimitada a los que pecan en su contra y a que manifiesten así la piedad de Dios; sin embargo, en el párrafo anterior (18:15-0), Jesús dice que los que se nieguen a arrepentirse de sus pecados deben ser excomulgados y tratados como paganos y recolectores de impuestos.

Una vez más, es importante sacar principios de una amplia gama de pasajes bíblicos para construir un modelo coherente del perdón.

Estas contradicciones aparentes sugieren una de dos cosas: ya sea (1) las enseñanzas bíblicas sobre el perdón son contradictorias y es imposible formar una doctrina bíblica sobre el perdón que sea coherente[6], conclusión que desafía la doctrina bíblica de inspiración divina y la autoridad de las Escrituras, o (2) el perdón no siempre significa la misma cosa en la Biblia.

Creo que esta última explicación le hace justicia a las pruebas bíblicas. Un estudio cuidadoso de la enseñanza bíblica revela tipos de perdón muy diversos. Creo que es más exacto y útil reconocer tres categorías o tipos de perdón bíblico, que se deben distinguir si le queremos hacerle justicia a las enseñanzas bíblicas.

El perdón judicial

El perdón judicial involucra la remisión o el perdón del pecado por parte de Dios[7]. Constituye una eliminación completa de la culpa por los pecados (Salmo 51:1-9) y está al alcance de los agresores y de otras categorías de pecadores (Salmo 32:1-5; 1 Corintios 6:10-11). El perdón judicial del pecado por parte de Dios se establece en el seno del cristianismo y de la experiencia de la salvación.

Está claro que el deseo de Dios es perdonar y sanar a los que la sociedad tacha de los pecadores más despreciables e incorregibles, una situación que era tan odiosa en el siglo primero (Mateo 9:9-13) como lo es ahora. La repulsión de la sociedad moderna por los agresores, sobre todo por los que abusan de niños, es algo que todos conocen y que tiene mucha lógica, de muchas maneras. Recuerdo muy bien haber llamado a un amigo cercano para informarle que habían descubierto que otro amigo mutuo era un pedófilo y que debía tomar las precauciones necesarias para proteger a los niños de ese hombre. Cuando escuchó que ese hombre abusaba de los niños, la primera cosa que me dijo mi amigo fue: «Por mí, Bill se puede morir y quemar en el infierno, y para luego es tarde». Por supuesto, comprendo la reacción visceral de mi amigo ante ese descubrimiento sorprendente, pero tan pronto relegamos a los agresores al grupo de irredimibles, distorsionamos el mensaje y el ministerio de Jesús. Es más, amenazamos con empalarnos con nuestra propia espada de la justicia, porque es seguro que los que nunca hemos abusado de los niños necesitamos la misericordia de Dios y su perdón para otros tipos de actos maliciosos, así como otros tipos de pecados sexuales (Mateo 18:21-35)[8].

Sin embargo, el perdón judicial depende de la confesión (Salmo 32:5; 1 Juan 1:9), del reconocimiento de nuestro pecado y del arrepentimiento (Lucas 24:47; Hechos 2:38; 5:31) y de que adoptemos una actitud radicalmente diferente en relación a nuestro pecado[9]. Puesto que solo Dios puede conceder ese perdón judicial, las familias y las iglesias no lo pueden ofrecer. Por este motivo, es absurdo que se presione a las víctimas de abuso a que perdonen a sus agresores para que estos últimos se puedan ir al cielo[10].

Aunque los humanos no pueden ofrecer el perdón judicial, pueden evitar que los victimarios encuentren el perdón de Dios al no presionarlos a que reconozcan su propio comportamiento, en su totalidad, o al culpar a la persona equivocada del abuso[11]. Es triste, pero la iglesia cristiana tiene un largo historial de echarles la culpa del abuso a las víctimas, sobre todo cuando el agresor es un hombre a la cabeza de la iglesia[12]. Lo que resulta incluso más insidioso es que el perdón judicial se ve limitado cuando las iglesias o familias presionan por que se dé una reconciliación prematura, que además de volver a causarle dolor a la víctima, con frecuencia sirve para darle validez y solidez a las palabras del ofensor, cuando niega que ha hecho algo mal; así, se evita que experimente el perdón de Dios.

El perdón psicológico

El perdón psicológico es la categoría personal e interior del perdón y tiene dos características: la negativa es que involucra desprenderse del odio y renunciar a la venganza personal; la positiva es que se le ofrece la gracia al ofensor.

Desprenderse del odio y la venganza

De manera convincente, algunos filósofos han argumentado que guardar resentimientos en contra de los que nos dañan de forma maliciosa es algo necesario para mantener el orden moral y el respeto por la víctima[13]. Además, el resentimiento, con frecuencia, es algo que parece necesario para las víctimas del abuso, desde el punto de vista psicológico. Desprenderse del resentimiento hacia un agresor no arrepentido se siente como darse por vencido con la justicia; también se puede sentir como permitir que gane el victimario y puede parecer que es una justificación del mal que ha hecho.

Estos argumentos en contra del perdón psicológico no se pueden dejar de lado con facilidad. Por supuesto, no es mi intención poner al mismo nivel cualquier enojo con el odio o resentimiento indeseable, ni estoy dándome por vencido con la justicia. El enojo puede ser una respuesta saludable y apropiada a la maldad, puesto que el mismo Jesús se enojó mucho, sobre todo con los que difamaban a Dios y le hacían daño a seres humanos hechos a imagen de Dios (Mateo 21:12-17; Marcos 3:5). Muchos de los salmos contienen vívidas expresiones del enojo en contra de personas que obran el mal (Salmo 5; 10; 69). Las víctimas del abuso pueden y deben enojarse con los agresores, cuya maldad también molesta a Dios. El tipo de enojo prohibido en los versos bíblicos tales como Mateo 5:22 es el «albergar deliberadamente resentimientos», con esperanzas de vengarse[14]. Por ello, en Efesios 4:26, Pablo indica que uno puede tener una justificación para estar enojado, pero que tiene que cuidar que su disposición no se vuelva resentimiento pecaminoso[15].

Por lo tanto, perdonar a los agresores, en este nivel, significa dejar atrás amarguras y rabias, y entregárselos a Dios, que es amoroso y justo. Las víctimas logran hacer esto al comprender el punto de vista de Dios, puesto que Jesús murió por todas las personas, incluidas las víctimas del abuso y los agresores[16]. Al mismo tiempo, Dios utilizará su justicia en contra de toda maldad. Este enfoque del perdón supera la objeción de que dejar de sentir resentimientos degrada a la víctima y debilita la justicia.

A nivel práctico, dejar atrás los resentimientos implica renunciar al derecho de vengarse[17]. En otras palabras, el perdón implica renunciar a un derecho de hacerle daño a la persona que me está haciendo daño a mí. Este es un elemento fundamental del perdón. Sin embargo, renunciar a la posibilidad de imponer un castigo no significa que ya no se busque o desee la justicia. Al contrario, la justicia se intensifica. Al renunciar a mi derecho de vengarme de mi agresor, le cedo los papeles de juez, jurado y verdugo a Dios. Su juicio de la maldad sin arrepentimiento será perfecto e indomable, lo que hace que mis pequeños intentos de vengarme parezcan bastante insignificantes. Al mismo tiempo, al renunciar a mi derecho de hacerle daño al ofensor por el mal que me ha hecho, de manera implícita, expreso el deseo de que esa persona se pueda arrepentir y pueda experimentar el perdón y la sanidad de Dios, de manera que se pueda descartar el castigo eterno.

Es útil el comentario de Dan Allender y Tremper Longman, cuando dicen que las víctimas de maldad deberían sentirse animadas por la promesa de Dios de castigar a toda persona que cometa una maldad y no se arrepienta; y pueden y deben anhelar el día en que Dios castigará a sus agresores, si no se confiesan y se arrepienten de sus pecados de abuso[18]. Creo que esto es lo que nos dice Pablo en Romanos 12:17-21, porque, en el versículo 19, se les dice a los creyentes que no tomen venganza, sino que dejen espacio para la ira de Dios, pues la venganza es una prerrogativa divina[19]. No debemos vengarnos nosotros, porque Dios lo hará algún día, y su venganza será perfecta, justa y plena. Pedro animaba con esta misma verdad a los cristianos que eran perseguidos (1 Pedro 2:23; y también 2 Timoteo 4:14-15).

Deberíamos también tomar nota de las palabras de Jesús sobre lo que Dios les hará a los agresores que hacen que los niños caigan en pecado: más les valdría que les colgaran al cuello una piedra de molino y que los tiraran al mar (Mateo 18:6). Lo interesante es que este versículo aparece en la misma sección que la famosa parábola del sirviente que se negaba a perdonar. Por lo visto, aunque Jesús les rogaba a sus discípulos que perdonaran a los que pecaban en su contra, en su perspectiva también cabía la promesa de que Dios va a castigar con severidad, en general, a los que practiquen la maldad y, en especial, a los que les hagan daño a los niños.

De esta manera, en el análisis final, el perdón es un acto de fe, porque cuando perdonamos, confiamos en que Dios puede castigar y hacer justicia por todo el mal que se ha cometido en contra nuestra, y que lo hará[20]. Por fe, dejamos atrás nuestras intenciones de vengarnos de los agresores y confiamos en que Dios tomará entre sus manos esa venganza, exacta e ineludible, que requiere la justicia.

Ofrecer la gracia

Sin embargo, no es suficiente definir el perdón psicológico con términos negativos, como evitar vengarse, porque también esto tiene su lado positivo. Uno de los términos griegos para el perdón humano, que aparece en el Nuevo Testamento, es χαριζομαι (2 Corintios 2:7, 10; 12:13; Efesios 4:32; Colosenses 3:13), que significa ofrecer la gracia. Así, el perdón psicológico también involucra el deseo de ofrecer la gracia y hacer el bien a los que nos han hecho mal.

Esto no significa que las víctimas les den a los agresores rienda suelta para que les vuelvan a hacer daño, porque eso sería mofarse del perdón. Más bien, significa que, basándose en la piedad y la gracia de Dios que han experimentado, estén dispuestas a ser buenas, incluso con sus enemigos (Mateo 5:43-47), con la esperanza de que se arrepientan y sanen. Para las víctimas, una de las expresiones más apropiadas de este tipo de perdón es ofrecer la gracia mediante el deseo y la oración personal para que sanen sus abusadores.

El perdón relacional

El perdón relacional es la restauración de la relación. Es sinónimo de reconciliación. Desde una perspectiva bíblica, siempre se desea este tipo de perdón, aunque no siempre es posible. El deseo de Dios es que la raza humana se sane y reconcilie, tanto de manera individual con él (2 Corintios 5:18-21), como de manera interpersonal con otros seres humanos (Efesios 2:11-14; Colosenses 3:10-13). Stanley Grenz, un importante teólogo e investigador de la naturaleza de la iglesia como comunidad, resume el trabajo de doble reconciliación que realiza Dios en la historia de la humanidad:

La visión de las Escrituras está clara, el objetivo final del Dios trino en la historia de la salvación es el establecimiento de la comunidad escatológica: un grupo de personas redimidas que viven en una tierra renovada, reconciliadas con Dios, en comunión con los demás y en armonía con toda la creación. Por consiguiente, el objetivo de la comunidad yace en el seno de las acciones de Dios a lo largo de la historia[21].

Aunque la reconciliación siempre es el objetivo deseado, muchos agresores no pueden recibir el perdón relacional, porque se niegan a realizar el doloroso trabajo del arrepentimiento. No debemos suavizar la fuerza condicional de las palabras de Jesús en Lucas 17:3: «Si tu hermano peca, repréndelo; y *si* [se ha añadido la cursiva] se arrepiente, perdónalo». Jesús luego dice de que si ese hermano pecador se arrepiente, de manera repetida, se le debe perdonar con la misma frecuencia. Pablo nos deja una enseñanza similar en 2 Corintios 2:5-11, donde ordena a los corintios a perdonar al hombre que habían excomulgado por su descarado pecado sexual (1 Corintios 5:1-13), pues la excomulgación parecía haber cumplido el propósito deseado de causar vergüenza y soledad para favorecer el arrepentimiento.

Vemos, pues, que los cristianos deben ofrecer el perdón relacional cuando se ha dado un verdadero arrepentimiento. Algunas personas argumentan que ningún tipo de perdón se da hasta que se arrepiente el agresor[22], pero este planteamiento no reconoce que la exigencia del arrepentimiento que aparece en la Biblia es para el perdón relacional y no para el psicológico. En otras palabras, puede haber formas en las que los sobrevivientes del abuso puedan ofrecerles el perdón a los abusadores, sin que esto involucre la reconciliación ni el forjar una relación.

La palabra griega que se usa en Lucas 17:3 para «se arrepiente» es μετανοέω, que es una combinación de dos palabras griegas que significan «cambio» y «mente». Este verbo se usaba en el siglo primero, para indicar un cambio de opinión definitivo, un cambio de perspectiva sustancial. Muy conectada con este cambio de opinión está una transformación de comportamiento y de rumbo de vida (Hechos 26:20; 2 Corintios 12:21; Apocalipsis 2:5, 21-22; 9:20-21), que, desde la perspectiva de Lucas, se refiere a «darle la espalda a un modo de vida pecaminoso a la luz del perdón de los pecados y la salvación, que nos han llegado a través de Jesús»[23]. Por este motivo, en Lucas 3:8, Juan el Bautista le recuerda a su público que «Produzcan frutos que demuestren arrepentimiento». Así, el uso del arrepentimiento en el Nuevo Testamento nos indica que para que se reconcilien los agresores con sus víctimas, los primeros deben dar pruebas de haber cambiado su mente de manera radical, sobre todo en relación a su plena responsabilidad por el abuso y a la naturaleza pecaminosa y destructiva de este. Además, esta nueva forma de pensar debe evidenciarse en un cambio de comportamiento sustancial (en oposición a superficial).

Permítanme resumir cómo interactúan el perdón psicológico y el relacional. En el tiempo de Dios y con su ayuda, la víctima de abuso puede aprender a dejar atrás el odio y puede ofrecerle la gracia apropiada al agresor (perdón psicológico). En este sentido, la víctima solo puede *eliminar las barreras* a la relación; en último lugar, la responsabilidad del perdón relacional la tiene el agresor, que se debe *arrepentir*[24]. Esto es lo que implica Romanos 12:18: «Si es posible, y *en cuanto dependa de ustedes* [se ha añadido la cursiva], vivan en paz con todos».

¿Cuándo es apropiado el perdón relacional? Con frecuencia, las personas religiosas son muy ingenuas respecto a la dinámica del abuso, y algunas se pueden sentir indignadas, si no hay una reconciliación tan pronto el agresor confiesa y pide perdón. Pero no olvidemos que una disculpa no es un indicador seguro de arrepentimiento y, con frecuencia, en la etapa de reconstitución, la disculpa sirve para ayudar tanto a los agresores físicos y sexuales a que se convenzan de que son personas buenas que no tienen un problema serio[25]. Está claro que los terapeutas y líderes religiosos deben conocer bien las características de los victimarios y la dinámica del abuso, para que no confundan una confesión manipuladora o una disculpa con un arrepentimiento genuino.

Dos expertos que les dan tratamiento a ofensores subrayan los problemas potenciales respecto a sus disculpas:

> Los ofensores son expertos en manipular a las personas para justificar su abuso ante sí mismos y ante los demás, para mantener el control y proteger sus deseos y planes secretos. Los

ofensores se pueden disculpar para minimizar el abuso, ser perdonados y mitigar cualquier sentimiento de culpa. De la misma manera, pueden querer causarles lástima a otros familiares o parecer arrepentidos en un tribunal, para obtener una pena más leve. Pueden querer retener el poder y crear un escenario que facilite el abuso[26].

Con frecuencia, una vez que se ha hecho público su abuso, los agresores les piden a sus víctimas que los perdonen. Esto puede ser problemático. En los casos de abuso sexual, sobre todo de menores, suele ser inapropiado que el abusador le pida a su víctima perdón de manera unilateral. Si el ofensor quiere perdón judicial, tiene que entenderse con Dios.

Al pedir perdón, los ofensores suelen buscar el perdón relacional (reconciliación), pero el que el agresor se atreva a solicitar esto, suele volver a ser algo abusivo. Por ejemplo, un experto afirma que para las víctimas de incesto, el que sus padres les pidan perdón suele constituir el «incesto encubierto», pues de esa forma, lo que los padres hacen es tratar a las hijas como personas especiales, como las únicas que pueden ayudarlos con su problema, como sus salvadoras[27]. Esto pone a la niña en una posición muy, pero muy difícil, injusta y destructiva. Insisto en que lo correcto y deseable es que se dé el perdón relacional bajo las circunstancias adecuadas; pero, dada la dinámica del abuso, suele ser inapropiado que el ofensor le pida perdón a su víctima sin que esta le haya pedido que se disculpe.

Para determinar cuán correcto es el perdón relacional, se deben identificar indicadores del verdadero arrepentimiento[28]. El arrepentimiento no es fácil de cuantificar, pero un agresor que de verdad lo experimente debería, de alguna manera:

- Responsabilizarse del abuso (confesar).
- Reconocer el gran daño que le ha causado a la víctima y demostrar que está arrepentido por el mal que le hizo.
- Fijar nuevos límites que demuestren respeto para con la víctima y que ayuden a garantizar que el abuso no volverá a ocurrir, y
- Dar pasos para cambiar los patrones de comportamiento pecaminoso que llevaron al abuso.

Durante su matrimonio, Laurie Hall aguantó años de abuso por parte de su esposo, que era adicto al sexo. Con el tiempo, esta adicción se volvió tan grave que ella se tuvo que separar de él. Al hacerlo, buscó al Señor y se encontró con la necesidad de esclarecer lo que es el arrepentimiento en los ojos de un agresor:

> Así como el perdón no es barato, el arrepentimiento tampoco lo es. No se trata solo de arrepentirnos de que nos atraparon, implica aprender de nuestros errores. Es ponernos en los zapatos de la persona que hemos herido. El arrepentimiento requiere que aceptemos las consecuencias de nuestras acciones. Cuando nos arrepentimos de verdad, sentimos el dolor que le hemos causado a los demás y que nos hemos causado a nosotros mismos[29].

PASOS PARA PERDONAR

Una cosa es argumentar que es correcto perdonar a los agresores, según la Biblia, y otra es hacerlo. A continuación tenemos un breve bosquejo práctico para guiar a las víctimas en el proceso de perdonar a sus agresores. Los pasos están en un orden lógico, pero después de que se dan los primeros dos, se puede cambiar el orden de los siguientes.

1. Esclarecer la(s) ofensa(s) y las consiguientes emociones negativas

Este paso esencial precede al perdón real. En verdad, no podemos perdonar una injuria tan destructiva como el abuso, hasta que la (s) ofensa (s) específica (s) y todo el impacto emocional se han evaluado y esclarecido. Esto es necesario, en primer lugar, en virtud de la naturaleza del perdón. Lewis Smedes no se equivoca cuando comenta que el perdón humano solo es apropiado para las ofensas verdaderas[30]. Por ello, la víctima debe esclarecer la naturaleza de la (s) ofensa (s) que está considerando perdonar. En otras palabras, el perdón solo se puede dar a la luz de un juicio moral cuidadoso.

Es muy tentador para las víctimas del abuso minimizar o negar los pecados que se han cometido en su contra. Los resentimientos también pueden llevarlas a sentirse ofendidas por comportamientos que en realidad no fueron dañinos ni abusivos. En cualquier caso, debemos esclarecer en oración la naturaleza de la ofensa antes de poder perdonar. Además, si los resultados emocionales del abuso no se aclaran, la víctima está en riesgo de perdonar con frivolidad; este tipo de indulto es superficial, inapropiado y poco sano, tanto para la víctima del abuso como para el agresor, porque inevitablemente implica justificar o minimizar el pecado.

Es seguro que el perdón judicial de Dios funciona de esta manera, pues él conoce todos nuestros pecados cuando nos absuelve, incluyendo el grado de atrocidad de nuestro comportamiento y sus resultados destructivos (ver Salmo 32:1-5; 51:4; Isaías 1:18; 40:27-28; Apocalipsis 20:12). Esto, de hecho, es lo que hace tan hermosa la gracia de su perdón. Por este motivo, no podemos comenzar el verdadero proceso del perdón sin esclarecer de manera concienzuda la naturaleza y los resultados emocionales del abuso.

El primer paso es también necesario, en vista de la naturaleza y del impacto del abuso. Las víctimas suelen protegerse mediante la negación, la distorsión (como despreciarse a sí mismas) y la disociación. Se suelen echar la culpa a sí mismas y no a los ofensores, y suelen minimizar la envergadura real del abuso y los efectos que ha tenido en ellas. Esclarecer la ofensa y los resultados negativos estimula a la víctima a que rompa con el patrón de negación y a que deje de echarse la culpa, y es un paso preliminar indispensable para llegar a perdonar.

Podemos ver lo peligroso que es que los terapeutas y los líderes de la iglesia presionen a las víctimas para que perdonen a los ofensores de manera rápida (y por lo tanto prematura). Esto demuestra una falta de consideración para con las víctimas y es muy destructivo para ellas. No solo puede limitar su sanidad (y con frecuencia reforzar el que no perdonen)[31]; sino que también puede contribuir a un abuso adicional en la comunidad cristiana, al promover la minimización y negación de la maldad a nivel individual y grupal. Un teólogo que trabaja con víctimas de abuso resume de manera contundente el atractivo y el peligro del perdón inmediato y prematuro:

> El perdón prematuro puede hacer que las cosas se calmen, por el momento, y nos atrae a todos los que hemos aprendido que ser buena persona es una de las principales virtudes cristianas; sin embargo, tie-

ne el efecto de tapar la ira y el dolor, que crecen como una corriente venenosa, bajo nuestras casas, iglesias y comunidades. Además, libera al agresor de toda responsabilidad de examinar su comportamiento y cambiar. Puesto que el perdón prematuro evita las consecuencias y la rehabilitación del ofensor, de hecho, es como darle permiso y talvez, incluso, invitarlo, para que continúe con la violencia[32].

2. Determinar los límites apropiados para controlar la maldad y favorecer el arrepentimiento

Puesto que la agresión implica abuso de poder del ofensor para violar los límites personales, la víctima debe determinar límites apropiados para su propia seguridad. Este elemento de fijación de límites es algo que antecede al verdadero perdón, pues no podemos perdonar de verdad a menos que lo hagamos con libertad y es probable que esto no pueda suceder, sobre todo en el caso de los menores, hasta que se rompa el ciclo de victimización e impotencia.

Cuando las iglesias o familias presionan a las víctimas para que perdonen con rapidez a sus agresores, antes de que se fijen límites de protección, lo que hacen es burlarse de la víctima. Por el contrario, los líderes religiosos, los terapeutas y las familias deben tomarse en serio el mandato bíblico de proteger a los vulnerables (Proverbios 24:11-12; Isaías 1:16-17; 58:6; Santiago 1:27). Entonces, y solo entonces, se debería considerar el perdón.

También la fijación de límites, en muchos casos, será el primer aspecto del perdón real. Aquí los límites se fijan no solo para proteger a la víctima sino también para controlar la maldad del ofensor y, al hacerlo, favorecer el arrepentimiento. Dan Allender y Tremper Longman señalan que muchas personas malas, como los agresores, son manipuladoras, astutas y están acostumbradas a alcanzar sus fines sórdidos; por este motivo, establecer límites para evitar el abuso también sirve para frustrar o controlar sus planes malévolos, lo que les da el «regalo de la derrota» que Dios puede utilizar para favorecer su arrepentimiento[33].

Después de que se fijen los límites, si los agresores siguen sin arrepentirse y continúan con su comportamiento abusivo, se les debería dar el «regalo de la excomulgación». Al igual que la disciplina grupal de la iglesia, la víctima del abuso hace esto para abrirle la puerta a la soledad y vergüenza al agresor, para que él o ella pueda llegar a arrepentirse y encuentre la sanidad de Dios (1 Corintios 5:5; 2 Tesalonicenses 3:14-15).

3. Renunciar adrede al derecho de hacerle daño a un agresor por el daño que ha causado

Ya he hablado bastante sobre este aspecto del perdón. Solo quiero añadir que este es un acto de fe, en el cual la víctima le entrega en oración la necesidad de justicia y reparación a Dios, que es el justo Juez.

4. Volver a evaluar al agresor y descubrir su humanidad

El perdón es, en gran medida, «un proceso de reformulación» en el cual volvemos a interpretar nuestras experiencias y conclusiones sobre la base de las verdades bíblicas[34].

A medida que comenzamos el trabajo del perdón, vemos al (los) acontecimiento (s) abusivo (s), al agresor, a Dios y a muchas otras entidades y factores bajo una nueva luz, y comprendemos todo esto de manera más plena, más acorde a la Biblia.

Las víctimas tienen una tendencia comprensible de reducir a aquellos que les han hecho daño a la suma total de su (s) acción (acciones) dañina (s). Mientras que esa acción *es* lo más importante para la víctima y no se debe minimizar de ninguna forma, es útil para las víctimas comenzar a ver a sus agresores como seres humanos, al igual que ellas, y ver otros aspectos de sus vidas como un todo. Esto puede ayudarles a comprender los factores que llevaron al abuso (y así reducir la tendencia de echarse la culpa a sí mismas por este, de alguna forma) y sentir un poco de compasión por los ofensores.

Michael McCullough, Steven Sandage y Everett Worthington han desarrollado un útil modelo del perdón, basado en la empatía y la humildad, que relaciona este cuarto paso, con la transformación de los recuerdos de la víctima[35]. Los ofendidos tienen que reconocer las acciones dañinas que se cometen en su contra, pero también deben reflexionar sobre cuán necesitados estaban sus ofensores, y sobre su propia falibilidad moral. En Colosenses 3:12-13, vemos que revestirnos de compasión viene antes de perdonar, lo que implica que la compasión lleva al perdón. Es bien sabido que la gran mayoría de agresores fue, a su vez, abusada o sufrió negligencia. En algún momento, todo agresor fue un niño vulnerable y necesitado. Todo ofensor es un ser humano hecho a la imagen de Dios. Todo agresor ha sido manipulado por Satanás para buscar la satisfacción de necesidades legítimas y lidiar con el dolor de formas inapropiadas y pecaminosas.

Reflexionar sobre la humanidad del agresor, incluyendo sus propias experiencias traumáticas, no reduce la culpa ni el aspecto reprensible de su comportamiento. Pero puede darle a la víctima, que intenta perdonar, una habilidad renovada para ver al ofensor como una persona completa: una mezcla de heridas, miedos y respuestas malvadas. A su vez, esto puede ayudar a que una víctima no se aferre tanto al odio y, así, pueda ofrecer el perdón psicológico.

5. Ofrecer la gracia apropiada

Lewis Smedes describe el último paso del perdón como «revisar nuestros sentimientos» en relación a la persona que pecó en contra de nosotros[36]. En este paso, la víctima pasa de sentir odio interior por el agresor a tener el deseo interior de que le llegarán cosas buenas. Esto puede describir muy bien la primera parte de la última etapa, pero el perdón cristiano en su totalidad es un compromiso activo porque nuestro agresor experimente la sanación y bendición divinas.

A los cristianos se les llama a ofrecer la gracia, incluso a las personas malvadas y destructivas, y a que deseen que dicha gracia las transforme por el poder de Dios. Se puede ofrecer la gracia de muchas formas diferentes y no hay una fórmula para ello, puesto que las necesidades de cada abusador y la personalidad y las habilidades de cada víctima son diferentes. Dado que la fijación de límites del paso dos ayuda a restringir y, en algunos casos, descarta toda interacción con ofensores no arrepentidos, este paso final, para muchos sobrevivientes involucrará en primer lugar orar por que sus ofensores sean librados de creencias distorsionadas, que se arrepientan y encuentren el perdón y la sanación de Dios. Esto, de hecho, es una acción mucho más significante que lo que se suele creer. En muchos casos, puede ser toda la gracia que una víctima puede ofrecer, sobre todo si no tiene contacto con el abusador.

Como se mencionó antes, Dan Allender y Tremper Longman también resaltan el «amor vivo», como un acto de gracia para con los que hacen el mal[37]. Esto involucra tener la voluntad de hacer lo necesario para que el agresor alcance un estado de salud y la salvación, incluyendo expresar nuestro dolor por el pecado del ofensor (Proverbios 27:5-6), exhortar (2 Tesalonicenses 3:14-15) y excomulgar (1 Corintios 5:1-13). En otras circunstancias, Dios ha llevado a los sobrevivientes de abuso a ofrecer la gracia al visitar a los agresores en la cárcel, al escribirles cartas que explican el evangelio y al proveer asistencia financiera para que puedan ir a terapia profesional.

¿PERDONAR O NO PERDONAR?

En conclusión, ¿debemos perdonar a los agresores? Sí y no. Dios desea que perdonemos a los que hacen el mal. También desea crear una comunidad de pecadores perdonados, que se han reconciliado los unos con los otros. Pero no siempre somos capaces de aplicar en su plenitud los tres aspectos del perdón bíblico.

Solo Dios puede proveer perdón judicial por el terrible pecado del abuso. Solo podemos evitar obstaculizar el proceso al presionar a los agresores a que se responsabilicen de su propio comportamiento y al nunca promover el perdón relacional prematuro. El perdón relacional solo debería ofrecerse cuando el ofensor ha demostrado una clara voluntad de responsabilizarse por el acto que ha cometido, ha comenzado a cambiar su comportamiento y está dispuesto a fijarle límites firmes y apropiados a su comportamiento; y cuando la persona ofendida no está en gran peligro de volver a ser victimizada. Dicho esto, sí deberíamos ofrecerle el perdón psicológico a los agresores, incluso a los que no se arrepienten.

Con el tiempo, aprenderemos a dejar atrás nuestras intenciones de vengarnos de los ofensores y podremos, en la medida de lo posible, ofrecerles gracia y amabilidad en lugar de odio. Esto lo haremos con la esperanza de que se sanarán y con el reconocimiento de que Dios juzgará con rectitud y firmeza su maldad sin arrepentimiento. Un perdón que sigue estos principios le da esperanzas a la maldad humana. Ofrece la esperanza de la sanación para los sobrevivientes del abuso y es un llamado al arrepentimiento para los agresores.

Epílogo:

Unas palabras de Mary

✳

*M*ary, la hija misionera cuya historia contamos al principio del libro, se ofreció a escribir este epílogo para actualizar a los lectores en lo relacionado con las obras de sanidad de Dios.

La sanidad tras el abuso ha sido un largo proceso para mí. Cuando miro el camino recorrido, me cuesta creer que soy la misma persona que hace algunos años. El año pasado, terminé mi carrera en la universidad y, ahora, sirvo como trabajadora social a familias sin hogar y empobrecidas. Hace poco celebré cinco años de matrimonio con un maravilloso cristiano, y toda la rabia y el resentimiento que le tenía a Dios han sido reemplazados con una relación dulce y sincera con él. Ahora veo a Dios como mi Redentor y mi Rescatador. Escuchar canciones como «Amazing Grace» [Sublime Gracia] siempre me llena los ojos de lágrimas. He dedicado mi energía a ayudar a las mujeres y los niños necesitados, muchos de los cuales son víctimas de abuso. Siento que los puedo ayudar a un nivel que alguien que no ha sido abusado no los puede ayudar, porque literalmente me puedo poner en sus zapatos. Nunca dejaré de maravillarme ante la forma en la cual Dios usa el mal para hacer cosas buenas, si se lo permitimos.

Pero mi sanidad no ocurrió de la noche a la mañana. Los años después de mi revelación fueron los más difíciles de mi vida. Quiero recordarles a los lectores que sanar después de ser abusado requiere de tiempo, paciencia y apoyo de los demás. Con frecuencia, damos «dos pasos hacia adelante y uno hacia atrás». Creo que es importante para las víctimas recordar esto y no martirizarse si el proceso toma más tiempo de lo esperado. Mi sanidad se dio con lentitud. Comenzó con mis padres, que me amaban mucho. Me amaron cuando actuaba de manera desagradable y se quedaron a mi lado cuando estaba enojada. Si es posible, las víctimas de abuso deberían buscar a alguien que las ame de esta manera. Podría ser un padre, hermano, pastor o terapeuta. Antes de que las víctimas se puedan aceptar y amar a sí mismas, tienen que experimentar este amor incondicional por parte de otra persona. Después de que acepté que mis padres me amarían, pasase lo que pasase, comencé a confiar en los demás. Comencé contándole a un buen amigo sobre el abuso. Poco a poco, empecé a confiar en las personas de maneras que parecían sin importancia, como salir en citas con chicos o mostrar mi verdadera forma de ser con mis amigos. Animo a las víctimas de abuso a que hablen con personas, cuando se sientan listas, para que puedan volver a experimentar la confianza. En mi viaje, descubrí que cuanto más confiaba en las demás personas, más podía confiar en Dios.

Como víctima de abuso, lograr sanar mi relación con Dios ha sido la cosa más difícil para mí. Me tomó más tiempo que cualquier otra cosa y fue lo más doloroso, pero, al final, se dio. Durante mucho tiempo, sentí rabia para con Dios. Aunque seguí yendo a la iglesia, no sentía mucho amor por Dios, y eso estaba bien. No somos responsables de nuestros sentimientos; solo somos responsables de seguir obedeciendo y buscando a Dios. ¡Durante mi sanidad aprendí que está bien enojarse con Dios! Él quiere que le *contemos* nuestra ira. Me fue útil escribirle cartas a Dios para expresarle lo confundida y enojada que estaba con él y para pedirle que se me revelara.

El último paso de sanidad fue perdonar a mi agresor y a las personas que le permitieron abusar de mí. Creo que solo podemos perdonar a nuestro ofensor, después de que se ha sanado la relación de la víctima con Dios. Perdonar a la persona que ha abusado de uno es un acontecimiento sobrenatural y solo se puede lograr con la ayuda de Dios.

Quisiera reiterarle a cualquier lector que haya sido abusado, que la sanidad profunda toma su tiempo. Por favor, no intenten acelerar el proceso. Órenle a Dios para que les muestre el bien que quiere que salga del abuso que han sufrido. Reclamen su promesa en Jeremías 29:11: «Porque yo sé muy bien los planes que tengo para ustedes —afirma el SEÑOR—, planes de bienestar y no de calamidad, a fin de darles un futuro y una esperanza». Miren la historia de José y lean Génesis 50:20. Lo que las personas destinaban al mal, Dios lo usaba para el bien. Reclamen estas promesas bíblicas y oren porque Dios les revele su verdad.

Quisiera concluir con algunos consejos para pastores y otras personas que quieran ayudar a las víctimas de abuso. En primer lugar, *asegúrense de que apoyan y le creen a la víctima.* Las víctimas, al igual que los agresores, niegan y minimizan el abuso; así que es probable que lo que una víctima cuenta sobre un abuso representa solo una fracción de todo lo que ha experimentado. Es muy difícil y doloroso para ellas revelarle a otra persona el abuso que han sufrido, sobre todo, si se trata de una persona de autoridad. Por este motivo, lo último que necesitan es que alguien en quien confían, alguien que está tratando de ayudarles, cuestione o niegue el abuso. Necesitan su apoyo con desesperación.

En segundo lugar, *recuerden que sanar tras un abuso toma su tiempo.* Muchas veces, toma años. Esto no significa que el abuso es demasiado dañino para que la sanidad se dé con rapidez o que Dios es demasiado débil para sanar los daños del abuso de manera instantánea, pero no es la manera en que Dios suele trabajar. Aceptar el hecho de que la sanidad después del abuso es un proceso arduo y largo no impugna el poder de Dios, solo es un reconocimiento de la manera en la que nos ha creado. El abuso es una herramienta poderosa en las manos de Satanás, porque crea un daño espiritual profundo.

En tercer lugar, *permítanle a la víctima estar enojada,* enojada con Dios, enojada con el agresor, incluso enojada con ustedes. Céntrense en amarla y en afirmar que está bien sentir enojo, ¡tiene muchas razones para estar enojada! Validar los sentimientos es algo muy importante para toda víctima de abuso. El abuso les ha arrancado su valor, sus sentimientos y su vida. Es por ello que necesitan toda la validación posible.

El consejo final y talvez más importante es *amar, amar, amar.* Si la víctima es cruel y pesada, ámenla. Si actúa de forma autodestructiva, ámenla. Si actúa de forma hiriente, ámenla. Las víctimas deben *experimentar* el amor antes de que puedan *aceptar* el amor y comenzar a confiar en los demás. Su papel en este proceso de sanidad es vital. Tienen un gran potencial para ayudar, al igual que un gran potencial para hacer daño; no lo olviden. Por encima de todo, recuerden que si nos mostramos accesibles y disponibles, podemos ser vehículos de la obra de Dios, para que aporte una gran sanidad. ¡Solo estoy donde estoy porque Dios trabaja en personas como ustedes! Creo con firmeza que si yo puedo sanarme, ¡cualquier otra persona puede hacerlo también!

Si deseas profundizar en este tema, el libro de trabajo se puede comprar en la siguiente página web: www.mendingthesoul.org/mts-store.

NOTAS

NOTAS

Great BOOK!!! ☺

NOTAS

Nos agradaría recibir noticias suyas.
Por favor, envíe sus comentarios sobre este libro
a la dirección que aparece a continuación.
Muchas gracias.

Vida@zondervan.com
www.editorialvida.com